湖北省公益学术著作出版专项资金
Hubei Special Funds for Academic and Public-interest Publications

·如何当好人大代表丛书·

如何做好人大代表

一个老代表的学习、认识与实践

周洪宇◎著

长江出版传媒 | 湖北人民出版社

图书在版编目(CIP)数据

如何做好人大代表：一个老代表的学习、认识与实践 / 周洪宇著. — 武汉：湖北人民出版社, 2022.6（2025.5重印）

ISBN 978-7-216-10425-8

Ⅰ.①如… Ⅱ.①周… Ⅲ.①人大代表–工作–中国–学习参考资料 Ⅳ.①D622

中国版本图书馆CIP数据核字(2022)第023998号

责任编辑：陈　兰
封面设计：刘舒扬
责任校对：范承勇
责任印制：肖迎军

如何做好人大代表：一个老代表的学习、认识与实践
RUHE ZUOHAO RENDA DAIBIAO YIGE LAODAIBIAO DE XUEXI RENSHI YU SHIJIAN

出版发行：湖北人民出版社	**地址**：武汉市雄楚大道268号
印刷：武汉邮科印务有限公司	**邮编**：430070
开本：787毫米×1092毫米　1/16	**印张**：19
字数：342千字	**插页**：2
版次：2022年6月第1版	**印次**：2025年5月第3次印刷
书号：ISBN 978-7-216-10425-8	**定价**：58.00元

本社网址：http://www.hbpp.com.cn
本社旗舰店：http://hbrmcbs.tmall.com
读者服务部电话：027-87679656
投诉举报电话：027-87679757

自 序

我是2003年首次当选全国人大代表的，到现在已连任四届。记得2006年12月底，我应全国人大常委会办公厅之邀，参加了在海口市召开的提高代表议案建议提出和处理质量座谈会，并在会上就“怎样提高代表议案建议选题质量”作了交流发言。在会议最后的总结发言中，负责代表培训工作的时任全国人大常委会副秘书长何晔晖同志提出建议，希望代表们不断地总结经验，增强代表工作的主动性、积极性、创造性，努力开创代表工作新局面。受此启发，我感到确有必要对自己几年来的代表工作作些回顾、反思和总结，以利改进。次年9月庐山全国人大代表履职经验交流会上，何晔晖同志再次提出，全国人大代表五年一选，即将换届，老代表们最好总结经验，写点履职经验谈，为新代表提供参考资料，并督促我抓紧总结，形成专著，争取赶上次年新代表的培训。我遂先后写作出版《怎样做人大代表》《怎样写人大议案》，赶在2008年3月“两会”前出版，以应急需。

《怎样做人大代表》《怎样写人大议案》出版后，反响不错，两书很快售完。《怎样做人大代表》在2013年3月“两会”前，又加印了一次，在各代表团驻地受到欢迎，也已脱销。中国人民大学出版社希望再次加印，以应社会需要。作为作者，看到自己的作品能在新代表培训上起作用，为社会进步尽点力，心里还是高兴的。但说实话，我对两书加印兴趣不大，更希望重起炉灶，改变体例，充实内容，把我从2003年至今20年来连续担任四届全国人大代表的认识和实践，进行系统梳理，全面总结自己的经验与教训，为新的人大代表做好代表工作、服务社会提供依据和参考。

2013年底，我列席全国人大常委会，又遇到何副秘书长，提起代表培训问题，她指出全国人大常委会领导十分重视新一届人大代表的培训工作，培训工作很需要此类图书。列席会议的辽宁、广东等省的多位代表知道我写过此类图书，也建议我在旧作的基础上，重新编写一套代表培训丛书，以个人多届代表的实践经验和亲身体会，引导刚当选的新代表们如何当人大代表，如何提交人大建议，如何撰写立法议案。他们还具体建议新编写的丛书，最好定名为“如何当好人大代表丛书”，包括《如何做好人大代表——一个老代表的学习、认识与实践》《如何提好代表建议——一个老代表的学习、认识与实践》《如何写好代表议案——一个老代表的学习、认识与实践》，以便从书名就可以对其内容一目了然。他们觉得目前市面上比较多的是有关方面或专家所写人大代表应该如何履职的理论著作，而这种有关代表自身履职的实践经验和切身体会的图书极少。他们还建议不妨把这三本书定位为“入门本”“提高本”“强化本”，逐级递进，以助于代表们尽快成长，适应新形势、新任务、新角色的需要。他们希望此事抓紧进行，越快出版越好，因为正进行各级人大代表换届，新一届人大代表将走上历史舞台。目前我国从全国到乡镇五级人大代表总数大概有 290 多万人，其中大约三分之二是新代表，急需此类图书代作教材用于培训新代表。如能很快出版，当能在五年一轮的大培训中发挥更大作用。

大家的建议很好，我能理解同志们的迫切愿望，但也深感自己与人大代表中不少做得好的老代表（如被称为我国人民代表大会制度“活化石”的山西申纪兰、被誉为“中国红十字会信使”的山东姜健、被评为“议案大王”的上海张仲礼、被视为“农民代言人”的辽宁毛丰美以及被赞为“社会主义新农村建设带头人”的湖北叶昌保等人）相比，做得还远远不够，他们其实更有资格和能力来写这类图书。只是领导的信任和大家的督促，使我不得不再次披挂上马，利用平时空闲时间，将自己从 2003 年到 2022 年这 20 年的议案建议目录拟出，逐篇核实，查询资料，再拟定全书目录，确定构架，明确以专题案例体的形式编写，先定专题，专题之下先介绍人大代表基础知识，再谈个人体会，最后辅之以个人案例，以便增强其实践性、实战性、针对性和可操作性。

由于过去自己写作出版了两本相关著作，还完成了另一本书《怎样写立法议案》的初稿，这套丛书有一定前期基础，加上近些年来个人在做人大代表方面又有不少新的积累和认识，所以，这次所做的主要工作就是调整框架，重订体例，增加内容，汇集案例，删繁就简，突出重点，把 2003 年至 2022 年的实践经验和认识体会尽量反映进去，并注重应用与操作，力争读者尤其是新代表“一读就懂，一看就会，一用就行”。每册书末，附录本人 2003 年至 2022 年议案建议总目录，帮助新代表思考如何有计划、有步骤地提建议、写议案，也为读者了解本人的人大代表履职情况提供参考，这也算是本人向选民和读者的一种特殊形式的“履职汇报”吧。

经过努力，眼下这三本书已经全部补充修改完稿。考虑到人大代表们来自各个行业和方面，大多是兼职，平时工作很忙，时间和精力有限，此类图书文字不宜太多，故我将每本书字数尽量控制，力求篇幅适中，内容具体，适应和满足新代表的急需。过去读过笔者旧作的，可以比照看看。没有读过拙著的读者特别是新当选的各级人大代表，不妨拿去翻翻，或许会有助于大家提高参政议政和代表履职能力，避免走我自己当初无书可读、无人指导、误打误撞所走的弯路，少留人生遗憾，尽快成为一名优秀的人大代表，更好地为社会、为国家尽自己的一份职责。

光阴似箭，日月如梭。回顾往昔，感慨良多。记得我在多年前旧作《怎样做人大代表》的前言中曾经写过这样一段文字："对我来说，编写这本书是一次重新审视、反思的过程，也是一次总结、提高的过程。重读自己五年来所写的议案建议，我看到了自己的许多缺点和不足。如果能让时光倒流，能在任职之前多学习一点代表履职的知识，多掌握一点代表履职的技能，特别是更加自觉地向有经验的老代表们多多请教问询，全面提高自己的政治思想素质、文化素质和议政履职能力，自己一定会少走不少弯路，少留一些遗憾。但是，人生就是这样，没有遗憾就没有人生。还是让我们努力从遗憾走向不遗憾吧。编写这本书也是一次走进时间隧道，重温历史，与五年来陪我一起奋斗的同事、学生、朋友再次心灵对话、相互勉励的过程。书中收录的一篇文章《人民是代表、委员的智慧和力量之源》，是我发自肺腑之言。没有许许多多认识或不认识、谋面或从未谋面的朋友、网友的支持和帮助，就不会有书中的许多议案建议。书中的许多议案建议，与其说是我提出来的，不如说是大家共同提出来的，我只不过是大家的代言人而已。这本书的作者与其说是我，不如说是共同为之奋斗的各位同人，是我们大家——当过代表的，没有当过代表的，关心中国社会进步，关心人大代表制度发展的所有人士——在共同撰写《怎样做人大代表》，共同回答应该怎样做人大代表。"可以说，除了岁月流逝，时间不同，我今天的感受和认识与多年前完全一样，这套丛书的作者与其说是我，不如说是共同为之奋斗的各位同人，是当过代表的，没有当过代表的，关心中国社会进步的，关心人大代表制度发展的所有人士，共同思考和回答如何当尽职的人大代表！

再次感谢全国人大常委会的各位领导对人大代表培训工作的高度重视，感谢第九届、第十届全国人大常委会副委员长许嘉璐先生为《怎样做人大代表》（2008 年第一版）作序，感谢时任负责人大代表培训工作的全国人大常委会何副秘书长以及今天负责此项工作的领导，正是由于他们及代表联络局有关领导，对我履职工作的充分肯定，多次邀请我去北京、北戴河、庐山和深圳人大代表培训中心与代表们开展交流，给我提供了怎样做好人大代表的实地观摩、学习和总结的机会，并经常督促我加强学习，不断丰富认识，认真总结经验教训，注意积累资料，撰写相关著作，才有了这套新编写的“如何当好人大代表丛书”。此套丛书也才有机会被荣幸地列为各地人大代表培训参考书目。感谢湖北省人大常委会各位领导对我日常工作的关照和支持，为我及时完成这套丛书提供了宽松的环境和良好的条件。感谢湖北人民出版社领导的诚恳约稿，感谢范焕军、吴志洲同志的热情协助，使得这套丛书能够在新一届人大代表走上历史舞台不久就与大家见面。希望它能成为人大代表们议政建言的“好帮手”！

周洪宇

2022 年 5 月于武汉东湖之滨湖北省人大常委会

目　录

上篇　基础知识

中篇　代表体会

下篇 实践案例

上　篇

基础知识

习近平总书记深刻指出，在中国实行人民代表大会制度，是中国人民在人类政治制度史上的伟大创造，是深刻总结近代以后中国政治生活惨痛教训得出的基本结论，是中国社会100多年激越变革、激荡发展的历史结果，是中国人民翻身作主、掌握自己命运的必然选择。人民代表大会制度让亿万中国人民翻身作主人，掌握了自己的前途命运；让千年文明古国焕发勃勃生机，步履铿锵坚定前行；让广大人民群众的积极性、主动性、创造性不断迸发，同心协力投身社会主义建设。中华人民共和国成立以来特别是改革开放40多年来，人民代表大会制度不断得到巩固和发展，展现了蓬勃生机与活力。党的十八大以来，以习近平同志为核心的党中央高度重视人民代表大会制度的建设，全面加强对人大工作的领导，人大工作取得历史性成就。实践充分证明，人民代表大会制度是符合中国国情和实际、体现社会主义国家性质、保证人民当家作主、保障实现中华民族伟大复兴的好制度。人民代表大会制度在中国的土地上生根成长，具有深刻的历史逻辑、理论逻辑和实践逻辑。她经过了历史和实践的检验，展现出巨大的生命力和优越性。

一、人民代表大会制度基本理论

（一）人民代表大会制度基本概念

人民代表大会制度是我国人民民主专政政权的组织形式，是国家的根本政治制度。习近平总书记在中国共产党第十九次全国代表大会上的报告中指出，人民代表大会制度是坚持党的领导、人民当家作主、依法治国有机统一的根本政治制度安排，必须长期坚持、不断完善。要支持和保证人民通过人民代表大会行使国家权力。

通常我们把国家的性质称为国体，国体是国家性质或者国家阶级本质的反映，它确定社会各阶级在国家中的地位。具体地说，就是社会各阶级在国家中所处的地位。统治阶级的性质决定着国家的性质。国体问题也就是谁掌握国家统治权的问题，是国家政权建设的首要问题。我国宪法规定，中华人民共和国是工人阶级领导的、以工农联盟为基础的人民民主专政的社会主义国家。这就是中国现阶段的国体。我们通常意义上所说的政体，就是国家政权的组织形式，是指特定社会的统治阶级采取何种形式去组织反对敌人、保护自己、管理社会的政权机关。政体是国家制度的重要组成部分，是国家的主要外在表现形态。政体是与国体相适应的，不同类型的国体都要建立与之相适应的政体。掌握国家政权的统治阶级都会根据本国的实际情况和现实需要，采取与自己国家政权性质相适应的政体，以实现国家的各项职能。由于历史条件和阶级力量对比等具体情况不同，国体相同的国家，可能采取不同的政体，但都体现同一特定阶级的专政。如资产阶级国家有君主立宪制、民主共和制（内阁制和总统制）等不同政体。社会主义国家的共和制政体，在形式上有苏维埃制、大国民议会制、代表团制、人民代表大会制等许多具体表现。我国是社会主义国家，国体是人民民主专政，政体是人民代表大会制度。

人民代表大会制度是根据我国的一切权力属于人民和民主集中制的原则，按照法律程序，由选民在民主选举的基础上产生各级人民代表大会代表，组成地方各级和全国人民代表大会，即国家权力机关，并由国家权力机关产生其他国家机关，行使国家权力的政权组织形式。人民代表大会制度不仅是国家权力机关的制度，而且包括了以人民代表大会为核心的整个国家机关组织体系的建立、职权划分、相互关系、运行机制和活动原则。我国人民代表大会制度先后由共同纲领和宪法所确认。从 1953 年开始，全国范围内开展了选举活动，地方普遍召开了各级人民代表大会会议，产生了各级国家机关。在此基础上，1954 年 9 月第一届全国人民代表大会第一次会议在北京召开，通过了中华人民共和国第一部宪法，还相继制定了全国人民代表大会组织法、国务院组织法、人民法院组织法、人民检察院组织法、地方人民代表大会和地方人民政府组织法等，选出了国家机关领导成员，标志着人民代表大会制度在中华人民共和国大地上从地方到中央逐步建立起来。

走过几十载不凡的历程，人民代表大会制度在实践中曲折发展，逐步完善，在保障人民当家作主，维护国家长治久安，推进社会主义民主法治建设，保障和促进改革开放和社会主义现代化建设，建设中国特色社会主义的伟大事业中，发挥了十分重要的作用。实践证明，人民代表大会制度是具有中国特色的社会主义政治制度。

（二）人民代表大会制度基本内容

人民代表大会制度的核心，就是一切权力属于人民。人民代表大会制度的主要内容，可以简要概括为十个方面的内容。

（1）人民代表大会组织制度。全国人民代表大会组织制度，包括全国人民代表大会、全国人民代表大会常务委员会和全国人民代表大会专门委员会。地方各级人民代表大会组织制度，包括地方各级人民代表大会、地方各级人民代表大会常务委员会、地方各级人民代表大会专门委员会和乡镇人民代表大会。

（2）人民代表大会会议制度。包括全国人民代表大会会议、全国人民代表大会常务委员会会议、全国人民代表大会专门委员会会议。地方各级人民代表大会会议制度，包括地方各级人民代表大会会议、地方各级人民代表大会常务委员会会议、地方各级人民代表大会专门委员会会议和乡镇人民代表大会会议。

（3）人民代表大会工作制度。人民代表大会工作制度，具体包括审议制度，发言制度，表决制度，代表议案制度，建议、批评和意见制度，旁听制度，列席会议制度，询问制度，特定问题调查制度，质询制度和罢免制度等；人民代表大会常务委员会工作制度，主要有审议制度，发言制度，表决制度，公民旁听制度，人大代表列席常委会会议制度等；人民代表大会专门委员会工作制度，包括审议制度，提出议案制度等。

（4）人民代表大会立法制度。主要有人民代表大会立法主体，包括国家立法权主体和地方性法规立法主体；人民代表大会立法权限，包括国家立法权限、地方性法规立法权限和民族自治地方人民代表大会立法权限；人民代表大会立法程序和人民代表大会常务委员会立法程序。

（5）人民代表大会监督制度。包括人民代表大会及其常务委员会监督主体、对象、原则、权限和形式。

（6）人民代表大会审议决定重大事项制度。包括审议决定重大事项的程序等内容。

（7）人民代表大会选举任免制度。包括人民代表大会及其常务委员会任免权限、任免方式、任免程序。

（8）人民代表大会代表选举制度。包括人民代表大会代表选举制度基本原则、基本程序等。

（9）人民代表大会代表工作制度。包括人大代表参加人民代表大会会议期间的工作制度、代表在人民代表大会闭会期间的活动制度、代表履职保障制度和代表联系人民群众制度等。

（10）人民代表大会常务委员会自身建设制度。

（三）人民代表大会制度的生命力和优越性

几十年来，人民代表大会制度不断得到巩固和完善，显示出强大的生命力和巨大的优越性。

人民代表大会制度保障了人民当家作主。人民通过普遍的民主选举，产生自己的代表，组成各级人民代表大会，各级人民代表大会都对人民负责、受人民监督，有力地保证了全国各族人民依法实行民主选举、民主决策、民主管理、民主监督，享有宪法和法律规定的广泛的民主、自由和权利。

人民代表大会制度动员了全体人民以国家主人翁的地位投身社会主义建设。人民代表大会制度广泛调动了人民群众建设社会主义的积极性、主动性、创造性，把全国各族人民的力量凝聚起来，在中国共产党领导下，团结一心，艰苦奋斗，有秩序地朝着国家的发展目标前进。人民代表大会制度保证了国家机关协调高效运转。人民代表大会作为国家权力机关统一行使国家权力，实行民主集中制，集体行使职权，集体决定问题；国家行政机关、审判机关、检察机关由人民代表大会产生、对它负责、受它监督，合理分工、协调一致地工作，保证了国家统一有效地组织各项事业。

人民代表大会制度维护了国家统一和民族团结。在中央统一领导下，合理划分中央和地方的职权，充分发挥中央和地方两个积极性；各少数民族聚居的地方实行区域自治，巩固和发展平等团结互助的社会主义民族关系，实现全国各族人民的大团结。

历史和实践充分证明，人民代表大会制度是符合中国国情、体现中国社会主义国家性质、能够保证中国人民当家作主的根本政治制度，也是党在国家政权中充分发扬民主、贯彻群众路线的最好实现形式，同国家和人民的命运息息相关。这个制度健康发展，人民当家作主就有保障，党和国家的事业就顺利发展；这个制度受到破坏，人民当家作主就无法保证，党和国家的事业就会遭受损失。长期以来，全国各族人民通过人民代表大会制度牢牢地把国家和民族的前途命运掌握在自己手中，这是我们国家和人民能够经得起各种风浪、克服各种困难、沿着社会主义道路前进的可靠制度保证，也是我们全面建成小康社会、实现中华民族伟大复兴的可靠制度保证。

二、人大代表概述

党的十八大以来，在以习近平同志为核心的党中央坚强领导下，人大工作取得了历史性成就，全社会更加注重支持和保证人民通过人民代表大会行使国家权力。党的十八届三中全会要求加强人大常委会同人大代表的联系，充分发挥代表作用；通过建立健全代表联络机构、网络平台等密切代表同人民群众的联系。2015 年 6 月中共中央转发的《中共全国人大常委会党组关于加强县乡人大工作和建设的若干意见》（即当年的18号文件），提出了进一步加强和完善基层人大代表工作的要求。2015年8月全国人大常委会对地方组织法、选举法、代表法的修改，为在新形势下开展代表工作提供了更为完备的法律保障。2016年1月中共中央发出的《关于加强和改进人大代表、政协委员有关工作的通知》（即当年的3号文件），又对人大代表的选举和履职管理监督工作等提出明确要求。党的十九大要求"加强人民当家作主制度保障"，支持和保证人大依法行使职权，更好发挥人大代表作用，使各级人大及其常委会成为全面担负起宪法法律赋予的各项职责的工作机关，成为同人民群众保持密切联系的代表机关。人大代表是人民代表大会的组成人员，代表人民参与行使国家权力，管理国家社会事务。那么，什么是人大代表？人大代表是如何产生的？人大代表应当具备的素质是什么？人大代表有什么权利，有什么义务？法律对人大代表依法履行职责都规定了哪些保障措施？所有这些，不仅是人民代表大会制度的重要理论与实践问题，而且是各级人大代表执行代表职务、履行代表职责应当了解和掌握的常识性问题。

代表是一个很宽泛的概念。从广义上讲，凡是能代表某一个方面人民群众利益的，都可称之为代表，如党代表、共青团代表、军队代表、工会代表、妇女代表、地区代表、协会的代表等。从狭义上讲，代表专指全国和地方各级人民代表大会代表，这是一个特定的法律概念，即公民在国家权力机关中的代表。近代世界各国国家代议机关组成人员的称谓不尽相同，多数国家以议员相称，我国实行的是人民代表大会制度，人大代表是各级人民代表大会的组成人员，全国人民代表大会代表和地方各级人民代表大会代表，通称为人民代表大会代表，简称为"人大代表"。

"人大代表"是一个法定职务概念，决定了"人大代表"不能等同地称呼为"人民代表"。因为"人民"是一个政治概念，泛指拥护宪法的各阶级、各阶层和各人民团体、组织。凡能代表某一方面人民群众利益的，均可称之为"人民代表"，它不需要按国家的法律程序产生，也没有相应的法定职责。在我国，人大代表是依照法定程序，由选民或选举单位直接选举或间接选举，经过法定程序获得代表资格，代表人民的利益和意志，依法行使国家权力、履行义务并受到人民监督的国家权力机关的组成人员。按照我国行政区域的划分和政权体制的设置，人大代表具有层级性，分为五级，即全国人大代表，省、自治区、直辖市人大代表，设区的市、自治州人大代表，县、自治县、不设区的市和市辖区人大代表，乡、民族乡、镇人大代表。宪法把人民代表大会制度确定为我国的根本政治制度，这就决定了人大代表是人民代表大会的主体，是人民利益的代表者。因此，在代表构成中，人大代表必须由方方面面的人物组成，中共党员、民主党派、无党派人士、工人、农民、干部、解放军、知识分子、归国华侨、新经济成分中的个体劳动者、少数民族、妇女等，都应占据一定比例。选举法第六条规定，全国人民代表大会和地方各级人民代表大会的代表应当具有广泛性，应当有适当数量的基层代表，特别是工人、农民和知识分子代表；应当有适当数量的妇女代表，并逐步提高妇女代表的比例。总之，既要充分体现人大代表的代表性和广泛性，又要体现代表的先进性。

人大代表的职权由宪法和法律所规定，人大代表执行代表职务的行为受法律保护，因而人大代表的权力具有国家性。代表法第二条明确规定，全国人民代表大会和地方各级人民代表大会代表，代表人民的利益和意志，依照宪法和法律赋予本级人民代表大会的各项职权，参加行使国家权力。可见，人大代表不是一个荣誉称号，而是一种法定职务，享有崇高的政治地位，承担着宪法和法律赋予的重大职责，代表人民的利益和意志，参与讨论决定本行政区域的重大事项，行使管理国家的权力。

三、人大代表的性质与特征

（一）人大代表的性质

人大代表是人民行使国家权力的代表。我国的宪法开宗明义规定：“中华人民共和国是工人阶级领导的、以工农联盟为基础的人民民主专政的社会主义国家。”“中华人民共和国的一切权力属于人民。”这就明确规定了国家的性质和权力的归属。我国和资本主义国家比较，在国家权力的归属上具有本质的区别，但在行使权力的根本方式上，却面临同样的问题。14 亿人当家作主，特别是行使管理国家的权力，总得有一套与之相适应的、可以操作的途径和形式。没有这种途径和形式，人民当家作主仍然是一个抽象的口号。从我国的现实条件看，无论从整个国家，还是从一个地方行政区划来说，都难以做到由全体人民直接行使国家权力，只能由人民群众选举产生自己的代表，再由这些代表组成人民的代表机关，代表人民行使国家权力。为此，宪法又规定：“人民行使国家权力的机关是全国人民代表大会和地方各级人民代表大会。”其中，全国人民代表大会是最高国家权力机关，行使国家最高权力；地方各级人民代表大会是地方国家权力机关，行使地方国家权力。国家权力统一由人民代表大会行使，在这个前提下，进行职权划分，由人大产生的政府、法院、检察院等机关，分别行使国家的行政权、审判权和检察权。这种建立在民主选举基础上的人民代表大会制度，就是人民当家作主的根本途径和实现形式。

应当看到，实行人民代表大会制度，人民是国家的主人这个性质没有变，但是，人民与国家权力的关系形成了一种间接关系，不是直接关系。国家权力属于人民，具体表现为国家权力属于人民代表大会，或者说，人民代表大会实际行使着属于人民的国家权力。人大代表则是接受人民委托，为人民行使国家权力的代表。

（二）人大代表的特征

人大代表的特性由我国人民代表大会的性质所决定，与其依法履行职责的活动密切相关。我国宪法明确规定，“中华人民共和国的一切权力属于人民”。“人民行使国家权力的机关是全国人民代表大会和地方各级人民代表大会”。这就清楚地表明，人民代表大会制度的本质和核心是人民当家作主。人大代表是人民的代言人，是人民选派到国家权力机关并肩负重大使命的使者，是代表人民的根本利益、反映人民的整体意志的代表，是法治社会中人民意志转化为国家意志的直接决定者和国家政治生活的直接参与者，因此，当一名人大代表使命神圣，责任重大。根据宪法和法律规定的精神，人大代表具有以下五个基本特性。

1. 产生方式的民选性

人大代表是依据宪法和选举法的规定，严格按照民主程序选举产生的。根据选举法，我国各级人大代表的选举产生方式有两种：一种是由选民直接选举产生，如县、乡两级人大代表的产生；另一种是间接选举产生，即上一级的人大代表由下一级的人民代表大会选举产生，如全国人大代表、省级人大代表和设区的市级人大代表分别由省级、设区的市级、县级人民代表大会选举产生。代表的依法选举产生，既表明了人大代表的地位、职权是法定的，也表明了人大代表职务的人民性。人大代表一旦依法选举产生，非经法定程序，任何个人或组织不得撤换或改变。人民有权对自己选举产生的人大代表进行监督并罢免不称职人大代表的代表职务。

2. 代表职务的国家性

根据宪法和代表法等有关法律的规定，各级人大代表是各级国家权力机关的组成人员，即“全国人民代表大会代表是最高国家权力机关的组成人员，地方各级人民代表大会代表是地方各级国家权力机关的组成人员”，并且是人民行使国家权力的代表。因此，人大代表不是“劳动模范”，也不是“先进工作者”，而是一种国家职务，人大代表履行职责的工作和活动是一种政务活动。我国人民代表大会代表的这一法定职务，是由人民代表大会制度的法定地位所决定的，它充分体现了我国是工人阶级领导的、以工农联盟为基础的人民民主专政国家的国体和人民代表大会制度的政体性质。

3. 执行职务的兼职性

在我国，人大代表职务实行的是兼职制，即人大代表不脱离当选代表之前的生产或工作岗位，并且全部或主要的报酬仍从原单位领取或获得，不因脱产执行代表职务而丧失享受原单位工资报酬的权利，也不因此而同时领受代表职务工资（但可以享受一定的补助或津贴）。人大代表在自己的工作岗位上，结合日常生活和工作实际，充分地尽到人大代表的义务，发挥代表的作用，这是我国人民代表大会制度的一个突出特点，也是我国人大代表与西方议会专职议员的本质区别。坚持和实行人大代表的不脱产原则，一是有利于人大代表与选民和选举单位保持经常的密切的联系，可以随时倾听各方面的意见和人民群众的呼声，使人民代表大会的各项决策更具群众基础，更加符合人民的意愿和要求。二是符合我国人民代表大会是国家权力机关的特点。代表既参与对国计民生的重大事项的决策，又在本职工作中贯彻执行人民代表大会的决议、决定，协助宪法和法律的实施，协助本级人民政府推行工作。三是便于人大代表结合本职工作发挥作用，也更有利于接受人民群众的监督。四是符合我国的基本国情。事实上，我国的各级人大代表在基层，实行代表的兼职制更有利于建设社会主义民主政治，更有利于进一步健全、完善和发展人民代表大会制度。

4. 任职时间的届期性

根据宪法，全国人民代表大会和地方各级人民代表大会每届任期五年。人民代表大会的换届，实际上就是指各级人大代表的换届。人大代表的任期与本级人民代表大会的任期相同。在每次新一届人民代表大会第一次会议之前，都要进行新一届人大代表的选举。人大代表一经选举产生，只是在一个规定的时期内具有代表资格。任期一旦届满，其代表资格自行终止，法律规定代表所享有的特殊权利和其所承担的法定义务也随任期届满自然消失，其所进行的代表工作和活动就不再具有合法性。规定代表的任期制是我国选举制度的突出特点。实行人大代表的任期制，对代表既是一种鞭策，又是一种激励，更是一种有效的监督，是我国社会主义民主政治的重要体现。

5. 行使职权的集体性

集体行使职权，集体讨论决定问题，是我国人民代表大会一个特有的属性和根本特点。民主集中制是国家机关工作和活动的准则。人民代表大会的各项职权，必须通过人大代表的群体活动得以具体实现和落实。人大代表执行代表职务的行为，是人民群众利益和意志的具体体现，这是人大代表地位和作用的根本所在。人大代表的主体性特征，首先表现为人民代表大会是一个权力集体。人民代表大会的投票选举，通过各项决议、决定和法律，最终上升为国家意志，必须以全体代表的过半数通过才能产生法律效力。其次表现在人大代表的个体性与整体性的辩证关系上。人大代表是人大的组织细胞，人大代表个人并不能直接代替人民代表大会行使国家权力，也不能直接处理属于人民代表大会职权范围内的事情。但代表可以行使享有法律规定的民主权利，提出的个人意见和建议只要被其他代表所接受或同意，以法定多数通过时，其意见和建议便上升为国家意志而得以执行，这也就是人民代表大会必须遵守和执行的民主集中制原则。

人大代表的这些特性是我国人民代表大会制度优越于资本主义国家制度的根本特点，它构成了中国特色社会主义的民主政治制度。作为人大代表，只有了解和掌握了我国人大代表的基本特性，才能更好地执行代表职务，履行好代表义务。

四、人大代表的产生、地位和作用

人大代表是国家权力机关的组成人员，是人民通过法定程序选派到国家权力机关的使者，肩负着人民的重托。作为一种国家职务，人大代表认真履行宪法和法律赋予的神圣职责，是提高中国共产党的执政能力的需要，是加强党与人民群众密切联系的需要，也是充分发挥人民代表大会作用的要求，是实现人民当家作主的要求。

人民代表大会制度是中国共产党领导中国人民在长期的革命实践中，把马克思主义的普遍真理同中国的具体实践相结合，建立起来的人民当家作主的政权组织形式。人大代表作为人民代表大会的组成人员，它的产生立足于中国国情，它的性质和地位反映了中国的实际。

（一）人大代表的产生

人大代表由民主选举产生。实行人民代表大会制度的基础，是选举人大代表。按照宪法和选举法规定，各级人大代表都由民主选举产生。我国的选举，实行普遍性和平等性原则。中华人民共和国年满十八周岁的公民，不分民族、种族、性别、职业、家庭出身、宗教信仰、教育程度、财产状况、居住期限，除依照法律被剥夺政治权利的人外，都有选举权和被选举权。每一选民在一次选举中只有一个投票权。应当看到，选举权和被选举权广泛地、无差别地赋予广大人民群众，体现着我国国家权力广泛的群众基础。我国五级人大代表的选举，分别采取直接选举和间接选举的办法。其中：县级（包括县、自治县、不设区的市和市辖区）和乡级（包括乡、民族乡和镇）两级人大代表，采取直接选举的办法产生。具体做法是将县和乡两级行政区域划分为若干选区，由选区的选民直接投票选举产生县、乡两级人大代表。由于行使选举权利的主体是广大选民，因而把这种由选民直接投票选举代表的方式，通俗地称为“直接选举”。全国人大代表，省级（包括省、自治区、直辖市）人大代表，设区的市和自治州人大代表采用间接选举的办法产生。具体办法是由下级人民代表大会选举上级人大代表。这种选举方式，由于行使选举权利的是人大代表，选出的代表对应于选民，已经间隔了一层或几层，因而这种由人民代表大会选举上级人大代表的方式，通俗地称为“间接选举”。

根据选举法的规定，人大代表按选区或者选举单位提名产生。各政党、各人民团体，可以联合或者单独推荐代表候选人。选民或者代表 10 人以上联名，也可以推荐代表候选人。直接选举的代表候选人，由选民和各政党、各人民团体提名推荐后，选举委员会汇总，并交各该选区的选民小组讨论协商，根据多数选民的意见确定正式候选人名单。必要时，可以进行预选。间接选举的代表候选人，由大会主席团将依法提出的代表候选名单印发全体代表酝酿、讨论。必要时，可以进行预选。社会上所传的“独立候选人”一说，不符合法律规定。

人大代表的选举符合我国实际。我国采取直接选举与间接选举相结合的原则选举各级人大代表，把直接选举的范围确定在县、乡两级，是同我国现实社会的经济、政治、文化条件相适应的。我国农村人口占了全部人口的大多数，广大农村交通、信息不够发达，他们对县、乡两级各方面的代表人物相对比较熟悉，利于进行投票选举。在更大范围和更高层级上进行直接选举，从全国范围看，条件还不完全具备。从当前的客观条件看，把直接选举范围确定在县、乡两级，有利于国家的稳定和现代化建设。

（二）人大代表的地位

人大代表是国家权力机关的组成人员。全国人大和地方各级人大是人民行使国家权力的机关，每一级人大都是由民主选举出来的人大代表组成。人民代表大会行使国家权力，具体表现为人大代表集体行使国家权力。人大代表是国家权力机关的组成人员，这种性质和地位，标志着人大代表责任重大，在国家政治生活中处于重要地位。人民代表大会在国家政权体系中处于主导和中心地位，是整个政权体系的基础。人民代表大会重大作用的发挥，依赖于人大代表的活动。没有人大代表的工作，人民代表大会就很难发挥作用。国家权力机关和它的组成人员，可以比喻成肌体与细胞的关系。单个细胞不代表肌体，不能发挥肌体的功能，但由细胞组成的肌体发挥功能，离不开每个细胞的作用。人大是一个行使国家权力的集体，代表不能单独行使国家权力，表面上看缺少几个代表无关大局，但质是通过一定的量表现出来的。比如，法律规定，全国人大会议必须有三分之二以上代表出席，始得举行；全国人大审议的法律案和其他决议案必须经全国人大全体代表过半数赞成，才得通过。当人大按照法律规定开会，法律案和其他议案被多数代表赞成后，就产生了法律和其他决议，这些法律和决议具有极大的权威，全国上下都要一体遵行。人大代表与国家权力机关这种关系，体现了集体与个人的辩证关系，反映着我们的国家权力“从群众中来，到群众中去”“集中起来，贯彻下去”的运作过程。

（三）人大代表的作用

人民代表大会职能作用的发挥，取决于代表的有效工作。没有代表的积极参与，人民代表大会就很难发挥作用。人大代表是人民代表大会的组成人员，是这个权力集体中的一个单个细胞。代表的性质和地位要求担任代表职务的公民，不断增强责任感和使命感，勤奋工作，切实履行代表职责。代表的职责，概括地说，就是代表人民的利益和意志，依法参加行使国家权力。这里突出地表明了两点。第一，人大代表应当代表人民的利益和意志。人大代表作为人民派往国家权力机关的光荣使者，在国家权力问题上，与人民形成特定的代表与被代表的关系上，客观上要求人大代表以人民的利益和意志为活动准则，人大代表应当按照人民的利益和意志参加行使国家权力，从法律上明确解决了代表与选民或者选举单位的关系问题，亦即代表不仅仅是本选区或选举单位的代表，要反映选举他的选民或者选举单位的利益，而且还是全国人民或者本行政区域全体公民的代表，还要反映全国人民或者本行政区域全体公民的利益。其核心是要处理好局部利益和整体利益、眼前利益和长远利益、个人利益和集体利益的关系问题。第二，依法行使国家权力。即参加行使宪法和法律赋予本级人大的各项职权。宪法规定全国人大有十五项职权。地方组织法规定，县级人大有十五项职权，乡级人大有十三项职权。代表行使国家权力，既是代表发挥作用的根本途径和形式，也是发挥代表作用的集中体现。

根据宪法和法律的规定，人大代表的作用综合起来主要体现在以下四个方面。

1. 参与决策作用

人大集体讨论问题、集体决定问题，无论是依法制定法律或地方性法规，还是对“一府一委两院”进行监督，无论是选举和任免国家机关工作人员，还是行使对重大事项的决定权，都是通过同级的人民代表大会来实现的。代表个人是不能处理应由国家权力机关讨论决定的问题的。但国家权力机关讨论决定问题，离不开每一位代表的个体参与。人民代表大会决策性权力的实现，是通过人大代表的投票或表决来完成的。代表对某一项议案的表决态度，直接关系到这项议案的通过与否，关系到决策的后果。人大代表在全国和地方各级人民代表大会进行各项工作和活动，如审议和讨论问题，表决各项议案等，无疑都是人大代表这种参与决策作用的具体发挥，其实质是参与并最终形成国家意志。

2. 监督协助作用

一定意义上，监督既是制约，又是支持。从理论上讲，人大代表个人并没有对“一府一委两院”的监督权力，监督权力属于同级人大及其常委会。人民代表大会作为一个整体所享有的监督权力，是通过每一位人大代表在大会期间的工作和闭会期间的活动来完成的。只有通过人大代表的代表工作和活动，国家权力机关对执行机关的监督功能才能得以发挥。如会议期间代表对政府工作报告的审议和表决，对政府财政预决算的审议、修改，对政府组成人员的选举、任免等诸项工作，都充分体现了人大对政府的监督。在大会闭会期间，人大代表参加的视察、调研、执法检查、评议等活动，也充分体现了人大代表的这种监督作用。宪法和法律规定，代表在自己参加的生产、工作和社会活动中，协助宪法和法律的实施。这一规定，体现了我国人民代表大会制度中权力机关与执行机关之间总目标相一致的特点。各级人大代表有责任有义务督促和协助执行机关开展工作。

3. 桥梁纽带作用

人大代表生产、工作和生活在人民群众之中，与人民群众有着必然的天然的密切的联系，对人民群众的要求和愿望感受最直接、最深刻，能够随时听取人民群众的建议、批评和意见以及愿望和要求，并通过适当方式及时反映到权力机关以及行政机关、审判机关、检察机关，做到下情上达；同时在自己的生产和工作岗位上宣传党的主张，宣传人大及其常委会的决议、决定和政府的决策，把国家权力机关讨论通过的决议、决定精神带到人民群众中去，向他们宣传解释，增强认同感，做到上情下达。在党和政府与人民群众之间，起到相互了解、促进和谐社会构建的桥梁纽带作用。

4. 模范带头作用

人大代表由选民或者选举单位在众多的人选中依法选举产生，无疑他们是这部分人中的先进分子，具有先进性的特点。人大代表在自己的日常工作和社会活动中，应带头学习宣传宪法和法律，模范地遵守宪法和法律，在自己参加的生产和工作岗位上，带头执行本行政区域的大政方针、人大及其常委会的决议决定，并通过自己模范带头作用的有效发挥，带动和感染群众，从而把广大人民群众团结凝聚起来，有效地实现社情民意的整合，确保党和政府各项任务的顺利完成，为全面推进小康社会建设作出自己应有的贡献。

五、人大代表的权利与义务

为使人大代表履行好代表人民行使权力的职责，我国宪法和有关法律赋予了人大代表应当享有的权利和必须履行的义务。

（一）人大代表的权利

1. 审议权

审议是对列入会议议程的各项报告和议案进行讨论、发表意见、表明意愿和立场，给予肯定、否定或者提出修改意见的活动。在人民代表大会会议上，代表参加审议人大常委会、政府、法院和检察院的工作报告，审查和批准国民经济和社会发展计划及计划执行情况的报告、国家预算和预算执行情况的报告，是代表参与决定国家事务的重要职责，也是行使代表权利的重要方面。代表应当本着为人民负责的精神，对报告和议案实事求是地肯定成绩，指出问题，提出修改意见。

2. 提案权

人民代表大会立法和决定重大问题，一般要经过提出议案、审议议案、表决议案和公布法律（法规）及决定、决议的程序。其中，提出议案是审议、决定问题的前提。法律除规定有关国家机关和人大的机构有权提出议案外，还规定了代表有权联名提出议案，提议组织特定问题调查委员会。

3. 表决权

表决，是指代表大会在通过报告和议案、决定有关事项时，由代表明确表示赞成、弃权或反对意见，并以法定标准来确定结果的行为。表决权则是指代表对交付表决的报告和议案、有关事项表明各种意愿的权利。表决权利的行使，会直接产生法律后果，是表决结果的直接依据。根据全国人大议事规则的规定，全体代表过半数是衡量一件议案是否获得通过的标准。只有两类问题的决定更严于过半数标准：一是在修改宪法时，宪法修正案的通过，需要全体代表的三分之二以上赞成。二是全国人民代表大会的任期届满时，如遇不能进行选举的非常情况，可以决定推迟选举，延长本届全国人大的任期。延长任期的决定，须由常委会组成人员的三分之二以上通过。参加表决，是人大代表权利的重要组成部分。人大代表应当珍惜这一权利，“投好神圣的一票”。首先要积极参加表决。由于表决采用多数原则，即通过议案的标准是“全体代表过半数”，而非“到会代表的过半数”，不参加表决表面看是既非赞成也非反对，但在确定表决结果上，与投反对票作用相同。不参加投票的人越多，达到通过议案所需的法定票数越难，甚至妨碍议案的通过。此外，代表在行使表决权时，要充分反映选民或选举单位的意见，同时又要胸怀全局，从全体人民利益出发考虑问题，处理好局部利益与整体利益的关系。

4. 询问权和质询权

询问和质询是国家权力机关对行政机关、审判机关和检察机关实行监督的形式。在人大会议期间，人大代表可以就有关问题向本级人民政府、人民法院和人民检察院提出询问；全国人大代表有权向国务院及其各部委、最高人民法院和最高人民检察院提出质询案；县级以上的地方人大代表有权向本级人民政府及所属各部门、人民法院和检察院提出质询案；乡级人大代表有权向本级人民政府提出质询案。质询和询问的相同之处是以提问的方式要求行政机关和司法机关回答问题，说明情况，都带有探询、了解之意。不同之处是质询的方式更加严肃，表现为一定程度的批评责问；质询有法定程序，要依照程序进行。全国人大会议期间，一个代表团或者 30 名以上代表联名；地方各级人大会议期间，人大代表 10 人以上联名，可以提出质询案。提出质询案应当以书面形式，写明质询对象、质询的问题和内容。质询案交由主席团决定由受质询机关答复。根据情况，可以在主席团、专门委员会或者代表团会议上答复；代表对答复不满意的，受质询机关应再作答复。

5. 选举权

选举权是指代表参加产生国家机关领导人员及其他人员的权利。由全国人大选举的国家机关领导人员有中华人民共和国主席、副主席，全国人大常委会组成人员，中央军事委员会主席，国家监察委员会主任，最高人民法院院长和最高人民检察院检察长。根据中华人民共和国主席的提名，决定国务院总理人选；根据国务院总理的提名，决定国务院副总理、国务委员、各部部长、各委员会主任、审计长、秘书长的人选；根据中央军事委员会主席的提名，决定中央军事委员会其他组成人员的人选。县级以上地方各级人大选举本级人大常委会组成人员，省长、副省长，自治区主席、副主席，市长、副市长，州长、副州长，县长、副县长，区长、副区长，本级监察委员会主任、人民法院院长和人民检察院检察长，检察长须报上一级检察院检察长提请该级人大常委会批准。乡、民族乡、镇人大选举人大主席、副主席，乡长、副乡长，镇长、副镇长。全国人大的选举，候选人由主席团提名。地方各级人大的选举，候选人由主席团和各级人大代表联名提名，实行差额选举。

6. 罢免权

罢免，是指由选举和任命产生的国家机关工作人员在任期届满以前，依法解除其职务的法律行为。罢免的范围大致与选举和任命产生的国家机关工作人员的范围相同。罢免国家机关工作人员是人大各种监督手段中最严厉的监督手段，也是最后的监督措施。因此，实施罢免，必须采取严肃、慎重的方针，在程序上从严掌握。既要对违法失职、失去人民信任的人员依法予以罢免，保证人大代表依法行使罢免权，又应坚持“对人的处理采取慎重态度”。为体现这些精神，法律对罢免程序作了比较严格的规定，在全国人大，只有主席团、三个代表团或十分之一以上的代表联名才有权提出罢免案。在县级以上地方人大，主席团、常委会或者十分之一以上代表联名，可以提出罢免案。乡、民族乡、镇人大举行会议的时候，主席团或者五分之一以上的代表联名，可以提出罢免案。罢免案应以书面形式在代表大会期间提出，并写明罢免对象和理由。由大会主席团提请大会审议，再由大会全体会议表决；或由主席团提议，经全体会议决定，组织特定问题调查委员会，由本级人大下次会议根据调查委员会的报告审议决定。在罢免案提请大会全体会议表决前，被罢免的人员可以在主席团会议或大会全体会议上进行申辩。

7. 建议权、批评权

人大代表的建议、批评和意见，是代表向本级人大或者其常委会提出的对各方面工作的看法、意见的总称。代表对各方面的工作提出建议、批评和意见，是督促国家机关及其工作人员联系群众、改进工作的重要形式。代表建议、批评和意见可以个人提出，也可以联名提出；可以在大会会议期间提出，也可以在大会会议闭会期间提出。

8. 在闭会期间活动的权利

人大代表在会议期间的工作和闭会期间的活动，都是执行代表职务。全国人大组织法、地方组织法和代表法不但规定了代表在代表大会会议期间的工作和享有的权利，也规定了在代表大会会议闭会期间的活动的权利。闭会期间的活动是大会会议期间活动的延伸，也是大会会议期间开展工作的基础和条件。法律规定的代表在代表大会会议闭会期间的活动是多方面的，其中主要是参加视察和专题调研，应邀参加执法检查、列席有关会议，对各方面工作提出建议、批评和意见等。

（二）人大代表的义务

1. 模范地遵守宪法和法律

“依法治国，建设社会主义法治国家”的治国方略，已被庄严载入宪法。法治国家的基本特征，是宪法和法律具有极高的权威和尊严，坚持法律面前人人平等，任何人、任何组织都没有超越法律的特权。我国 290 多万全国和地方各级人大代表，许多人是立法的直接参与者，是建设法治国家的中坚力量，责无旁贷地应当模范地遵守宪法和法律，带头宣传和执行法律，在自己参加的生产、工作和社会活动中，协助宪法和法律的实施。人大代表这方面的表率作用对于在全社会形成普遍的法治意识，推进依法治国的进程，保证国家的长治久安具有深远意义。

2. 保守国家秘密

国家秘密是关系国家的安全和利益，依照法定程序确定，在一定时间内只限一定范围内的人员知悉的事项。主要是：国家事务重大决策中的秘密事项；国防建设和武装力量活动中的秘密事项；外交和外事活动中的秘密事项；国民经济和社会发展中的秘密事项；科学技术中的秘密事项；维护国家安全活动和追查刑事犯罪中的秘密事项；其他经国家保密工作部门确定应当保守的国家秘密事项。由于这些国家秘密直接关系到国家的安全和利益，因而法律规定，一切国家机关、武装力量、政党、社会团体、企业事业组织和公民都有保守国家秘密的义务。人大代表来自社会的各个方面，一是相当多的人分别接触上述各种国家秘密，二是代表在参与国家事务的决策中，也会了解和掌握某些国家秘密。作为国家权力机关的组成人员，人大代表应当严格地保守国家秘密，模范地遵守保密制度，如不在私人交往和通信中泄露国家秘密；携带属于国家秘密的文件、资料和其他物品外出不得违反有关保密规定；不在公共场所谈论国家秘密等。

3. 联系群众

人民把意愿和要求委托给代表，再由代表将这些意愿和要求反映到国家权力机关中去。代表必须密切联系群众，才能真正了解社情民意，了解人民的意愿所在，为人民行使好权利。代表也只有密切联系群众，才会把自己置于群众的监督之下，取得工作的动力，增强工作的责任感。为此，宪法和有关法律规定，全国人大代表和地方各级人大代表，应当与原选区选民或者原选举单位的人民群众保持密切联系，听取和反映他们的意见和要求，努力为人民服务。

4. 参加人民代表大会会议

人大代表是人民委派到权力机关的使者，参加人民代表大会会议，参与审议各项报告和议案，是代表的神圣权利，也是代表的法定义务，不能无故缺席。代表法规定："代表应当出席本级人民代表大会会议，依法行使代表的职权。"代表"未经批准两次不出席本级人民代表大会会议的"，其代表资格终止。同样的，代表如果对人大审议的议案漠不关心，在选举和表决议案时不投票，也属于失职行为。

六、如何当好人大代表

（一）正确处理几种关系

当好人大代表，发挥权力机关组成人员应有的作用，依法认真履行职责，不辜负党的期望和人民的重托，需要付出的努力是多方面的。根据宪法和法律的规定，总结多年来人大代表履行职责的实践经验，一般需要处理好以下五种关系。

1. 集体行使职权与代表发挥作用的关系

人民代表大会行使的是国家权力，包括立法权、重大事项决定权、国家机关重要人事选举和任免权以及对它所产生的其他国家机关的监督权，因此，它所审议和决定的问题，是关系到国家改革发展稳定的重大、根本性的问题。这就要求在决定问题的方式上，必须采取合议制的方法经过来自各民族、各阶层、各方面代表以民主的方式充分讨论，最后按多数人的意愿决定问题。集体行使职权，是人大及其常委会职权行使的原则，也是人大代表执行职务的准则。因此，个人或少数人都不能以人大及其常委会的名义，决定和处理问题。代表个人也不干涉行政机关、司法机关的正常工作，人民群众向代表反映的问题和意见，代表可以交人大常委会办事机构统一办理。同时，人大代表是各级人民代表大会的组成人员，只有每个代表充分发挥作用，充满活力，人民代表大会及其常委会才会有生气、有活力。在人大及其常委会审议和决定问题时，任何一个工作环节，包括议案的提出和说明、议案的审议、议案的表决等，都需要代表或委员以对人民负责的高度热忱和使命感，专心致志地思考问题，深入调查研究，提出自己的意见，最后投出神圣的一票。每个代表都有发挥作用的积极性和主动性，都能认真履行宪法和法律赋予的职责，国家权力机关所作出的决定、决议，或通过的法律、法规，才能更符合我国的国情、省情、市情、县情等，体现人民利益和意愿。

2. 代表的权利与义务关系

在社会主义制度下，权利与义务是平等的，公民平等地享有权利，又平等地承担义务，正如宪法所规定的，“任何组织或者个人都不得有超越宪法和法律的特权”。权利和义务又是统一的，公民在享有法定权利的同时，必须履行法定的义务，正如马克思所说的，“没有无义务的权利，也没有无权利的义务”。我国公民的权利和义务在本质上是平等的、统一的，但并不是说在实际生活中不存在任何矛盾。需要人们正确处理权利和义务的关系，对人大代表的权利和义务来说同样适用。

为了发挥国家权力机关的功能和作用，保证人大代表依法履行职责，有关法律全面系统地规定了人大代表的权利，同时也规定了人大代表应当履行的义务。人大代表享有权利是执行代表职务的基础，法律、国家机关和全社会必须给予必要的保障和服务，如出席会议要安排、提出议案要处理、闭会期间执行代表职务提供方便等。人大代表也必须履行宪法和法律规定的义务，如模范遵守宪法和法律、密切联系人民群众等。人大代表的权利和义务是平等的，每个代表平等地享有权利，平等地履行义务，没有只享有权利的代表，也没有只尽义务的代表。代表的权利和义务又是一致的。组织法和代表法所规定的代表权利，在许多方面同时也是一种职责和义务，两者是统一的。人大代表的特殊身份，绝不是特权的象征。

3. 代表行使职权与接受监督的关系

人大代表是国家权力机关的组成人员，代表职务是一种国家职务。宪法和法律规定的代表权利，不同于普通公民的权利，实质上是一种“公权”。人大代表在享受权利的同时，实际上同国家行政机关、审判机关和检察机关的工作人员执行职务一样，代表国家行使职权，只是行使职权的方式不同。人大代表行使职权的权威性和严肃性决定了代表职权的行使必然产生一定的法律后果，国家和社会必须给予必要的保障，并按法定的程序处理。

我国宪法规定，国家的一切权力属于人民。任何国家机关和国家工作人员的权力，都是人民赋予的，都要接受人民的监督。在我们社会主义国家里，没有不受监督的特殊权力。人大代表由人民通过直接或者间接的方式选举产生，必须对人民负责，受人民监督。代表法规定：“代表受原选区选民或者原选举单位的监督。选民或者选举单位有权依法罢免自己选出的代表。”这就要求代表密切联系人民群众，反映人民的意愿，倾听人民的呼声，主动汇报自己行使职权的情况，接受人民的监督。对涉及代表本人和亲属利害关系的问题，代表应当回避。

4. 执行代表职务与个人职业的关系

人大代表是人民推选到国家权力机关代表人民讨论和决定国家大事、管理国家事务的使者，代表执行职务活动中的一言一行都关系着人民的利益。人大代表又是国家权力机关的组成人员，代表执行职务是行使国家职权的行为，代表在代表大会上的发言和表决，提出的议案及建议、批评和意见直接影响着国家政策的确定。人大代表的人民性和政治地位决定代表必须以对人民和国家负责的高度责任感，认真履行宪法和法律赋予的职责。不能无故不出席会议，不能对人大会议审议的议题漠不关心，不能不参加大会闭会期间的代表活动，不能“代表代表，会完就了”。

但是，我国的人大代表是兼职代表，有的是党政机关的领导干部，有的是企业事业组织负责人，有的是工作在社会主义现代化建设第一线的工人、农民和知识分子，基本都有自己的本职工作，这难免与执行代表职务产生矛盾。这就要求正确处理执行代表职务与开展本职工作的关系，以代表人民的利益执行代表职务为重，以讨论和决定国家大事为重。同时应当看到，代表职务属于公职，应当公私分明，不应借助执行代表职务进行个人职业活动，甚至谋取个人利益，如推销产品、采购物资等。

5. 整体利益和局部利益的关系

在社会主义国家，人民的根本利益是一致的，但也存在着整体利益和局部利益、长远利益和眼前利益、集体利益和个人利益的矛盾。我们的处理原则是局部利益服从整体利益、眼前利益服从长远利益、个人利益服从集体利益。人大代表由选区和选举单位选举产生，要接受原选区和原选举单位的监督，要代表原选区和原选举单位人民的利益。但是，人大代表是国家权力机关的组成人员，不仅仅是原选区和原选举单位的代言人。在执行代表职务活动中，人大代表要从大局和维护人民的整体利益出发，发表审议意见，提出议案及建议、批评和意见，决定重大问题。

（二）当好人大代表的要求

人民代表大会制度之所以具有强大生命力和显著优越性，关键在于它深深植根于人民之中。各级人大代表由民主选举产生，代表人民的利益和意志，依法参加行使国家权力。国家权力机关履职尽责是否到位，人民代表大会制度的功效能否得到充分发挥，都同人大代表依法履职、发挥作用密不可分。

人大代表是国家权力机关的组成人员，是各级人民代表大会的主体。尊重代表主体地位，更好发挥代表作用，是人大工作保持生机和活力的重要基础，是支持和保证人民当家作主的必然要求。

当代表是很严肃的政治责任，是党和人民的重托。人大代表行使的是一种国家权力，是公权力。国家的一切权力属于人民，人民行使国家权力的机关是全国人民代表大会和地方各级人民代表大会。人民把自己的权力依法委托给自己选出的代表来行使。各级人大代表都是按照法律规定，经过严格的法律程序选举产生的。代表组成各级人民代表大会，代表人民行使管理国家的权力，讨论和决定国家的重大事项。

人大代表的职务是法定的，是义不容辞的政治责任。人大代表肩负着宪法和法律赋予的重要职责，肩负着党和人民的信任和重托。人大代表执行职务，要遵循宪法和法律的规定。涉及代表履职的法律，除了宪法以外，还有选举法、代表法、全国人民代表大会组织法、地方组织法、全国人民代表大会议事规则等，其中代表法是规范和保障代表履职的专门法律。人大代表执行职务受法律保护，同时这种职务也是法定的责任，是不能放弃的。

人大代表是代表人民利益的。人大代表作为人民的代表，既要反映选区选民或者选举单位的意见和要求，忠实代表人民的利益和意志，更要自觉维护全局的、整体的利益。代表不得利用执行代表职务干涉具体司法案件或者插手招标投标等经济活动，谋取个人、小团体和特定关系人的利益。

根据宪法、代表法等规定，人大代表作为国家权力机关的组成人员，既享有与执行职务相适应的权利，又应当履行相应的义务。权利和义务犹如硬币的两面，缺一不可。

关于人大代表享有的权利。出席本级人大会议，参加审议各项议案、报告和其他议题，发表意见；依法联名提出议案、质询案、罢免案等；提出对各方面工作的建议、批评和意见；参加本级人大的各项选举、各项表决；获得依法执行代表职务所需的信息和各项保障等。关于人大代表应当履行的义务。模范地遵守宪法和法律，保守国家秘密，协助宪法和法律的实施；按时出席本级人大会议，认真审议各项议案、报告和其他议题，发表意见等；参加视察、专题调研、执法检查等履职活动；加强履职学习和调查研究；与人民群众保持密切联系，听取和反映他们的意见和要求；自觉遵守社会公德、廉洁自律公道正派、勤勉尽责等。

由此可以看出，代表享有权利和履行义务都是法定的，也是协调统一的，享有的权利实质上是神圣的职责，不能只讲权利不讲义务，也不能只讲义务不讲权利。

（三）人大代表素质的基本要求

所谓人大代表的素质是指人大代表执行代表职务，履行代表职责所应具备的综合条件和基本能力。具体讲，人大代表应具备以下五个方面的素质。

1. 政治素质

人大代表的政治素质是人大代表政治立场、政治方向、思想作风的总和，它包括人大代表应具有坚定的政治立场和一定的政治理论水平，较强的法律意识和较强的执行代表职务的能力。人大代表必须在政治上自觉与党中央保持一致，拥护党的路线、方针、政策，具有高度的政治觉悟、良好的道德品质，坚定正确的政治方向和崇高的理想信念；对人大工作和代表有饱满的政治热情，有强烈的社会责任感，对代表工作有浓厚的兴趣，对坚持和完善人民代表大会制度充满信心；能够认真学习马列主义、毛泽东思想和中国特色社会主义理论，自觉地密切与人民群众的联系，善于反映社情民意，认真负责地代表人民行使权力。

2. 法律素质

法律素质是指法律人应当具备的职业素质（专业素质），其要素包括：法律思维能力、法律表达能力和对法律事实的探索能力。在这三个方面的能力中，法律思维能力是法律素质的核心，它包括：准确掌握法律概念的能力、正确建立和把握法律命题的能力、法律推理的能力、对即将作出的法律裁决或法律意见进行论证的能力；法律表达能力可以分为口头表达能力和书面表达能力两方面；探知法律事实，即调查、搜索、制作、组合、分析、认证法律事实，是法律实践活动的重要环节。人大代表履行职责、执行代表职务，无论是参加执法检查，还是参加视察、调查；无论是参加选举和会议讨论，还是参加表决，都不是随心所欲的，都要依照法定权限和程序进行，这就要求人大代表必须具有较强的法律意识，培养法律思维，按照法律规定和规范要求去思考和审议现实问题。

3. 文化素质

文化素质是指接受文化教育的程度，这是代表依法执行代表职务的基础。我们所处的时代是一个知识更新的时代，无论是社会科学知识或者自然科学知识都在迅速更新。生产的发展、国家事务的管理在很大程度上依靠新的科学技术知识和现代化管理方法的运用。所以，人大代表要想履行好代表职责，就必须不断地学习相关的知识，提高自己的履职能力，如果没有一定的文化知识，履行代表职责就会遇到文化方面的困难。特别是人大代表在调查，写议案、建议和意见等工作过程中，必须具备一定的文化知识，才能更好地表达人民的利益和意志，也才能够更好地反映人民的利益和意愿。

4. 能力素质

人大代表的能力素质是其执行代表职务、履行代表职责能力的综合反映，既包括代表的审议能力（即阅读、书写和语言表达的能力），又包括代表谋划大事的能力，还包括代表调查研究的能力等。其中，调查研究是人大代表开展工作和活动的一项基本功。人大代表在履职的过程中，经常的大量的工作离不开调查研究。因此，人大代表应当具备一定的调查研究能力。此外，人大代表还应具有广泛的社会活动能力，主要包括观察、发现、综合、分析和解决矛盾的能力，与外界沟通情况的能力，鼓动和说服的能力，协调组织的能力，以及参与决策的能力等。人大代表只有具备了这些能力才可以敏锐地发现社会中存在的问题和矛盾，为重大问题的决策提供全面、科学、可靠的依据。

5. 身体素质

健康的身体是人大代表行使职权、履行代表职责的前提条件。我国的人大代表的兼职性，决定了人大代表不仅要出色地完成好本职工作，还必须胜任繁多的社会工作，这就需要有健康的身体作保障。虽然法律对代表的身体条件未作出明确的条件限制，但人大代表要依法履行好其神圣职责，顺利地完成好届期工作任务，就应当具备良好的身体条件。

（四）人大代表提高自身素质的途径与方法

根据宪法、代表法的规定，结合人大工作自身的特点、规律，人大代表提高自身素质应主要从以下六个方面下功夫。

1. 坚持政治理论和政策学习，不断提高分析、研究和解决问题的能力

人大代表要参加选举、审议和表决，提出高质量的议案与建议、批评和意见，宣传宪法和法律，协助本级人民政府推行工作，没有较高的政治理论和政策水平，是很难全面、客观地观察和分析问题的。作为人大代表，一定要把自身政治素质的提高放在一切工作的首位。认真学习马列主义、毛泽东思想、邓小平理论、“三个代表”重要思想、科学发展观、习近平新时代中国特色社会主义思想，学习党的路线、方针和政策以及人民代表大会制度建设的理论，通过学习切实提高自身的政治思想理论水平，提高学会运用马列主义的立场、观点和方法分析、研究和解决问题的能力，在政治上、思想上与党中央保持高度一致。在执行代表职务的实践中，不断提高自身的观察力、理解力、分析力和判断力。要从党、国家和人民的根本利益着想，遵纪守法，密切联系人民群众，关心群众疾苦，热心为群众办事；作风正派，胸怀宽阔，敢于仗义执言，为人民说话，把积极维护党、国家和人民的根本利益，作为代表履行职责最根本的政治任务。

2. 不断加强宪法和法律法规的学习，努力提高依法管理国家和社会事务的能力

人大代表无论在人民代表大会会议期间行使代表权利，还是在人民代表

大会闭会期间履行代表职责，都是依法执行代表职务的具体实践。这就要求人大代表必须认真学习宪法和各项法律、法规、人大及其常委会制定的议事规则以及人民代表大会工作的基本知识。通过学习，进一步提高民主法治观念，增强法律意识，提高依法参加管理国家和社会事务的能力。

3. 在理论与实践的结合上下功夫，努力提高审议和决策的能力

首先要提高代表审议和决定重大事项的能力。人大代表在国家政治生活中讨论、审议和决定重大问题的实际能力，是人大代表依法行使职权、发挥代表作用的重要条件。人大代表在人民代表大会会议上的审议、发言和表决，提出的议案和建议，在人民代表大会闭会期间参加的视察、调研、执法检查、评议等项活动，都是在施展自己的履职才能。这个能力的基础来源于人大代表的思考能力和实践经验的总结。作为人大代表要积极主动地了解党和国家在每个时期的大政方针，了解和熟知本行政区域内国家机关重大事项的决策和政务工作情况，了解地方各级人大及其常委会的工作要点、重要活动和作出的决议、决定以及法律、法规的实施情况。此外，还要了解和掌握社会普遍关注的热点和难点问题。这样，才能够提高审议和决定重大事项的能力。其次要提高社会活动能力。人大代表要积极参加代表的各项活动，不断拓展自己的活动领域，广泛接触社会、了解社情民意、捕捉和分析民情信息，同时，要同本级人大常委会保持密切的联系，了解上情，掌握政务信息，督促本级人民政府更好地贯彻执行人民代表大会的决议、决定，协助人民政府推行工作，通过这些实践活动，提高人大代表的能力素质。

4. 在加强自身修养上用气力，努力提高自身的工作能力

人大代表要代表人民管理政治、经济、文化、科技教育、民政、民族等各项社会事务，并在这些方面能够提出自己的独到见解，不仅需要掌握自身应具备的专业知识，而且应当学习和了解广泛的辅助知识。人大代表应掌握的专业知识包括：第一，法律知识，例如法的一般原理、法的价值、宪法的核心精神以及具体规定等；第二，人大审议、讨论、表决和选举的原则、程序和方法等方面的知识。人大代表应学习和了解的辅助知识，包括政治、经济、文化、教育、科技以及计划、预算、国民经济等与代表工作和活动相关的知识。学习了解和掌握这些知识，有助于代表开阔眼界，打开思路，触类旁通，更加全面具体深入地分析和审视问题，提高人大代表执行代表职务的能力和水平。

5. 加强基本技能的学习和训练，努力提高阅读、书写与表达能力

具备一定的文化知识，是履行好人大代表职责最基本的素质要求。人大代表在人民代表大会会议期间提出的各项议案与建议、批评和意见，在人民代表大会闭会期间，参加人大常委会组织的视察、调查、执法检查、评议、专题座谈等项活动，以及代表小组组织的代表活动，活动后要书写情况报告，向人大常委会或乡镇人大反映情况和提出建议，都需要以书面的形式来完成。这就要求人大代表要有一定的书写能力和文字表达水平。人大代表对列入会议的各项议程草案、报告和议案的审议，是通过语言表达来实现的。因此，人大代表还应具备一定的语言表达能力。这种能力要求人大代表必须树立终身学习的观念，把学习作为一种政治责任、一种精神追求、一种思想境界、一种生活方式来对待。

6. 加强自身的体能锻炼，不断提高执行好代表职务的能力

我国各级人大代表，除了部分人大常委会组成人员是专门从事人大工作的以外，其余多为兼职代表。他们平时都在自己的生产和工作岗位上从事某一项具体工作，在完成好本职工作的同时，还要参加人民代表大会会内、会外的各项代表活动。随着改革开放的不断深入发展，社会主义民主法治建设的日益强化，人民代表大会制度日趋健全和完善，代表履职的活动方式、次数和质量也在不断改进和提高，需要代表参与的政务活动日益频繁化，人大代表肩负的社会任务也越来越繁重。人大代表必须具备较强的身体素质，才能适应形势、任务和人民对人大代表的要求。因此，作为人大代表，在客观上必须不断地加强自身的体能锻炼，增强自己的身体素质，才能以强健的体魄和充沛的精力从事好本职工作，履行好代表职责，完成好人民赋予的神圣使命。

根据代表法的规定，人大代表依法执行职务，包括在人民代表大会会议期间的工作和在人民代表大会闭会期间的活动。了解和掌握人大代表在闭会期间活动的内容、方式及有关要求、保障等，对发挥人大代表作用，同样具有重要意义。每位人大代表，不论具体担任什么职务，从事什么工作，都要自觉依法履行职责，不辜负人民的重托，既要做好大会会议期间的工作，也要认真参加和努力开展好闭会期间的活动。

（五）人大代表怎样开展活动

1. 为什么要重视代表在闭会期间的活动？

代表在闭会期间的活动是代表执行职务的重要内容。人大代表依法执行职务，包括在人民代表大会会议期间的工作和闭会期间的活动。代表在闭会期间的活动，与代表在大会会议期间的工作是密切相关的，二者在本质上都是在执行代表职务，代表人民群众参加国家事务、社会事务的管理。人大代表在人大闭会期间的活动，是做好会议期间工作的基础和前提。代表出席人大会议，依法审议好有关议案和报告，就必须在会前做好准备，搞好闭会期间的活动。还要通过闭会期间的活动，动员人民群众更好地贯彻落实人大会议的精神。代表在闭会期间的活动，也是知情知政、掌握第一手材料，酝酿、起草、提出议案或者建议、批评和意见等的过程。积极地、负责地参加闭会活动，才能保证人大会议上工作的质量和效率，才能使代表提出高质量的议案或者建议、批评和意见。从人大代表执行代表职务的要求来看，代表要处理好代表活动与本职工作的关系，既要做好本职工作，也要开展好代表活动，对执行代表职务有一种使命感和责任感。

代表在闭会期间的活动还存在一些需要解决的问题，突出的表现是不够规范、不够经常、不够深入。一方面，一些地方的人大常委会对代表活动的组织不够到位，方式方法不够灵活，一些条件、服务和保障提供得也不够及时。社会上有的组织或者个人将代表在闭会期间的活动看作是一种可有可无的事情，致使代表活动得不到所需要的保障。另一方面，有的代表没有处理好本职工作与执行代表职务的关系，人代会开过之后就忘记了自己是个代表，不作为、不会作为和乱作为的现象都有存在。这些都影响了代表活动的实效，影响了代表作用的发挥。需要按照代表法以及中央有关文件的精神，进一步明确代表在闭会期间活动的重要意义和方式方法，重视代表在闭会期间的活动，努力做好相关的服务和保障工作，努力增强代表活动的实效，解决代表执行职务中遇到的突出问题和困难，依法保障代表的权利，使代表更好地履行职责、发挥作用。

2. 代表在闭会期间的活动有哪些？由谁来组织？

人大代表在闭会期间的活动，主要包括以下六个方面内容：参加视察和专题调研；组织开展代表小组活动；应邀参加人大常委会组织的执法检查，应邀参加人大专门委员会和常委会工作机构组织的立法调研和其他工作调研；

应邀列席本级人大常委会会议和人大专门委员会会议，应邀列席选举单位人大常委会会议，列席选举单位人民代表大会会议；向人大常委会提出对各方面工作的建议、批评和意见；联系人民群众，听取群众意见等。这些内容决定了人大代表在闭会期间的活动一般都要由人大常委会来组织。乡镇人大代表闭会期间的活动，要由本级人大主席、副主席根据主席团的安排来组织开展。

习近平总书记指出，各级国家机关加强同人大代表的联系、加强同人民群众的联系，是实行人民代表大会制度的内在要求，是人民对自己选举和委派代表的基本要求。代表法明确规定，县级以上各级人大代表在闭会期间的活动，由本级人大常委会组织，也可以委托下一级人大常委会组织；乡镇人大代表在闭会期间的活动，由本级人大主席、副主席根据主席团的安排负责组织。代表在闭会期间的活动以集体活动为主，以代表小组活动为基本形式，一般在代表选举单位或者选区的行政区域内进行。人大常委会或者乡镇人大要组织代表开展好闭会期间的活动，积极探索代表依法履行职责的方式方法，努力增强代表活动的实效。人大常委会及其办事机构还要为代表活动提供必要的条件和服务。人大常委会应当成为"代表之家"。

3. 什么是代表视察？如何进行视察？

代表视察是代表法规定的县级以上各级人大代表闭会期间活动的一种重要方式。代表视察是了解和检查本级或者下级国家机关和单位的工作情况，执行代表职务的重要方式。视察的目的，是为了加强同人民群众的联系，了解有关情况，并为开好代表大会会议作准备。同时，推进有关国家机关和单位的工作。代表视察的主要内容包括：根据人民代表大会将要审议的议题进行调查研究；了解宪法、法律的实施情况；了解人民代表大会及其常委会决议、决定的贯彻执行情况；了解人民政府、人民法院、人民检察院等的工作情况；了解人民群众的意见和要求等。

人大代表视察一般有以下两种形式。

（1）集中视察。这是由人大常委会有组织进行的视察，一般安排在每年的年末或者下半年的某个时间。视察的重点是围绕党和国家当前的中心工作、改革发展稳定中的重大现实问题和人民群众普遍关心的热点难点问题。确定视察内容应当听取代表和有关方面的意见，选择被视察单位应当兼顾不同类型，便于代表全面、客观地了解真实情况。视察时，代表可以请本级或者下级国家机关负责人报告工作情况。代表参加视察活动形成的报告，由本级人大常委会办事机构转交有关机关、组织。对报告中提出的意见和建议的研究处理情况应当向代表反馈。

根据法律规定，代表在集中视察中，如果认为有些问题应该引起有关部门高度重视或者比较紧急等，可以通过安排视察的人大常委会代表联络部门协助联系，提出约见本级或者下级有关国家机关负责人。被约见的有关国家机关负责人或者由他委托的负责人应当听取代表的建议、批评和意见，给予必要的说明和回答。一些地方实行了代表小组在代表选举单位或者选区的范围内进行视察，根据要求，人大常委会有关办事机构也要给予支持和协助。

(2) 持证视察。代表法规定，代表可以持代表证就地进行视察。县级以上地方各级人大常委会根据代表的要求，联系安排本级或者上级代表持代表证就地进行视察。代表持证视察应当注意：随身携带代表证，以证明身份；就地就近，利用业余时间或者结合工作，在自己居住地或者工作单位所在地的范围内进行视察。人大常委会办事机构应当了解和掌握代表持证视察的情况。

代表视察时，可以向被视察单位提出建议、批评和意见，但不直接处理问题。

4. 什么是人大代表专题调研？如何进行专题调研？

专题调研是县级以上各级人大代表闭会期间活动的一种重要方式。代表法明确规定，县级以上的各级人大代表根据安排，围绕经济社会发展和关系人民群众切身利益、社会普遍关注的重大问题，开展专题调研。专题调研的过程和视察一样，也是代表知情知政，依法执行代表职务的过程，特别是酝酿、准备、起草并提出代表议案或者建议、批评和意见的过程。专题调研由人大常委会统一安排并组织，一般于每年年中进行一次。专题调研题目由人大常委会拟定，也可由代表根据国家或者本行政区域工作的大局和实际情况确定。除了要把握大局、服务中心外，确定题目时还要注意结合人大常委会执法检查报告中涉及的问题，政府及其有关部门在向常委会汇报中反映的问题，代表提出的议案与建议、批评和意见反映集中又未解决的问题，人民群众来信来访中反映的一些热点难点问题，以及媒体关注的某些问题等。代表参加专题调研活动形成的报告，由本级人大常委会办事机构转交有关机关、组织。对报告中提出的意见和建议的研究处理情况应当向代表反馈。

代表专题调研与代表视察的区别在于：内容更加专一，突出专题，突出某个方面或者某些方面；目的更加明确，主要是为提出高质量的议案或者建议、批评和意见作准备；参加人员更加有实际的考量，常委会直接组织有关代表对相关重点专题集中调研，或者代表根据自己的情况来参加某个方面或者某些方面的专题调研活动；一般还有总结座谈、起草调研报告这一阶段的工作，有的还要求有关国家机关或者单位回复专题调研报告研究处理的情况。

无论是代表视察还是代表专题调研，都要突出重点，深入实际、深入基层、深入群众，了解真实情况。要注意克服形式主义，注重实效。

5. 怎样理解人大代表小组的活动?

代表法明确规定，县级以上的各级人大代表，在本级或者下级人大常委会协助下，可以按照便于组织和开展活动的原则组成代表小组。县级以上的各级人大代表，可以参加下级人大代表的代表小组活动。乡镇人大代表在本级人民代表大会闭会期间也组成代表小组，分工联系选民，反映人民群众的意见和要求。代表法还规定，代表在闭会期间的活动以代表小组活动为基本形式。这样规定是符合代表活动的实际的。

代表小组是指在大会闭会期间，根据代表各自的不同特点、意愿组成的相对稳定的代表活动组织。组织代表小组的原则：根据代表的愿意进行组织；便于组织和开展活动；居住分散的代表可以参加下级人大代表小组的活动等。代表小组活动的内容主要包括：学习、宣传宪法、法律或者法规和人大通过的决议、决定，以及党和国家的有关方针、政策等；开展就地视察或者专题调研；进行调查研究；了解各项法律或者法规的贯彻实施情况；听取人民群众的意见和要求，并向有关部门反映。

人大代表要在思想认识上，明了代表小组活动的地位和作用。要在活动内容上，突出代表小组活动的重点和特点，包括代表小组活动要围绕当地党委部署的重要决策，改革发展稳定的重大问题，人民群众关心的热点难点问题，人大及其常委会工作，人大代表议案或者建议、批评和意见的提出和办理等来进行。代表小组活动的方式要贯彻小型、多样、就地、实效的原则，以集体活动为主、分散活动为辅，把灵活多样与力求实效统一起来。要在措施安排上，提高代表小组活动的水平和质量，包括准确地确定活动选题、恰当并少而精地确定活动次数、认真地做好活动准备、切实地掌握真实情况和促进问题解决、不懈地保持与本级人大常委会以及与原选区选民或者原选举单位的密切联系、不断地提高制度化和规范化水平、严格地依法开展代表小组活动等。人大常委会要加强对代表小组活动的指导和引导，人大常委会及其办事机构要加强对代表小组活动的组织和协调，并搞好服务和保障工作。特别要注意选好代表小组的组长或者召集人和联络员，发挥好他们的作用。

6. 代表如何参与人大常委会的有关活动？

代表参与人大常委会的有关活动，有助于提升代表闭会期间活动的质量，提升人大常委会的工作水平和效率。要扩大代表对人大常委会活动的参与，搞好有关的组织工作。

（1）参加常委会组织的执法检查活动。执法检查是人大常委会开展监督工作的一种重要方式，主要是检查和监督法律或者法规实施主管机关的执法工作，督促解决法律或者法规实施中存在的问题。参加执法检查的代表，要了解执法检查活动的有关内容和要求，尽快熟悉和掌握有关法律法规和政策，收集相关法律或者法规实施情况的材料，做好参加执法检查的各项准备工作。在参加执法检查活动中，要深入实际、深入基层、深入群众，了解和掌握法律或者法规实施的真实情况，确保执法检查的实际效果。

（2）列席人大常委会会议。根据法律规定，本级人大常委会可以邀请上级或者本级人大代表列席常委会会议，上级人大代表可以列席本级人大会议等。人大常委会办事机构一般是根据代表提出议案与建议、批评和意见，代表职业，代表参加专题调研活动以及代表要求等情况，来确定列席常委会会议的代表。应邀列席人大常委会会议的代表在参加会议前，应当在当地就参加重点审议的法律或者法规草案以及工作报告等议题进行调研，通过召开座谈会、走访等方式，深入了解情况，听取群众意见，准备审议发言。在列席会议时，以负责、认真的态度来提出审议意见。

（3）应邀参加人大常委会和专门委员会有关活动。这包括人大常委会制定立法规划、计划和年度工作安排时，组织听取代表的意见；审议重要的法律草案或者法规草案，印发有关代表征求意见；到基层视察、调研，听取当地代表的意见和建议。人大各专门委员会根据工作需要，可以邀请有关代表列席专门委员会会议，参与专门委员会的立法调研、执法调研等活动。闭会期间代表议案与建议、批评和意见等的办理工作，人大常委会也可以根据需要邀请有关代表参加。

扩大代表对人大常委会活动的参与，既是为代表知情知政创造机会，也是为进一步加强常委会和代表的联系，充分发挥代表的作用。人大常委会办事机构要做好有关协调、组织、服务等工作。

七、人大代表在会议期间的工作

人大代表在会议期间的工作是指代表在本级人民代表大会会议期间，依照宪法和法律赋予的职权，按照法定的条件和程序执行代表职务，行使代表职权的总称，是相对于代表的会外活动而言的。人大代表出席人民代表大会会议是其重要权利和应尽的义务，也是人大代表参加行使国家权力最主要的工作方式。人大代表在人民代表大会会议期间的工作任务主要是根据全体人民的意志，通过在权力机关中的工作和活动，参与管理国家事务，代表人民的利益和意志，依照宪法和法律赋予本级人民代表大会的各项职权参加行使国家权力，维护国家、人民和社会的根本利益，构建和谐社会，积极推进社会主义民主法治建设，加快全面建设小康社会的步伐，促进社会主义物质文明、政治文明、精神文明、社会文明和生态文明的协调发展。会议期间，人大代表履行职责，发挥作用的形式，主要包括：审议列入会议议程的各项报告和议案；提出议案，建议、批评和意见；参加各项选举和表决；提出质询案、罢免案、特定问题调查案，以及提出询问；等等。作为人大代表，要代表人民的利益和意志，行使好当家作主的权利，完成好会议期间的工作，需要做的工作是多方面的，首先要认真做好会前准备工作。

代表法第七条第二款规定："代表在出席本级人民代表大会会议之前，应当听取人民群众的意见和建议，为会议期间执行代表职务做好准备。"会前准备工作是人大代表出席人民代表大会会议，做好会议期间工作的基础和前提。按照人民代表大会的议程安排和会议内容，代表在接到通知后，应该认真做好以下八个方面的准备。

（一）加强联系，广泛征求意见

为了出席人民代表大会会议，人大代表应结合自己的工作实际，加强与原选区选民、原选举单位的密切联系，并在自己的工作和生产岗位上，通过由代表小组召开座谈会，代表电子信箱和人大网站等形式和渠道，认真听取人民群众的建议、批评、意见、要求和呼声，广泛征求各方面的意见和建议，了解民意，收集民情信息，奠定知情知政基础，掌握和积累第一手资料，为在会议期间审议各项报告和议案，行使代表的各项权利做好充分准备。

（二）深入实际，搞好调查研究

人大代表出席本级人民代表大会会议，最根本的就是要代表人民行使好管理国家事务的权力，对列入会议议程的议案和报告进行审议和讨论，没有充分地调查研究，就很难发表有真知灼见的审议意见，提出高质量的代表议案和建议。因此，人大代表在大会前应根据人民代表大会的议题和所要审议的内容，做好深入细致的调查研究工作，深入基层，深入实际，通过视察、座谈、走访等形式，对得来的材料经过去粗取精、去伪存真、由此及彼、由表及里的综合分析、整理，形成实事求是的议案或建议、批评和意见草案，为会议期间审议发言、提出高质量的议案和建议做好充分准备。

（三）做好会议文件的审议和拟提议案、建议的准备

审议行政机关、审判机关、检察机关等国家机关的工作报告，是人民代表大会会议的一项重要议程和内容。人大代表在提前审议会议文件时，在认真阅读原文的基础上，应当从发挥人民代表大会监督职能的角度出发，将会前视察、调查和联系走访人民群众活动中所了解、掌握的情况，作为审议的依据，有针对性地进行会前分析，并对国家机关的工作进行实事求是的评价，使自己的审议发言提纲既能充分肯定成绩，又能指出问题和不足。同时，还要做好以下准备工作：一是审阅拟作为建议、批评和意见提出的材料，是否属于本级人民代表大会的职权范围，是否做到了既反映存在的问题，又能提出解决问题的办法；二是审阅拟作为议案和质询案提出的材料，是否符合大会议案和质询案的条件和标准，并与其他代表沟通、交流和研究；三是针对广大人民群众普遍关心、反映强烈的热点难点问题和本行政区域内重大的政治、经济、社会等问题，撰写专题发言稿，力争在全体会议或者代表团会议上系统发言。

（四）了解人民代表大会的各项议程

人民代表大会会议是依照法定程序进行的。因此，代表在出席每次会议之前，都必须详细了解和掌握大会的各项议程，认真阅读大会工作机构提供的会议议程草案及各类文件、材料，并对照有关法律、法规，掌握各项议程所应遵循的原则、法定程序以及操作方法，特别是在有选举任务时，人大代表应在熟悉和掌握选举程序的基础上，重点熟悉和掌握有关选举的法律规定。

（五）熟知人民代表大会的议事规则

全国人民代表大会和地方各级人民代表大会的议事规则，对会议期间的各项工作和议事程序作了规定。大会议事规则的内容，如规定会议如何召集，如何进行审议，如何开展会议期间的各项工作等，这些都是依据宪法、法律和法规的有关规定，由全国和地方各级人民代表大会根据自身的特点和规律拟定的，具有一定的约束性和可操作性，是保证人民代表大会会议顺利进行

的程序性规则。熟悉和了解人民代表大会的议事规则，对于人大代表正确有效地行使好自己的民主权利，履行好代表职责，提高人民代表大会的审议水平和议政质量，具有十分重要的作用。

（六）安排好所在单位的工作

出席本级人民代表大会会议是人大代表的法定职责和法定义务。人大代表应本着优先执行代表职务的原则，正确处理好本职工作和出席本级人民代表大会会议的关系。要根据会议召开的时间，对自己所从事的工作、学习和有关活动等，事先做好计划安排，统筹兼顾，协调考虑，合理安排，并征得单位领导的支持与帮助，尽量做到出席人民代表大会会议和本职工作两不误。

（七）办理临时党组织关系

人民代表大会期间成立的临时党组织，是人民代表大会会议取得圆满成功的重要组织保证。为保证人民代表大会会议期间党员代表的组织活动，是中共党员的人大代表，要及时办理好临时党组织关系，认真参加大会成立的临时党组织的活动。

（八）出席大会预备会议

县级以上地方各级人民代表大会在每次会议正式召开之前，都要举行预备会议。这是法律对召开县级以上地方各级人民代表大会规定的必经程序。召开预备会议，是保证人民代表大会顺利召开和各项议程顺利进行的重要前期准备，对圆满顺利地完成人民代表大会会议期间的各项任务举足轻重。因此，人大代表应当认真出席会前的各项会议，认真负责地发表自己的意见和建议，为预备会议的各项表决做好充分的思想准备。乡镇人民代表大会会议之前是否召开预备会，法律未作规定。从事实看，乡镇人大也参照上级人大的做法，召开了预备会议，实践证明效果是很好的。

八、依法行使会议期间的代表职权

人大代表出席本级人民代表大会会议，是人大代表依法履行代表职责的主要形式，是人大代表在会议期间执行代表职务的重要方面，是人大代表参加行使国家权力的具体实践和直接体现。人大代表能否行使好人代会期间的各项职权，直接关系到人民代表大会的议事质量和效果，关系到宪法关于人民当家作主权力地位的实现。作为人大代表，在人民代表大会会议期间，应当依法行使好以下十项职权。

（一）审议各项议案和报告

新修正的代表法第八条规定：“代表参加大会全体会议、代表团全体会议、小组会议，审议列入会议议程的各项议案和报告。”审议就是审查和议论。审查是为了得知情况，议论则是表明自己的意见。国家权力机关能否切实有效地行使好自己的职权，在很大程度上取决于与会代表对列入会议议程的各项报告和议案的审议程度。

人大代表在会议期间审议的议案和报告有哪些，法律没有作出具体规定。但是，根据地方组织法所规定的地方各级人民代表大会的职权，以及地方各级人民代表大会的议事规则的规定与实践，人大代表在会议期间所听取和审议的议题主要有本级人大常委会工作报告、“一府一委两院”工作报告以及国民经济和社会发展计划、财政预算及执行情况的报告；乡级人大代表在会议期间，听取和审议乡镇人民政府的工作报告，审查和批准财政预算和执行情况的报告等。代表所审议的议案，是指由法定提议案机关或符合法定人数的代表联名向人民代表大会提出的，属于本级人民代表大会职权范围内的，并且是经主席团批准提交大会审议的各项议事原案。

（二）提出议案

议案是指要求大会审议并作出决议的议事原案。根据我国法律规定，人大代表向人大提出议案，分为两类：一类是按照地方组织法的规定提出的议案（也称为一般议案），主要有法案、决定案、决议案等；一类是按照法律规定提出的人事任免案、国民经济和社会发展计划案、财政预算案、罢免案、组织特定问题调查案等（也称为特别议案）。质询案不是议案，因为它不是要求人大讨论并作出决定的建议案，而是向政府、法院和检察院提出要求其作出回答的一种质问。工作报告也不是议案，它是本级人大常委会、政府、法院、检察院对自己已经做了的工作和今后的工作安排向本级人民代表大会会议所作的工作汇报。

议案反映的一般都是人民群众普遍关注的本行政区域内政治、经济、科技、教育、文化、卫生、民族等重大问题。提出议案是人大代表代表人民参与管理国家事务的重要方式。因此，人大代表必须掌握议案的提出程序、内容、形式及其应注意的问题，特别要掌握议案的提出范围。

根据宪法、地方组织法的有关规定和提出议案的条件，2005 年 5 月，中共中央转发了《中共全国人大常委会党组关于进一步发挥全国人大代表作用，加强全国人大常委会制度建设的若干意见》（中央〔2005〕9 号文件）对可以作为议案提出的范围作出了规定。这个范围虽然法律没有具体规定，但可作为一种工作创新来理解、运用。

中央〔2005〕9 号文件对代表议案提出范围的规定是：第一，制定法律、修改法律、解释法律的事项，是全国人大职权范围内的事情；第二，涉及宪法实施当中的重大问题，需要由全国人大来决定的；第三，其他需要全国人大及其常委会决定或者批准的事项。同时，该文件还规定了排除条款，即涉及国务院的行政管理权、地方事务权、审判权、检察权、社会团体的事务权等，不宜作为议案提出。

中央〔2005〕9 号文件对代表议案提出范围的规定，是针对全国人大代表讲的。对于地方各级人大代表而言，同样也具有重要的指导意义。地方各级人大代表议案的范围，可根据宪法和法律的规定，参照全国人大代表的议案范围来把握。代表提议案时，在内容的把握上还要注意做到以下三点：一是根据了解、掌握的情况及其解决的方法等，进行比较鉴别，看哪些更具有代表性、普遍性，算不算“重大事项”，是否属于本级人民代表大会的职权范围，目前是否有解决的必要性、可行性和实施的可能性等；二是对经分析筛选确定的内容，作为议案提出时，要广泛依靠社会及各方面专业人才的力量，搞好论证，集体完成，避免片面性；三是要按照规范化要求完成议案专用纸的填写工作，并在大会规定的时限内送达大会的议案组织机构。

代表提出议案必须使用人民代表大会统一印发的议案专用纸。议案应有案由、案据和方案。案由即提出议案的依据和目的，包括要解决的问题及其解决的重要性和人大通过该议案的必要性、迫切性等。案由要写得有理有据，简明扼要，格式规范，论证有力，不得虚构、夸张。案据，即提出议案的依据，包括法律的、政策的、事实的根据。案据要写得明确、具体、全面，有可操作性。议案的内容应务求事实准确、案由合理、建议具体，在本级人民代表大会职权范围内。方案即议案所要解决问题的具体方案。具体方案是议案的核心内容。既要提出问题，更要提出解决问题的具体方案，否则不能作为议案提出。方案应当写得具体明确，可操作性强，便于有关部门解决问题时有的放矢。如果是法律法规案，应附有法律法规草案文本和说明。审议要求的惯用语“请予审议”。

（三）提出建议、批评和意见

人大代表提出的对各方面工作的建议、批评和意见（以下简称建议），是指人大代表向本级人民代表大会及其常务委员会提出的对各方面工作的评价和建设性意见，是代表行使建议权的集中体现。代表建议不仅在人代会期间可以提出，在闭会期间也可以提出。代表行使这项职权的落脚点是建议。新修正的代表法第十八条规定，代表提出的"建议、批评和意见应当明确具体，注重反映实际情况和问题"。因此，代表在具体操作上，要着力于告诉提出建议的对象，不应该怎样做，而需要怎样做或怎样做更好。

（四）提出质询案

质询案是各级人大代表按照宪法和法律的规定，对本级国家行政机关、审判机关、检察机关及其所属部门提出的议事原案。质询又称质问，它是国家权力机关对它的执行机关实施监督的一种相当严厉的方式，带有法律的强制性。质询是代表个人联名的行为，不是人大的集体行为。在1980年五届全国人民代表大会会议上，170名人大代表提出的宝钢建设质询案，被称为共和国第一质询案，开了我国人大代表行使质询权的先河，质询从法律条文走向政治现实，也引发了人大质询的第一波活力。依法行使质询权的出发点和目的在于保证宪法、法律、法规在本行政区域内的贯彻执行，进一步强化监督职能，督促国家机关克服官僚主义，纠正公职人员的渎职违法行为，提高依法行政水平，更好地为人民服务，推动社会主义民主与法治建设的不断发展。

（五）提出询问

询问是地方各级人民代表大会会议或人大常委会会议在审议议案和报告时，代表或常委会委员对有关问题不清楚或不了解，要求有关国家机关对有关问题作出解释和说明的一种形式。代表的询问权来源于人大的监督权，是人大行使监督职权的一种方式。询问与质询相比，程序简便，方式灵活。由于询问是采取提出问题、要求解答的方式，目的是为了更全面地了解情况，以便进行有效的审议和表决，不像质询那样是一种质问的方式，所以询问往往易被接受。作为人大代表了解和掌握询问的提出程序、内容和形式，明确质询与询问二者之间的区别，对人大代表更好地行使这项权利是非常必要的。

（六）提出法律案

法律案是议案的一种，其内容包括宪法修改、法律的制定和修改。宪法第六十二条规定了全国人大修改宪法，制定和修改刑事、民事、国家机构和其他基本法律的职权。宪法第六十四条规定，全国人大常委会或五分之一以上的全国人大代表可以提议修改宪法。立法法第十五条规定，一个代表团或三十名以上代表联名，可以向全国人民代表大会提出法律案。宪法第六十七条规定，除应当由全国人大制定的法律以外的其他法律的制定和法律的修改权属于全国人大常委会。立法法第七十二条规定，省级人大及其常委会根据本行政区域内的具体情况和实际需要，在不同宪法、法律、行政法规相抵触的前提下，可以制定地方性法规。

（七）提出罢免案

罢免案是指人大代表依照法律规定的程序提出的、要求罢免有关国家公职人员职务的议事原案。罢免案是议案的一种。罢免案必须以书面形式提出，且须写明罢免对象和罢免理由，并提供有关材料。

罢免是人大监督权中最后的，也是最为严厉的手段，其目的是要让国家公职人员执政为民，全心全意为人民服务，它体现了人民当家作主的宪法原则。罢免的对象必须是法律规定的对象，法律规定以外的人员，不能成为罢免对象。如果由人民代表大会选举或常委会任命的国家公职人员发生了不符合人民意志和利益的下列行为：严重违宪、违法或被逮捕、判刑的；拖延或拒不执行本级人大及其常委会决议、决定的；干扰或拒绝接受本级人大及其常委会监督的；滥用职权、以权谋私、蜕化变质的；严重失职或渎职造成重大损失的；重大案件处理严重失当的；工作不能胜任的。那么，人大代表就可以提出罢免其职务的要求，代表人民收回其权力。

（八）提议组织特定问题调查委员会

特定问题调查是个法律概念，它是对一些难以在大会期间及时作出决定的议案进行调查的一种方式。这种调查不属于行政机关和检察机关的职权范围或者是现有的机构难以承担的，因而需要由国家权力机关成立专门组织来承担，并经过法定程序提出才能成立，审查确定才能生效，故称为组织特定问题调查委员会案。提议组织特定问题调查委员会，是法律赋予县级以上各级人大代表的一项权利，也是国家权力机关实施监督的一种重要形式。法定人数的人大代表提议组织特定问题调查委员会，其目的在于通过调查强化监督，查明特定问题相关的真情实况，以便于人民代表大会就该问题作出科学合理的决议。人大代表提出关于组织特定问题调查委员会案必须要写明案由、案据和方案，说明为什么成立调查委员会，调查程序以及要解决的问题等。

特定问题调查不是一般的调查和视察，也不是一般的工作方式和工作方法。作为一种监督方式，它的提出有着严格的法定程序和条件：一是必须符合法定的联名人数，即必须符合地方组织法第五十二条关于“主任会议或者五分之一以上的常务委员会组成人员书面联名”的法律规定；二是要有明确的理由和依据；三是必须是严重违法的重大案件，即提议的内容必须是属于本行政区域“一府一委两院”工作中的严重违宪违法事件、重大申诉案件、经济和社会生活中的重大问题以及应当调查的其他重大问题。

（九）参加选举

代表的选举权利是指全国和地方各级人大代表在本级人民代表大会会议期间行使选举产生本级国家机关领导人员、本级人大常委会组成人员和县级以上地方各级人大代表在人民代表大会上选举出席上一级人大代表的权利。代表的选举权利包括被选举的权利和提名候选人的权利、对提名人选发表意见的权利，投票赞成、反对、另选他人、弃权等权利。各级人大代表按照法定的权限和程序行使选举权利的过程，就是组织产生我国各级国家政权机关的过程。它在我国的政治生活中处于极为重要的地位。代表行使选举权利不受任何个人和团体的操纵，也不能违背广大选民的意志。只有这样才能建立起充分代表人民意志的国家机关。代表行使选举权，是代表人民行使选择人民公仆的民主权利，是国家一切权力属于人民的标志，代表一定要以对人民高度负责的态度，积极、慎重、负责地行使选举权，投好庄严神圣的一票。

（十）参加表决

表决是全国和地方各级人大代表在人民代表大会各种会议中通过举手、按表决器、投票、鼓掌等方式，表明对大会审议的各项议程、议案等所持的态度及意愿表示的选择，或赞成，或反对，或弃权。但法律明确须投票表决的事项，必须采取投票表决的方式。

表决分为公开表决和秘密表决两种。公开表决，是指公开表明自己的意愿、选择和态度，如起立表决、口头表决、举手表决等；秘密表决，是指表决人在表决票上不署名，不公开，按照自己的意志，自由地表达自己的意愿和选择，如无记名投票等。实践中，各级人民代表大会在进行选举任免事项时，一律采取无记名投票的方式，在通过一般性的议案或者决议时，可以采用无记名投票的方式，也可以采用电子表决器、举手表决或者其他方式。人大代表参与的表决事项与本级人大依法定职权审议决定事项的范围是一致的。根据宪法和法律的规定，人大代表行使表决权主要有三类：一是决议、决定的表决；二是人事任免事项的表决；三是法律、法规案的表决。各级人大代表参加表决的行为正是参与决定重大事项、决定人事任免的表现，也是代表参与决策、行使监督权利的体现。代表的表决态度如何将直接影响到对重大事项和人事任免的表决结果，影响到国家权力机关的决策行为，因而代表的表决权是十分神圣和庄严的。因此，代表在行使这一权利时，应当根据人民的利益和意志，以正确的态度，慎重地决定自己的选择，在参与国家机关决策活动中当好家，做好主，充分行使好自己的民主权利，切实为我国的社会主义民主政治建设做出自己的积极努力。

[illegible]

中　篇

代表体会

一、如何当好人大代表[①]

这次接到省人大常委会的任务，要我现身说法，以自己为例，给新一届省人大代表谈谈如何当好人大代表。原来以为简单，稍稍准备就行了，后来发现不行。如果按照原来办班同志的建议，从我个人亲身经历来谈如何当好人大代表，势必会遇到两个问题不易处理：第一，容易和原来的内容重复，缺乏新意；第二，自己现身说法，很难避免“王婆卖瓜，自卖自夸”。因此，我觉得最好还是另起炉灶，认识和体会讲自己的，实践案例讲别人的，这样来谈“如何当好人大代表”，效果和说服力可能会更强。

（一）为谁当代表

为谁当代表，是一个代表能否尽职的首要问题。这个问题看起来很简单，似乎不成问题，但要真正解决好，并不容易。常言道“知易行难”，讲的就是这个道理。

人大代表是人民选出来的，自然要代表人民，反映人民的利益和意志，为人民说话，为人民办事，对人民负责。我们能够从芸芸众生中被推选出来，参与国家大事，行使国家权力，代表人民管理国家事务，管理经济和文化事务，管理社会事务，说实话，不是我们个人有多大的能耐，而是组织和人民的高度信任，是人民赋予我们这份神圣的职责，是时代赋予我们这份崇高的使命。我们如果不倾听民意、反映民情、传递民声，既对不起人民、对不起组织，也对不起这个伟大的时代。

为谁当代表，山西省的一名全国人大代表以她的代表实践做了很好的说明。她是山西省一个普通的农民，自1954年首次当选全国人大代表，到2013年已连任十二届。她之所以有名，一是因为她是全国唯一一名连任十二届的全国人大代表，是连任时间最长的全国人大代表，被称为我国人民代表大会制度的“活化石”。中华人民共和国成立以后，她和一个农民共同组建西沟村农业合作社，这是国内最早的农业合作社。她带领农民改天换地，取得突出的成绩。她有很多提拔的机会，但都放弃了，到现在还是地道的农民。她自己提出了“四不”：不定级别、不给户口、不给工资、不坐专车；同时要做到“三个不脱离”：不脱离农村、不脱离农民、不脱离劳动。面对各种荣誉和机

① 2013年4月11日在湖北省人大代表培训班上的即席讲话。

会，她固守着朴素的心愿："我是一个农民，我的根在西沟村。"这种坚守，也让她的信仰有一辈子的方向。我觉得这种精神境界非常高，值得我们学习。她说她连任十二届全国人大代表，没有投过一次反对票。这句话在网络上引起了热烈争议。其实大家对她并不了解。如果我们不去了解她说这句话的背景，是很难体会她的想法。那是她一辈子的亲身体会和信仰，她坚信党的领导不会错。正像有人所形容的："她对党的感情，是掏心掏肺的真。"我们想，如果从她这句话的字面上来讲，好像她对我们各项工作都是满意的。其实并不尽然，她对很多事情都有自己的认识，并且根据这种认识向有关部门反映民情，反映民声。她只是觉得自己的方式应该和人家有所不同。由于她名气很大，许多人找上门来向她反映情况，请她转递有关材料，包括上访材料，她从来没有拒绝，从来没有推诿。她说："我这个代表是人民选出来的，我要为人民负责任。"她积极受理有关材料，然后非常负责地通过各种渠道把材料转交给相关部门。她认为："人大代表，是一条反映问题的渠道。"所以她积极地通过人大代表制度、通过人大会议来反映基层的声音，来推动现实问题的解决。

（二）当怎样的代表

代表有不同的当法。有的人把人大代表作为一种荣誉，拿来显摆；有的人把人大代表作为资本，拿来作为筹码；有的人把人大代表作为保护伞，拿来庇护自己。这些人数量极少，他们的做法不足为取。更多的人大代表还是将此作为职责，兢兢业业，尽心尽力，发挥应有的作用。

既然人民选自己做代表，就要当一个人民的、负责的、高水平的代表，这才不辜负人民的厚望。

第一，当人民的代表。要站在人民的立场。看问题立场很重要，立场是分析问题的出发点，是第一位的因素，是管总的东西。出发点错了，结论必然错误。作为人民的代表，代表的首要职责就是为人民说话、传声、服务。

第二，当负责的代表。人民选我们当代表，我们就要对人民负责。我们的议案，建议、批评和意见要反映与老百姓的生活密切相关的问题。要经常与群众交流沟通，倾听群众的声音，代表人民的意愿。一切从实际出发，从调查研究中得出结论，而不能想当然，闭门造车。

第三，当高水平的代表。当人大代表仅有为人民代言的坚定立场和负责任的态度是不够的，还必须有较高的议政水平，否则"代"是"代"了，但"代"得一般，"代"不到位。

要成为一个高水平的代表，就必须立足时代，站在时代的高度，把握时代的脉搏，体察时代的精神，预测时代的走向，与时代同行；必须提升自我，明确政治方向，加强理论学习，了解政策法规，深入基层调研；必须着眼现实，从国情出发，从实际出发，从社会的热点出发，从人民群众所关心的问题出发，围绕党和政府的大政方针，多提建设性的意见和建议。

代表向本级人大提出议案，建议、批评和意见，是代表执行职务、履行职责的重要形式，也是衡量一个代表履职水平的重要指标。记得一位代表曾经说过："学习调研加思考，当好代表三件宝。"当高水平的代表，提出的议案和建议，必须深入进行学习，必须就相关问题展开充分的调查研究，掌握相关领域的实际情况，不能"灵机一动，计上心来"，到快开"两会"时，靠临时"抱佛脚""拍脑门"想出来。了解情况之后，要能对所思考的问题提出具体的解决方案和实施策略，而不能停留在"就事论事"的层面上。要将对策进一步升华为具有可操作性的议案和建议，这样才能真正解决问题。

当高水平的代表，还需要善于结合工作，在自己熟悉的领域内提议案和建议，这样才能"议在点子上，参在关键处"。这里也有个例子。山东一位代表在六届全国人大代表期间，提了 900 多件议案和建议，是提议案数量最多、质量最高的全国人大代表之一，很多议案建议被有关部门所采纳，实实在在地推动了有关问题的解决。她不像我们有些代表，喜欢对媒体发言，喜欢在媒体上发声，她很少接受访谈，而是实实在在去提建议、写议案、解决问题。她除了专业工作做得非常好以外，还花了很多时间来做代表工作，以一名人大代表的身份深入基层调研是她的另一个工作重心。每年她都要出十几次差，并根据各职能部门汇报的情况，形成她在人大会议上的方案和建议，仅代表工作笔记就记了 70 多本。有了这些作基础，她后面提议案、建议就有了依据。不少议案、建议都写得很有水平。比如，她结合自己的专业和工作，倡导、推动制定中国红十字会法。大家可能知道，过去我国红十字会是卫生系统里面的附属机构，没有自己的独立法人地位，长期以来我们对红十字会的定位是人民卫生的一个部分，这个定位有其合理性，宗旨也很好，但是与国际红十字会的要求有出入，因此我们在国际上开展红十字会工作的时候，不能与之接轨，人家也不认可我们。人家认为，各国的红十字会都有自己的独立法人地位，要有自己的募款权和募款捐物的处理权，能够独立地开展工作。那么怎样解决这个问题，这对 20 世纪 90 年代那种特定时代背景下我国卫生部门的管理体制提出了很大的挑战。通过她的不懈努力，1990 年提出立法的动议，1993 年我国就正式制定出台了《中华人民共和国红十字会法》。她还结合本职工作，围绕着献血法和其他与红十字会关系密切的制度，提出了一系列的立法建议，先后都被采纳。

刚才讲的是外省的例子，其实我们湖北也有不少代表做得非常好。湖北的全国人大代表第十一届是 120 人，第十二届是 118 人。在这些代表里面，有相当多的人做得非常突出，大家可能有的听说，有的并不太熟悉。比如说来自荆州的一位代表，他带领当地的农民建设社会主义新农村，作出了很大的贡献。他很关注国家的农业政策，每年中央出台的第一号关于农业的文件，他都仔细地收听和消化。他的记忆力很好，对文件中不同时期不同表述以及各种数据倒背如流，而且很少有出入。特别感人的是，他敢于说真话，敢于代表农民说话，每一次讲话他都站起来讲，一字一句讲得非常清楚。过去有的同志对农民代表有误解，说农民代表好像没有什么水平，特别是没有什么政策理论水平，只会做点实事，但从他身上我们感觉到不是这样的。你听他的发言，表面上听不出他有很高的理论水平，但从他朴实的话语里仔细体会，其政策理论水平相当高，所以农民代表只要想当好，也是可以当好的。

湖北还有一位代表很认真很负责。每年开“两会”，她都认真地参加会议，认真地审议，认真地讨论问题，认真地写议案、建议。她结合自己的工作经历和体会，提的债转股、企业科技创新、国企的养老保险问题等建议，后来都被国家有关部门所采纳。在湖北的全国人大代表里，还有一位代表，他提了一件议案，被国家有关部门所采纳，而且发挥了很好的作用。他在 2010 年十一届全国人大三次会议期间，和 31 名代表联名，领衔提了一个“关于加快制定特种设备安全法”的议案，这件议案是他结合自己的工作提出来的。由于他有过专业训练和相关经历，所以对特种设备的安全问题特别关注。这里所谓的特种设备，是指锅炉、压力容器、压力管道、电梯、起重机械、客运索道、大型游乐设施、场内的机动车辆等，是国民经济的基础设备，也是人民群众物质生活的基础设施。但是特种设备存在着危险性和危害性，很容易发生爆炸、坠落、倒塌等公共安全事故。所以他关注到这个问题，在全国人大会议上提出要制定特种设备安全法。他的议案写得很明确，问题是什么、原因是什么、如何解决这个问题，写得非常清楚。他把特种设备安全法的法律文本初稿也拿出来，提交给全国人大做参考。由于这件议案是在调查研究的基础上提出来的，全国人大财经委充分吸收了他的意见，在 2012 年 8 月十一届全国人大常委会第二十八次会议上，对这个特种设备安全法进行了初审，产生了积极作用。我刚才讲了这几个例子，想要说明的是，只要是想当好代表，当人民的代表，当负责的代表，当高水平的代表，是完全可以做到的。

（三）怎样当好代表

要当好的人大代表，必须在三个方面不断努力。

1. 尽好责任心

要做到“十个字”：热情、勇气、执着、理性、智慧。热情是代表使命感的具体体现。没有热情，就没有动力，就不能持久。热情是对一名人大代表最基本的要求。我注意到，有些代表时间一长就没有热情了，很漠然，开会时坐在那里默不作声，不参加讨论，脑子里面想的事情都是自己的问题，人家的发言也不注意听，这样是当不了好代表的。

勇气是代表履职的强大动力。没有勇气，就不可能真实地反映情况，无法起到代表下情上达的桥梁作用。没有勇气，不敢讲真话，做“哑巴”代表、“挂名”代表、“荣誉”代表，就失去了当代表的意义。作为一名人大代表，要敢于反映情况、反映问题，敢于发表自己的意见。在这个方面，有些代表很有典型意义，做得非常好。在2009年十一届全国人大二次会议小组讨论时，有人指出，有些代表开会有个不好的现象，每次开会发言都是歌功颂德，对报告、对领导、对自己歌功颂德，花了很多时间讲了很多废话、套话，甚至是假话，这个不好。讲真话不一定都对，但一定要讲真话，做人要问心无愧。人民选择你，委托你代表他们，就是要让你直言不讳，使下情上达，所以当人大代表就要敢于仗义执言，有为民请命的责任感和使命感。勇于直言才能反映最真实的情况，引起上级领导和有关部门的重视。

除了热情、勇气，代表最难得的是执着。执着是代表责任感的集中表现。对解决一个问题要持续不断地关心和推进，有一种不达目的绝不罢休的韧劲。大家关注的问题如果没有得到解决，而代表本人有更好的解决思路和办法，提出建议后可以对问题的解决起到进一步的推动作用，就应该坚持再提。因为中国的国情很复杂，很多问题产生的原因是多样的，一提就解决的问题并不多见，常见的都是一些原因非常复杂，解决起来需要持续关注、呼吁、推动的问题。如果没有耐心，没有韧性，很难解决问题。这方面我想举个辽宁的例子。我跟这位代表接触比较多，有时候是在全国人大代表履职经验交流会上，有时候是一起参加“两会”央视的代表履职见证访谈。每次参加活动，我都发现他很朴实、很直爽、很敢言，讲话没有什么顾虑。他把自己看作是农民的代言人，十几年来提出了关于“三农”问题的议案、建议160多件。

比如在20世纪90年代初刚刚当全国人大代表，他就把生活当中、平时工作中了解的情况向全国人大反映。当时农村的电价和城里的电价不是一个价格，城里是0.35元/度，农村是1.20元/度，相差3倍多，他感到很不理解，后来了解到，农村的电网设施差，维修的费用多，所以农村的电价要高一些。他就想为什么农民和市民不能同网同价呢？为什么农村因为设施而产生的耗费要摊在农民的身上呢？1993年开“两会”的时候，他就在辽宁代表团讨论时提出来了，正好时任国务院副总理姜春云同志在场，就问是怎么回事，他就反映了这个问题。姜春云同志很重视，派人调查，最后解决了，给农民实实在在地减轻了负担。这是他初试牛刀，到后来提出来的建议，产生的影响越来越大。1998年，他提出来要减免农民的农业特产税，这个税在当时还在征收，如农民杀猪要收2元钱，农民种树要收1元钱。为什么农民杀猪、种树还要缴税呢？他在“两会”上，不断地呼吁不断地提，到2005年国家正式取消农业特产税。除了这个，他还提了一个更有影响的建议，那就是主张取消农业税。他在1999年开“两会”时提出疑问，为什么农民要纳税？缴农业税有什么理由？他认为这个不合理，要取消。这在当时是国家的政策，一些代表认为这个不能提，提了也无用，毕竟几千年来农民都是缴税的，这是当时的主流认识。他从1999年提，后来连续5年坚持提、不停地提，主张取消农业税，在各个场合呼吁，最后他的意见被中央采纳了，2006年国家正式取消农业税，大大减轻了农民的负担。所以，他虽然是一个基层的农民代表，但是从农村实际出发，从人民群众关心的最基本的问题出发，围绕这些问题，他坚持不断地提。类似的情况还有很多，很多代表都是这样的，一次不行，两次，两次不行，三次，锲而不舍，直至成功，这就是执着。

代表具备理性也是重要和必要的。理性是代表履职的重要保障，对中国的问题既要从宏观上去把握，又要善于从微观上去推进，要考虑把改革的方向、目标、措施、策略、方法与改革的社会承受力几个方面很好地结合起来，提出可操作性的方案和建议，而不是泛泛而谈、空发议论。我的体会是，一个有良知的代表，要有“民众的立场、建设的态度、专业的视野”。所谓“民众的立场”，就是弱势群体的立场，这个是基本的立场和出发点。“建设的态度”，是以合作的姿态和合适的方式来提出问题，提出建设性的意见和方案，而不是简单地去唠叨、埋怨、批评、指责，这个事情不对，那个做法不对，更不是以对立的姿态、生硬的方式，要求必须什么时候做。这种情况，我遇到过。记得十多年前，那时候我在武汉市做政协委员，有一次开政协会议讨论教育问题。市委书记专门来听意见，教育局等部门负责人都来参加。有一位代表，当时没有考虑场合、方式和效果，一通指责。会后，相关领导与该代表沟通："你这个建议很好，但是如果你先在下面跟我们沟通，不要当面将我们的军，不是一样可以解决问题吗?"后来我想，确实也有这个问题，我们的代表、委员对很多问题都有自己的想法，也都希望提出自己的建议，但是场合问题、时机问题、对象问题，非常重要，稍不注意，就可能欲速则不达，甚至会适得其反。本来你提出建议的目的是要解决问题，可是你提出来后，没有注意到这些问题之外应该注意的因素，人家就很难接受。特别是有些问题，有些话，没有注意场合，说得很重，调门提得很高，就可能会对有的同志甚至有的部门工作造成影响。所以那次会议回来后，我多次举这个例子，我们的同志要敢讲话，讲真话，讲实话，但是也要注意方式方法，因为我们的目标是一致的，都是为了解决问题，都是为着党的事业而不是个人的虚名，更不是搞对立，要注意立场和方式方法。

理性要求代表还要注意从"专业的视野"看问题。这里的"专业的视野"，主要是指议案和建议最好以学理知识为背景，以调查研究为依据，而不是信口开河，乱开药方。我注意到，我们有一些有专业背景的代表，在开"两会"的时候也提出一些议案、建议，因为他有专家的身份，很多人认为他既然是专家，肯定就是内行。但其实专家只是专门之家，是某一方面的专家，不是所有方面的专家。专家只是一种身份，并不意味着他对所有的问题都清楚。我们现在就有一些所谓的专家经常就各种问题，包括自己不擅长不熟悉的问题，发表意见，自以为水平很高，其实他说的那些情况，我们很多同志，尤其是部门从事具体工作的同志、基层一线的同志比他了解得多、熟悉得多。因为这些专家知道的就那么一点，而部门的同志、一线的同志，掌握的是实际的情况。所以，即使是有专业背景的代表，提议案、建议也要结合自己的专业，以学理知识为背景、以调查研究为依据。没有做调查研究的，不要轻易发言。轻易发言往往容易误导社会，产生负面影响。当然，我这里不是否认专家的作用，专家的作用还是很重要的，但最主要的是要在自己所熟悉的领域提出意见和建议。如果不熟悉，就要多进行一些调查研究，多听听别人的意见再来提。

最后，代表还要有智慧。智慧是代表履职的策略技巧和至高的境界，要在适当的时机用适当的方式提出适当的意见和建议，有思路、有原则、有策略、有方法去实现预定的目标，这样才能真正地解决问题。智慧就是要站得很高，看得很远，同时还要想得很深。要对一个问题的解决，考虑其复杂性、长期性、持续性，最好是不同的时期提出不同的解决方案。如果是围绕一个问题的解决，最好是一步步提，事先考虑清楚，这个问题涉及几个方面、涉及几个具体问题，怎么去解决这些具体问题，实现其中一部分，接着再提什么问题，直至问题的全部解决。这需要很高的境界，这种境界很难达到，但是我们“虽不能至，然心向往之”。这里也有一个典型，一位上海的同志连任四届全国人大代表，提了61件议案，其中8个“1号议案”。他从“海归学术明星”到“议案大王”，再到高层智囊的角色转变，既是我国人民代表大会制度不断进步的一个缩影，也是一个知识分子奉献智慧，不断追求学以报国的模范。他最初当选为全国人大代表时，也和许多人一样，对“全国人大代表”的理解“只是一种荣誉，跟着大伙出去视察，走走看看”。直到1987年考虑到许多年龄较大的同志评职称困难，他就抱着试试看的心态，向大会提交了一份《关于科学技术专业职务聘任经常化制度化的建议》。这份建议交上去4个月后，他收到了全国人大的回复，这份建议被确定为当年的“1号议案”，职称评定“制度化”的建议被国务院有关部门采纳并在全国推行。他开始意识到：“原来人大代表只要认真履行职责，还是真管用啊。”1988年，他赶在人代会开会前几个月就开始汇集各方面的信息，忙调研，拟议案，并在大会上提交了《关于制定“老年人权益保护法”的议案》，并再次被大会列为当年的“1号议案”。他把人大代表的职责延伸到了一年的365天里，街道办、居委会、菜市场都成了他收集社会热点问题的工作点。20年的代表生涯，他用自己的行动和成绩，很好地诠释了一名人大代表应有的职责和智慧。

2. 练好“基本功”

代表是人民选举出来的，应该具有强烈的社会责任感和历史使命感，应该为人民说话，做人民的代言人，应该围绕党和国家的中心工作、重点工作，结合人大的立法重点，抓住人民群众普遍关心的问题，从国家改革稳定发展的大局出发，建言献策。了解法律法规，知法、守法、用法，一切在法律允许的范围内行动。应虚心学习，不耻下问，不懂就学；应甘于付出，不思索取，准备吃苦、受累。代表不仅是光荣的职务，更多的是责任和付出，这是思想政治素质。同时，代表还应该具有文化素质。文化素质是基础，是前提。文化素质包括两个部分：一是知识修养，二是精神涵养。知识修养是外在的、显性的、看得到的，这个人有没有知识修养，从他的讲话、办事，一看就知道。精神涵养是内在的、隐性的。“腹有诗书气自华”，讲的就是这个意思。代表要履行职责，应该努力学习马克思列宁主义、毛泽东思想、邓小平理论、“三个代表”重要思想、科学发展观、习近平新时代中国特色社会主义思想，努力学习党的十八大、全国人民代表大会等会议精神，努力学习宪法和代表法、选举法、组织法等重要法律以及党和国家的有关政策，努力掌握国情、省情、市情、区情，了解世界发展趋势，学习科学文化知识，完善自己的知识结构，特别是要努力学习人民代表大会制度、现代政党知识和有关政治理论知识，努力学习人民代表大会的议事规则和工作程序，学会审议各项工作报告、审议法律议案、审查计划报告及财政预算报告，掌握撰写和提出议案以及建议、批评和意见的方法。要加强代表的精神涵养，特别是政治涵养和人格涵养，这是指他的基本素质。

此外，还要掌握基本技能。基本技能大致包括“五功”：腿功、耳功、脑功、手功、嘴功。第一，具备“腿功”，就是多到基层去调研，坐在办公室里不能全面了解实际情况，浮在表面容易被假象所蒙蔽，要善于观察，眼见为实。第二，具备“耳功”，就是多参加各种座谈会、汇报会，听取各方面的意见，熟悉情况，提高自己的判断能力。第三，具备“脑功”，就是乐于思考，勤于思考，善于思考，凡事都要弄个明白，有自己的见地，而不人云亦云。第四，具备“手功”，就是要爱写、常写、会写，熟练掌握人大议案及建议、批评和意见的写作要求，写议案的时候要写清楚案由、案据和方案（建议），不能简单地写点表面情况。案由应该明确清楚，案据应该充分合理，方案（建议）应该具体可行。如果我们要提出一个立法的建议，主张立一个什么法、一个什么条例，按照现在全国人大的规定，对于这种立法的议案，同时要附上法律的草案建议稿，否则就不能作为议案处理。这当然需要有一个过程，因为代表都是兼职的，都不是专业人士，即使是专业人士也不一定是法律专业。那怎么办呢？这就要借助专家的力量。同时，还要掌握计算机知识技能，学会上网收集材料。现在对代表比过去要求更高。我们当中有些代表本身水平很高，不仅会上网，还会用微信、飞信，有的还注册有微博，年轻的代表适应能力很强。要利用各种方式和手段，了解情况、收集资料。第五，具备“嘴功”，要敢讲，敢讲才可能会讲。我省有一位全国人大代表，给人印象很深。她第一次做代表的时候发言很紧张，满口地方方言，乡音很重，讲得叽里呱啦，人家听不清她讲的什么内容。回去后，她开始苦练普通话。2013 年“两会”发言，她观点很鲜明，普通话水平也提高了。

当代表不是到人大会上去挂一个眼科、耳科，只听人家发言，自己坐在那里默不作声，只有敢讲、多讲，才能会讲，这一步要迈出去。怎样练好代表的基本功，我看没有什么秘诀，就是“学习学习再学习，实践实践再实践”。

3. 写好建议案

人大代表依法向本级人大或者常委会提出议案、建议，是代表受人民委托行使当家作主权利的一种具体途径，也是对国家机关工作进行监督促进的主要形式。代表议案、建议的选题是一项基础性工作，就像写一篇论文一样，选题成功了，论文也就成功了一半。怎样选好代表议案、建议的题目呢？我个人体会，就是要善于选择重大的、紧迫的题目。什么是重大性的选题呢？就是指那些事关全局的、根本的、基础的、长远的题目，以及与党和国家中心工作、重点工作相关的，与人民群众最关心、最直接、最现实的一些民生问题相结合的题目。过去在北京开“两会”，有一位代表提出《关于加大对西部地区水利建设投入的建议》。这个建议是她结合实际工作，针对西部地区水利建设的现状提出的，针对性很强。她提出来后水利部为此作了专题研究，2012 年安排西部地区水利建设中央投资 658 亿元，较 2010 年增长了 239 亿元，增幅达到 57%。仅仅是安排西部地区中小河流治理项目，中央财政专项就达到了 83.24 亿元，投资力度很大。这个建议产生了很好的效果，国家发改委等 5 部委共同开展县级农田水利建设规划编制工作。目前已经有 96% 的县完成了编制的规划工作，专门治理西部地区的五小水利在内的农田土地基础设施建设。可以说，一个小议案解决了大问题。

这方面，还可举一个例子。有一个重庆的代表，根据他的工作实际情况，在 2008 年提出了“关于畅通中游航道保障长江黄金水道作用发挥”的建议，这是他刚刚做全国人大代表时提出来的。建议一提出来，时任温家宝总理就作了批示，要求长江航道有关部门加强规划的制定，尤其是要制定总体规划。2010 年，他又在“两会”上提了一个“关于扩大三峡枢纽船闸通过能力”的建议，这个建议也得到了交通部的高度重视，当年就作为重点建议进行了办理。

征集选题还要善于创新途径。有的是到基层去调研，有的是把到基层调研和上网查阅结合起来。还可以结合专家专业，这样提的东西会更有效果。

没有天生的代表，没有谁一生下来就会当代表，每个人做代表都有一个过程，都有一个由不熟悉、不会当到熟悉、会当的过程。只要我们有代表意识，有责任意识，通过不断学习与实践，每个人都能当好人大代表。

二、如何做好新时代代表工作

人大代表是国家权力机关的组成人员，代表人民参加行使国家权力。我国有 290 多万各级人大代表，分布在各个地方、工作在各个行业，既代表人民参加对国家事务的管理，又在各自的岗位发挥模范带头作用。习近平总书记高度重视人大代表工作，明确要求充分发挥人大代表作用，做到民有所呼、我有所应。因此，要全面把握新时代代表工作的新形势、新定位、新任务、新要求，坚持代表主体地位，更好发挥代表作用，不断提升代表工作质量和水平。

（一）全面把握新时代代表工作的新形势、新定位、新任务、新要求

人大代表工作是随着人民代表大会制度的建立、巩固和完善而开创、规范、发展的。早在 1954 年一届全国人大一次会议时，就把代表工作摆在常委会工作的重要位置。在毛泽东主席的亲自提议下，建立了代表视察制度。1957 年 5 月，根据党中央和毛主席指示，全国人大常委会机关党组提出健全人民代表大会制度的具体方案，其中很重要的内容就是加强各级人大代表工作。改革开放以来，代表制度逐步建立健全，代表工作走上制度化规范化轨道。1992 年，七届全国人大五次会议通过代表法。2005 年，中央转发全国人大常委会党组关于进一步发挥全国人大代表作用，加强全国人大常委会制度建设的若干意见，为做好代表工作提供了重要遵循。

党的十八大以来，习近平总书记就坚持和完善人民代表大会制度发表了一系列重要讲话，作出一系列重要指示批示，其中有很多关于代表工作的重要论述。党的十八大提出，提高基层人大代表特别是一线工人、农民、知识分子代表比例，降低党政领导干部代表比例。在人大设立代表联络机构，完善代表联系群众制度。十八届三中全会强调，加强人大常委会同人大代表的联系，充分发挥代表作用。十八届四中全会明确，健全法律法规规章起草征求人大代表意见制度，增加人大代表列席人大常委会会议人数，更多发挥人大代表参与起草和修改法律作用。2016 年，中央全面深化改革领导小组审议通过《关于完善人大代表联系人民群众制度的实施意见》。党的十九大提出，更好发挥人大代表作用，使各级人大及其常委会成为全面担负起宪法法律赋予的各项职责的工作机关，成为同人民群众保持密切联系的代表机关。党的十九届四中全会要求，密切人大代表同人民群众的联系，健全代表联络机制，更好发挥人大代表作用。2019 年，习近平总书记在对地方人大及其常委会重要指示中强调，更好发挥人大代表作用，接地气、察民情、聚民智。2020 年 9 月，习近平总书记在基层代表座谈会上强调，人大代表要更加密切联系群

众。2021年10月，习近平总书记在中央人大工作会议上指出，要充分发挥人大代表作用，做到民有所呼、我有所应。要丰富人大代表联系人民群众的内容和形式，更好接地气、察民情、聚民智、惠民生。各级人大常委会要加强代表工作能力建设，支持和保障代表更好依法履职。人大代表肩负人民赋予的光荣职责，要站稳政治立场，履行政治责任，密切同人民群众的联系，展现新时代人大代表的风采。

习近平总书记关于代表工作的重要论述，深刻揭示了人大代表在人民当家作主制度体系中的独特作用和新时代代表工作的特点规律，站位高远、思想深邃、内涵丰富，凝聚着党支持和保证人民当家作主的初心使命，是做好代表工作的总章程和"金钥匙"。各级人大都要深入学习领会，切实把思想和行动统一到党中央决策部署上来。

1. 做好代表工作是坚持和完善人民代表大会制度、保证人民当家作主的内在要求

习近平总书记强调，必须坚持完善和发展中国特色社会主义制度，不断发挥和增强我国制度优势。历史和实践告诉我们，人民代表大会制度是符合中国国情和实际、体现社会主义国家性质、保证人民当家作主、保障实现中华民族伟大复兴的好制度。必须坚定对中国特色社会主义政治制度的自信，增强走中国特色社会主义政治发展道路的信心和决心，毫不动摇地坚持、与时俱进完善人民代表大会制度，用制度体系保证人民当家作主。宪法规定，我国一切权力属于人民。人民代表大会制度是打通坚持党的领导、人民当家作主、依法治国的重要制度平台和有效载体，其设计和运行都是为了保证和发展人民当家作主。在具体形式上，主要是通过人民选举人大代表，人大代表在会议期间参会和闭会期间活动来实现的。尊重代表主体地位，就是尊重人民主体地位；服务代表履职，就是保障人民当家作主。

2. 做好代表工作是密切联系人民群众、厚植党的执政根基的必然要求

人民代表大会制度之所以具有强大生命力和显著优越性，就在于它深深植根于人民之中。我国人大代表不脱离本职岗位，工作和生活在人民群众当中，对人民群众所思、所想、所盼最了解，对人民群众最有感情，最能代表人民。做好代表工作，密切代表和人民群众的联系，就是坚持以人民为中心，就是践行党的初心使命。密切同人民群众的联系，是宪法法律赋予人大代表的重要职责，是依法履职的重要基础，也是践行全过程人民民主的重要内容。要坚持围绕中心、服务大局、突出重点，聚焦党中央重大决策部署，聚焦人

民群众所思、所盼、所愿，丰富联系人民群众的内容和形式，更好接地气、察民情、聚民智，当好党和国家密切联系人民群众的桥梁纽带。

3. 做好代表工作是永葆人大工作生机与活力的重要保证

人大代表是人大工作的主体，是人大常委会工作的主要依托。没有人大代表，就没有人民代表大会，更没有人大常委会。一个地方人大工作是否有力有效、有为有位，关键在代表、在代表工作。推动新时代人大工作与时俱进、创新发展，贯彻落实习近平总书记系列重要讲话精神，必须把代表工作进一步做深做细做实，更好发挥代表作用。做好代表工作是法律赋予各级人大常委会的重要职责。代表法明确规定，各级人大常委会应当为本行政区域内的代表执行代表职务提供必要的条件。各级人大要进一步做好代表工作，广泛调动人民群众的积极性，把制度优势转化为治理效能。

（二）全面开创代表工作新局面

做好代表工作，是做好新时代人大工作的基础和保证。近年来，各级各地人大坚持以习近平新时代中国特色社会主义思想为指引，深入学习贯彻习近平总书记关于坚持和完善人民代表大会制度的重要思想、关于代表工作的重要论述，围绕服务中心大局和建设“四个机关”的要求，积极探索创新，完善工作机制，搭建履职平台，强化服务保障，代表工作取得了新成效、开创了新局面。

1. 坚持把加强理论武装和思想政治引领作为首要任务

要旗帜鲜明地讲政治，组织代表深入学习领会习近平法治思想和习近平总书记关于坚持和完善人民代表大会制度的重要思想，深入学习领会习近平总书记系列重要讲话精神，进一步增强“四个意识”、坚定“四个自信”、做到“两个维护”，自觉在思想上、政治上、行动上同以习近平同志为核心的党中央保持高度一致。要强化政治能力建设，善于从政治上看问题，不断提高政治判断力、政治领悟力、政治执行力。要坚定制度自信，坚定不移走中国特色社会主义政治发展道路，坚持在大局下思考问题，对“国之大者”了然于胸。要引导代表珍视代表身份，坚决反对形式主义、官僚主义，让每一位代表成为一面旗帜。

2. 更加密切同代表和人民群众的联系

这是人民代表大会制度的内在要求，也是天然优势。全国人大常委会高度重视“双联”工作，将其作为政治任务来抓。省人大常委会对标全国人大采取了一系列措施。要进一步完善联系制度机制，做实常委会组成人员联系代表工作，常委会组成人员调研检查应邀请代表参加。继续坚持同列席代表座谈制度，持续扩大代表对常委会和专（工）委工作的参与，邀请代表积极参与法规起草、调研视察、执法检查等。要按照“统一规范、合理布局、方便群众、讲究实效”的原则，进一步加强代表联络站建设、管理、服务，将其建在群众最需要、看得见、找得着的地方，使之成为闭会期间代表密切联系人民群众和开展履职活动的主阵地，发挥好宣传站、民意窗、连心桥、监督岗、大课堂“五大功能”。要建设“网上代表之家”，走好“网上群众路线”。要坚持奔着解决问题去、最佳效果去，确保做到真联系、取得真效果。

3. 高质量做好代表议案建议工作

充分发挥代表作用，很重要的一个方面是在各项工作中认真听取、研究、吸纳代表的意见建议。代表提出的议案、建议和发表的审议意见，是在深入调研和认真思考的基础上提出来的，对于人大工作具有重要促进作用。各级人大常委会要自觉接受代表监督，不断提高代表议案和建议办理实效，把代表意见建议作为加强和改进工作的重要依据，努力提升常委会工作质量和水平。要按照“两个高质量”“既要重结果，也要重过程”的要求，进一步加强和改进代表议案建议工作。要“指导提”，组织代表开展好闭会期间活动，探索建立代表提出议案建议前与部门沟通机制，协助代表提出更加贴近中心、切合实际的议案建议。要“精准交”，加强代表大会期间议案建议的阅看服务和综合分析，提高交办精准性、及时性，防止陷入“谁提谁办”的怪圈。要“督促办”，建立完善常委会统筹督办、主任会议成员重点督办、专（工）委对口督办、联合政府督查室专项督办的大督办机制。各级人大可以开展优秀代表建议评选活动，积极探索建立代表建议工作的评价和激励机制。注重运用大数据方式对代表意见建议进行梳理和分析，找出代表反映最集中、多年反复提的意见，有针对性地推动改进工作。加强与有关专门委员会的沟通协调，围绕党中央重大决策部署、常委会重点工作，认真研究提出重点督办建议选题。要继续完善代表工作机制，精心组织代表调研、视察等活动，切实做好代表履职的服务保障工作。要做好重点督办建议工作，通过制定督办工作方案、召开督办工作座谈会、开展督办调研等方式，加大督办工作力度，推动重点督办建议办理取得实效，转化为促发展、惠民生、暖民心的政策举措。同时，做好重点督办建议的滚动办理和跟踪督办工作。

4. 全面加强代表履职服务保障

为人大代表履行职务做好服务保障工作是各级人大常委会的重要职责，

也是创造良好的履职环境的必然要求。要把代表工作摆在常委会中心任务上来谋划和推进，形成在党委领导下，人大常委会主抓，专（工）委、常委会办事机构及各选举单位协同，代表工作机构综合协调的新格局。要持续抓好本级人大代表和人大干部培训，推进形式多样化，增强实效性。要进一步加强代表活动经费管理，落实好代表误工补助等相关政策。代表所在单位要为代表依法履职提供时间和物质保障。要积极推动智慧人大建设，加快代表工作信息化。要大力宣传代表工作，讲好代表故事，充分展示代表的精神风貌。要建立"人大代表联络站"，以代表小组或代表居住情况为基础，为代表履职构建载体、搭建平台。要继续扩大代表对常委会工作的参与，邀请代表参与相关法律草案的起草、论证、调研、审议工作和执法检查、专题调研等活动，更加注重运用现代信息技术方式联系代表、听取意见。要畅通代表知情渠道，进一步完善代表列席常委会会议制度，充分听取代表在会议期间的意见和建议，组织代表参加有关审议议题的调研、视察活动，为代表依法履职提高审议各类报告质量提供服务。加大代表工作的宣传力度，全方位、多角度、深层次地宣传代表法，对代表活动进行宣传报道，对代表中的先进人物与典型事迹进行宣传报道，展示人大代表的风采。

5. 着力建设各级代表工作机构和队伍

加强和改进代表工作在新时代坚持和完善人大制度、推进人大工作与时俱进，地位重要，责任重大。党的十八大以来，代表理论和实践的科学内涵不断丰富拓展，对人大代表工作提出了新的更高要求。更好地贯彻落实中央决策部署，作为代表履职服务保障的工作机构和人员配置也应当相应地完善和充实，以适应不断发展变化的形势任务。要始终坚持服务代表的职能定位，按照职业化、专业化的要求，加强代表工作队伍建设，充实工作力量，打造过硬队伍，以一流业绩扛起一线责任。完善机构设置和人员配备，是加强代表工作、提升工作水平之必需。特别是要健全代表工作机构设置，加强人员配备，使各级人大更好地履行宪法和法律赋予的职责，更好地发挥代表机关密切联系群众的作用。

（三）全面加强代表能力建设

人大代表肩负着人民赋予的光荣职责，要站稳政治立场，履行政治责任，密切同人民群众的联系，展现新时代人大代表的风采。各级人大常委会要加强代表工作能力的建设，支持和保障代表更好依法履职，使发挥各级人大代表作用成为人民当家作主的重要体现。在现实工作中，能力是一个人的看家本领，是做好工作的基本条件。能当选人大代表，都是有素养、有能力、有水平、有担当的人。但是，能力建设永远在路上，提高能力永远是个过程。面对经济社会发展的新常态、新理念、新路径，面对人大工作的新任务、新要求，面对人民群众的新期盼，人大代表同样存在能力不足、能力落后、能力恐慌的问题，提高素质、提升能力不仅十分必要，而且十分紧迫。作为人大代表要通过苦练“基本功”，着力提升以下四种能力。

1. 着力提升政治能力

党的十八大以来，以习近平同志为核心的党中央高度重视充分发挥人大代表作用、加强代表思想政治作风建设，强调各级人大代表要忠实代表人民的利益和意志，依法履行代表职责，模范遵守宪法法律，自觉接受人民监督。2021 年 10 月，习近平总书记在中央人大工作会议上指出，人大代表肩负人民赋予的光荣职责，要站稳政治立场，履行政治责任，密切同人民群众的联系，展现新时代人大代表的风采。人大代表依法参加行使国家权力，必须始终把坚持正确的政治方向摆在首位，牢固树立“四个意识”，要坚持党中央的集中统一领导，自觉在思想上、政治上、行动上同以习近平同志为核心的党中央保持高度一致。要自觉向党中央看齐，向党的理论和路线方针政策看齐，向党中央决策部署看齐，在贯彻落实党中央决策部署上凝神聚焦发力。要坚持党的领导，坚定政治立场，将党的十九大、十九届历次全会精神和习近平新时代中国特色社会主义思想作为行动指南，认真贯彻党中央决策部署，切实把党的领导贯彻于依法履职的全过程。要提高政治站位、深化思想认识，切实增强拥护“两个确立”的思想自觉、政治自觉、行动自觉，并将其转化为做到“两个维护”的实际行动。

2. 着力提升学习能力

人大代表要增强工作的科学性、预见性、主动性，避免陷入少知而迷、不知而盲、无知而乱的困境，必须加强学习，不断提升学习能力。所谓学习能力，通俗地讲就是指获取知识、增长才干的本事，是人大代表自身诸种能力中最基础的业务能力。提升学习能力，就是要做到“四会”，即会阅读、会观察、会思考、会调研。所谓会阅读，就是要多读书、读好书、善读书，结合自身需要读书。人们获取知识大多数是从阅读中得来的，读书是人们获取知识的主渠道。古人云：“士大夫三日不读书，则义理不交于胸中，对镜觉面目可憎，向人亦语言无味。”《幽梦影》云：“先读经，后读史，则论事不谬于圣贤；既读史，复读经，则观书不徒为章句。”这即是说，要多多阅读、持之以恒地阅读，要拓展阅读的广度和深度，广泛涉猎，兼收并蓄，博采众长。同时，还必须掌握和运用科学有效的阅读方法。所谓会观察，就是要多观察、常观察、善观察，具有深邃的洞察力，注重多渠道、多角度、多方位洞悉新动向，发现新变化，了解新需求，积极融入工作、指导工作、创新工作。所谓会思考，就是通过思考将外在的知识和信息转化成为内在的能力，通过思考将他人的成果转化成为自己的能力和能量。有一位国学大师曾经对“知识”两个字进行了深入研究，认为“知”就是人看得到、听得到的；而“识”是看到、听到之后经过大脑反复地思考、反复地加工，变成了自己的东西。每个人一生当中“知”得很多，“识”得甚少，有的人甚至一辈子都没有“识”。他还认为，“由知到识源于思考的力量，要多多开动脑筋”。要通过思考问题，举一反三，把事情做得有板有眼，把工作做得有声有色。所谓会调研，就是要多向实践学习、多向他人学习、多向群众学习，通过调查研究从“无字之书”中获取知识、增长才干。要善于深入基层、深入群众、了解情况、分析案例，把大量和零碎的材料经过去粗取精、去伪存真、由此及彼、由表及里的分析综合，加以系统化和条理化。同时还要通过调查研究，透过纷繁复杂的现象抓住事物的本质，找出事物的内在规律。这样，代表就往往更容易把履职工作做好。

3. 着力提升表达能力

古人云：“一言以兴邦”“一人之辩，重于九鼎之宝；三寸之舌，强于百万之师”。正确精准的表达有助于明思达意，更有效地号召人、发动人、鼓舞人。从这个意义上说，表达是一种素质，关系到工作的效果，反映出能力的高低。表达能力分为语言表达能力和文字表达能力，两者都是人大代表的基本功。就语言表达而言，它是人类文明世代相传的载体，是相互沟通理解的钥匙，是文明交流互鉴的纽带，具有交际性、情感性、资源性的特点和优势。人大代表要具有较强的语言表达能力，努力提高语言表达的清晰度、流畅度、准确度，以便准确传达上级指示精神，准确归纳大家的意见，准确表达自己的意图，统一思想认识和行动，有效推动工作，而不能“茶壶里面煮饺子，有货倒不出来”。要成为一个语言表达能力强的人大代表，必须要做到言之有物、言之有据、言之有理、言之有度、言之有趣。文字表达能力即写作能力，就是运用文字交流信息、表达思想感情、反映客观事物的能力，亦是一种认识问题、分析问题、解决问题能力的反映。人大代表必须具备较强的文字表达能力，不可以提不起笔、动不了手，也不可下笔千言、离题万里。省人大常委会是重要的立法机关，机关工作人员要掌握运用“法言法语”，重要文稿、法规审议报告、决议决定都要符合法律规范，体现政策水平和理论水准。

4. 着力提升依法履职能力

各级人大要坚持尊重代表、依靠代表、服务代表，把代表工作作为基础和底色，通过加强代表培训、打造代表活动阵地、健全代表履职制度，增强代表履职能力。一是加强代表培训，提高代表履职能力。进一步丰富和完善代表学习培训工作，突出培训的系统性、针对性，积极探索“走出去、请进来”的培训模式，不断提高培训质量。通过培训，进一步强化代表主动履职意识，提高代表履职能力。要进一步增强代表培训工作实效，围绕代表关注和履职需要，丰富培训形式，拓展培训内容，不断提升代表依法履职能力。二是丰富代表活动载体，增强代表履职动力。以不断创新代表活动内容和方式为主线，在不断提高代表履职效率、发挥代表作用等方面建阵地、搭平台、创特色、求实效，积极为代表活动搭建平台、创造条件，切实发挥好人大代表主体作用。三是激发代表履职活力。进一步深化和完善人大代表履职评价办法，简化评价程序，优化人大代表履职评价计分细则，强化代表履职和评价结果应用。四是形成代表履职合力。组织人大代表紧紧围绕重大决策部署，依法加强监督，推动地方经济社会高质量发展，有针对性地开展好代表小组活动，有效助推重点工作落实。组织代表会前结合全市中心工作开展广泛调研，认真做好代表提出议案、建议的指导工作，不断提升代表议案、建议质量，形成代表履职合力。

三、认真学习地方组织法、监督法、代表法[①]

（一）地方组织法的有关内容

1. 地方组织法的制定和修改情况

地方组织法的全称是《中华人民共和国地方各级人民代表大会和地方各级人民政府组织法》，是地方人大和地方政府工作的主要法律依据，对地方各级人大及其常委会的组织、产生、职权和工作程序，地方各级人民政府的性

① 2022 年 4 月 27 日在湖北省黄冈市人大代表培训班上的讲话。

质、组成、职权、工作制度、机构设置等作了具体规定。我国宪法第九十五条中规定：地方各级人民代表大会和地方各级人民政府的组织由法律规定。地方组织法于1979年7月在五届全国人大二次会议上通过并公布施行，明确规定，县级以上地方各级人大设立常委会，为地方人大制度的恢复提供了有力的支持。这部法律是改革开放后最早制定的法律之一，对于恢复地方政权制度，加强地方政权建设，推进改革开放和社会主义现代化建设，发挥了十分重要的作用。此后，于1982年、1986年、1995年、2004年、2015年、2022年作过六次修正。

1982年，第一次修正。其中提出，省、自治区的人民政府所在地的市和经国务院批准的较大的市的人大常委会，具有拟定地方性法规草案的权力，进一步扩大了向地方的分权。另外，进一步明确地方各级人民代表大会是地方国家权力机构，行政、司法、检察机关是由其产生的。

1986年，第二次修正。更为充分地体现了下放权力，充分发挥地方积极性的立法原则。其中提出，将省、自治区的人民政府所在地的市和经国务院批准的较大的市的人民代表大会及其常务委员会的立法权明确为“制定地方性法规”。

1995年，第三次修正。对选举权、质询权、特定问题调查权、地方各级人民代表大会常务委员会的组成等问题作出了更加具体的规定。

2004年，第四次修正。首次增加了地方人大常委会组成人员的法定人数。

2015年8月，第五次修正。规定“设区的市”均可制定地方性法规。这是因为2015年3月，十二届全国人大三次会议修改立法法，赋予所有设区的市地方立法权。

2022年3月，第六次修正。十三届全国人大五次会议通过了《全国人民代表大会关于修改〈中华人民共和国地方各级人民代表大会和地方各级人民政府组织法〉的决定》。

这里着重介绍一下这次修改的主要内容。

第一，关于总则。主要是增加了以下内容：贯彻党中央关于加强党的全面领导、加强党的政治建设的精神，明确地方人大和地方政府坚持党的领导、坚持党的指导思想；贯彻习近平总书记关于践行以人民为中心的发展思想和发展全过程人民民主的重大理念；根据宪法有关规定精神，明确地方人大和地方政府在国家法治统一中的职责；贯彻民主集中制原则；等等。

第二，完善地方各级人大及其常委会的组织、职权等相关规定。一是适当增加省、设区的市两级人大常委会组成人员名额。省级人大常委会组成人员名额是1979年地方组织法规定的，40多年来没有修改，设区的市级人大常委会组成人员名额自2004年后也一直没有调整。2021年中央人大工作会议明确提出，适当增加省、设区的市两级人大常委会组成人员名额。此次修改，将省和设区的市两级人大常委会组成人员名额的上下限和最高限，分别增加10名。同时，明确地方人大常委会组成人员的名额，按人口数量并结合常委会组成人员结构的需要确定。二是根据中央人大工作会议精神和地方人大工作实际，完善地方人大专门委员会和常委会工作机构的设置，充实、细化常委会主任会议和专门委员会的职责。例如明确省、设区的市两级人民代表大会根据需要，可以设法制委员会、财政经济委员会、教育科学文化卫生委员会、环境与资源保护委员会、社会建设委员会和其他需要设立的专门委员会；明确地方人大常委会根据工作需要，设立办事机构和法制工作委员会、预算工作委员会、代表工作委员会等工作机构；县、自治县人大常委会可以比照本法有关规定，在街道设立工作机构；等等。三是贯彻党中央有关精神，总结地方实践经验，完善地方人大及其常委会的职权。例如细化和补充地方各级人大常委会对国民经济和社会发展规划计划、预算决算的审查监督职能；强化人大对国有资产管理情况进行监督的职能；等等。四是健全地方人大及其常委会的议事制度。例如明确地方各级人大举行会议，应当合理安排会期和会议日程，提高议事质量和效率。五是根据地方人大工作实际和有关方面的意见，修改地方国家机构正职领导人员选举有关内容。例如将地方国家机构正职领导人员的候选人数“一般应多一人，进行差额选举”的规定修改为“可以多一人，进行差额选举”等。六是加强和改进代表工作。例如县级以上地方各级人大常委会和各专门委员会、工作机构应当建立健全常委会组成人员和各专门委员会、工作机构联系代表的工作机制，支持和保障代表依法履职，扩大代表对各项工作的参与，充分发挥代表作用；县级以上地方各级人大常委会通过建立基层联系点、代表联络站等方式，密切同人民群众的联系，听取对立法、监督等工作的意见和建议；等等。

第三，完善地方各级人民政府的组织、职权等相关规定。一是专设一节，明确地方政府建设的有关规定。二是根据党中央有关精神，总结地方实践经验，完善地方政府职权和工作方面的有关规定。三是明确地方政府制定规范性文件的程序和要求。例如县级以上地方各级人民政府制定规范性文件，应当经过评估论证、公开征求意见、合法性审查、集体审议决定等程序，按照法定要求和程序予以公布，并向本级人大常委会备案。四是贯彻落实党中央关于深化党和国家机构改革的精神，明确地方政府根据工作需要和优化协同高效以及精干的原则，设立必要的工作部门；县级以上地方各级人民政府工作部门的设立、增加、减少或者合并，按照规定程序报请批准，并报本级人大常委会备案。五是根据党中央关于加强基层治理体系和治理能力现代化建设的精神，增加规定街道办事处的职责；明确乡镇人民政府和街道办事处可以根据实际情况建立居民列席有关会议的制度；等等。

第四，适应监察体制改革需要增加相关内容。根据修改后的宪法和监察法的有关规定，适应地方“一府一委两院”政权机关架构的需要，增加规定。一是明确县级以上地方各级人大常委会监督本级监察委员会的工作。二是明确地方各级监察委员会组成人员的提名和选举任免、辞职等程序；明确地方各级监察委员会主任列席本级人民代表大会会议等。三是明确县级以上地方各级人大常委会组成人员不得担任监察机关的职务。

第五，明确区域发展合作机制。贯彻国家区域协调发展战略，总结地方实践经验和做法，增加规定。一是省、设区的市两级人大及其常委会根据区域协调发展的需要，可以开展协同立法。二是县级以上地方各级人民政府可以共同建立跨行政区划的区域协同发展工作机制，加强区域合作；上级人民政府应当对下级人民政府的区域合作工作进行指导、协调和监督。

2. 地方国家政权机关的组织和职权

（1）地方人大及其常委会的性质和职权。地方各级人大及其常委会是地方国家权力机关。地方组织法分别规定了县级以上地方各级人大的职权和乡镇人大的职权。县级以上地方各级人大设立常委会，在大会闭会期间开展工作。地方组织法还规定了地方人大常委会的职权。

县级以上地方各级人大常委会组成人员由本级人大选举产生，不得担任国家行政机关、监察机关、审判机关和检察机关的职务。主任会议处理常委会的重要日常工作。县级以上地方各级人大根据需要设立若干专门委员会；县级以上地方各级人大常委会和乡镇人大设立代表资格审查委员会；常委会根据工作需要，设立办事机构和其他工作机构。

（2）“一府一委两院”的性质和职权。根据宪法和地方组织法，地方各级人民政府是地方各级人民代表大会的执行机关，是地方各级国家行政机关。地方各级人民政府对本级人民代表大会负责并报告工作，在本级人民代表大会闭会期间对本级人大常委会负责并报告工作，并受其监督；同时向上一级国家行政机关负责并报告工作，并服从国务院的统一领导。地方各级人民政府的职权非常广泛，地方组织法作了具体列举。

根据2018年修改后的宪法和同年制定的监察法，各级监察委员会是行使国家监察职能的专责机关，依法对所有行使公权力的公职人员进行监察，调查职务违法和职务犯罪，开展廉政建设和反腐败工作，维护宪法和法律的尊严。地方各级监察委员会由本级人民代表大会选举产生，对本级人大及其常委会和上一级监察委员会负责，并接受其监督。国家监察委员会领导地方各级监察委员会的工作，上级监察委员会领导下级监察委员会的工作。监察委员会依照法律规定独立行使监察权，不受行政机关、社会团体和个人的干涉。监察机关办理职务违法和职务犯罪案件，应当与审判机关、检察机关、执法部门互相配合、互相制约。

根据宪法和人民法院组织法、人民检察院组织法的规定，法院是国家的审判机关，检察院是国家的法律监督机关。地方各级法院和检察院分别由本级人大选举产生，对本级人大及其常委会负责并报告工作，接受本级人大及其常委会的监督。法院、检察院依照法律规定独立行使审判权、检察权，不受行政机关、社会团体和个人的干涉。就审判机关而言，上级审判机关与下级审判机关是审判监督关系，最高法院监督地方各级法院和专门法院的审判工作，上级法院监督下级法院的审判工作。就检察机关而言，上级检察机关和下级检察机关是领导关系，最高检察院领导地方各级检察院和专门检察院的工作，上级检察院领导下级检察院的工作。

在人民代表大会制度下，国家行政机关、监察机关、审判机关、检察机关都由人大产生，对人大负责，受人大监督。各级人大及其常委会对本级“一府一委两院”实施监督是依法开展法律监督和工作监督，始终坚持正确监督、有效监督，推动宪法法律全面有效实施，确保行政权、监察权、审判权、检察权依法行使。

（二）监督法的有关内容

立法和监督是宪法赋予人大的两项重要职权。这两项职权的行使，都需要有相应的法律使之制度化、规范化、程序化。对立法权的行使，2000年通过的立法法作了规范。对监督权的行使，各级人大常委会进行了多年积极的探索和实践，但长期以来没有一部法律来规范。直到2006年8月27日通过的《中华人民共和国各级人民代表大会常务委员会监督法》填补了这一空白。监督法共9章48条，全面系统地对全国人大和地方各级人大常委会监督工作的基本原则、主要内容、监督形式和具体程序等作了明确规定，是开展监督工作的主要法律依据。

1. 监督法的制定过程

监督法从1986年开始酝酿，到第七、第八、第九届全国人大常委会组织起草，2002年8月将监督法草案提交九届全国人大常委会第二十九次会议初审，此后十届全国人大常委会又经过三次审议，于2006年8月27日由十届全国人大常委会第二十三次会议表决通过，前后历时20年。可谓“二十年磨一剑”。那么，为什么要这么长时间呢？

第一，这部法律政治性很强，涉及我国的政治制度和国家体制。我国的政体是人民代表大会制度，不是“三权鼎立”，“一府一委两院”均由人大产生、对人大负责、受人大监督。在人民代表大会统一行使国家权力的前提下，对行政机关、监察机关、审判机关、检察机关的职权又有明确划分。人大与“一府一委两院”的关系，既有监督又有支持，既要依法监督，又不代行行政权、监察权、审判权、检察权。人大与“一府一委两院”都是党领导下的国家机关，虽然职责分工不同，但工作的出发点和目标是一致的，都是为了维护国家和人民的根本利益。这是我国政治制度的特点和优势。人大监督权的行使，涉及这两个方面的关系，既涉及党和国家机关之间的关系，又涉及国家机关之间即人大常委会与“一府一委两院”的关系。制定监督法需要处理好这两个关系，准确反映国家的政治制度和国家体制，准确把握人大监督的特点，充分发挥人大监督的优势。这都是非常重大的问题，需要通过实践，积累经验，统一认识。

第二，人大的监督工作应当如何定位，人大监督的地位和作用是什么。当时，人民群众和社会各界对监督法的期望值很高，希望监督法把什么问题都能管起来。实际上，人大的监督工作只是党和国家监督体系中的一个组成部分。经过多年努力，我们已经建立了党内监督制度、行政监督制度、司法监督制度；在司法诉讼中，有司法机关相互间的监督，有上下级法院的审判监督，有检察院的法律监督。此外，还有政协民主监督、民主党派监督、群众监督、舆论监督等。人大监督尽管是国家最高层次的监督，但并不意味着人大监督可以涵盖和代替其他所有监督形式，人大监督与其他监督形式也不是主从关系。人大监督制度同其他监督制度一起，共同构成了党和国家的监督体系。

作为党和国家监督体系的重要组成部分，人大监督什么？依据宪法有关规定，各级人大常委会所进行的监督总的来说有两种：一是工作监督，二是法律监督。所谓工作监督，是指通过听取和审议政府和法院、检察院的专项工作报告和组织执法检查，对“一府一委两院”的工作进行监督。所谓法律监督，是指通过对规范性文件的备案审查，维护社会主义法治的统一。工作监督和法律监督是人大常委会监督工作的主要内容。人大及其常委会行使国家权力的特点是只作决定，而自身并不具体执行。政府是国家权力机关的执行机关，要依法行政。监察、法院、检察院是司法机关，依照法律规定独立行使监察权、审判权、检察权，要公正司法。人大常委会对政府和监察委员会、法院、检察院进行监督，目的在于确保宪法和法律得到正确实施，确保行政权、监察权、审判权、检察权得到正确行使。人大常委会如果不把工作监督和法律监督搞好，就会失职；如果具体办理依法应由政府和监察委员会、法院、检察院办理的事情，就会越权。人大常委会对政府和监察委员会、法院、检察院进行监督，既不能失职，又不能越权。这是人大监督在党和国家监督体系中的准确定位。

第三，如何正确处理地方人大常委会监督工作中涉及的两个关系。一是干部述职评议涉及如何处理加强人大监督与坚持党管干部原则的关系；二是个案监督涉及如何处理加强人大监督与监察委员会、法院、检察院依法独立行使监察权、审判权、检察权的关系。这是监督法制定过程中必须正确处理好的两个关系。多年来，地方各级人大及其常委会为加强对“一府一委两院”工作监督进行积极探索和实践，大体形成了“述职评议”和“工作评议”两种做法。相比较而言，开展工作评议，更能体现人大常委会监督的特点，发挥人大常委会监督的优势。

2. 人大常委会开展监督工作的基本原则

人大监督政治性、法律性都很强。监督法总则部分的一个重要内容，就是规定人大常委会行使监督权必须遵循的基本原则，归纳起来有以下五条。

（1）坚持党的领导原则。坚持党的领导是人大常委会在监督工作中必须遵循的政治原则，是几条基本原则中的核心。监督法对这一原则作了明确规定。党领导人民制定宪法和法律，党领导人民遵守、执行宪法和法律，只有在党的领导下，才能充分发挥人民代表大会制度的优势，才能正确行使好监督职权。人大的全部工作包括监督工作，都必须坚持党的领导，贯彻落实党的方针政策，为党和国家中心工作和党中央重大决策部署服务。因此，坚持党的领导是全国人大常委会在监督工作中必须始终遵循的政治原则。

（2）依法行使职权原则。这是人大常委会在监督工作中必须遵循的法治原则。监督法对这一原则作了明确规定。按照法律规定，依法行使职权包括两层含义：一是要严格依照法律规定的权限办事，越权违法、越权无效，即职权法定；二是要严格依照法律规定的程序办事，程序违法无效，即程序法定。人大常委会的监督权是宪法和法律明确规定的，人大监督的对象、内容、范围、方式和程序都要严格符合宪法和监督法等法律的规定，在法定的职权范围内，按照法定的程序，对法定的对象进行监督，既不能越位，也不能缺位。

（3）集体行使职权原则。这是人大常委会在监督工作中必须遵循的组织原则。监督法对这一原则作了明确规定。我国的人民代表大会制度是按照民主集中制原则组织和运作的。各级人大及其常委会作为国家权力机关，是一个权力集体，人大代表和常委会组成人员作为国家权力机关的一员，是权力集体中的个体，个体不能代表集体，这就是通常所说的“集体有权、个人无权”的原则。各级人大及其常委会集体行使职权，集体讨论、决定问题。讨论问题时，大家各抒己见、畅所欲言，包括提出不同意见，在充分发扬民主、集思广益、基本取得共识的基础上再进行表决。决定问题时，采取一人一票的表决方式，实行少数服从多数原则。坚持民主集中制，集体行使权力、集体决定问题，是常委会监督工作的重要特点。

（4）接受人民代表大会监督原则。这也是人大常委会开展监督工作必须遵循的一条重要原则。监督法对此作了明确规定，同时，监督法的有关条款在规定具体监督工作时也都体现了这一原则。人大常委会是由代表大会选举产生的，因此，包括监督工作在内，常委会的一切工作都应当接受代表大会的监督。

（5）向社会公开原则。监督法对这一原则作了明确规定。常委会行使监督权要向社会公开，接受人民群众的监督，这是由我国人民代表大会的性质决定的。前面已经提到，国家的一切权力属于人民，人民代表大会对人民负责，受人民监督。从这个意义上讲，人大常委会行使监督权，对“一府一委两院”等机关进行监督，理当把监督工作的情况向社会公开，使人民群众能够了解人大常委会监督工作的情况。可以说，公开原则是把人大常委会的监督工作置于人民监督之下的重要保障。

以上五条就是常委会行使监督权必须遵循的原则，其中前三条，即坚持党的领导、依法行使职权、集体行使职权是最重要、最基本的原则。

3. 人大常委会监督工作的主要内容

人大常委会监督工作的主要内容有两项：一是工作监督，二是法律监督。

前面已经介绍，不再赘述。

4. 人大常委会监督工作的主要形式

人大常委会监督工作的形式，根据宪法和法律特别是监督法的规定，主要有以下7种。

（1）听取和审议专项工作报告。听取和审议专项工作报告是全国人大常委会开展监督工作的一种主要形式。常委会每年都会根据党中央的工作部署，按照法定的程序，选择若干重大问题，有计划地安排听取和审议的“一府一委两院”专项工作报告。“一府一委两院”的专项工作报告不仅要安排在常委会全体会议上听取，而且要安排分组会议审议，常委会组成人员对专项工作报告的审议意见还要交由“一府一委两院”研究处理，“一府一委两院”应当将研究处理情况向常委会提出书面报告。此外，围绕专项工作报告的主题，一般都要开展前期调研。常委会通过这一系列工作环节，来实现对“一府一委两院”专项工作进行监督。监督法用一个专章对专项工作报告的选题、听取、审议、审议意见的转交、研究处理情况的反馈、向社会公开等一系列问题作了具体的规定。

专项工作报告是全国人大常委会使用得最早的一个经常性监督工作形式。1954年全国人民代表大会成立以后，这个形式就开始使用。在监督法出台之前，这个监督形式称为“专题工作报告”。2006年的监督法列专章将这一监督形式系统地作出规定。听取和审议专项工作报告也是常委会最经常使用的监督形式。这个监督形式具有经常性、及时性和针对性强等特点，在常委会监督工作中发挥重要作用。

（2）审查和批准决算，听取审议计划、预算的执行情况报告，听取审议审计工作报告。这是人大常委会十分重要的一项监督职权。根据监督法等法律规定，国务院每年一般在6月将上一年度的决算草案提请全国人大常委会审查批准，一般在8月向全国人大常委会报告本年度上一阶段国民经济和社会发展计划、预算执行情况。常委会在审查和批准决算的同时，听取和审议关于上一年度预算执行情况和其他财政收支的审计工作报告，并在12月听取和审议审计查出问题整改情况的报告。此外，常委会还要审查和批准计划、预算在执行中所必须作出的部分调整方案等。监督法第三章和预算法等其他相关法律关于人大常委会对计划、预算的监督作了十分明确具体的规定。

（3）对法律法规实施情况进行检查。对法律法规实施情况的检查监督，通常称为“执法检查”，是常委会的一种监督形式。人大常委会的执法检查不是一般性的工作检查，而是国家权力机关根据法律的授权，针对法律法规的实施情况开展的专门检查。执法检查的主体是各级人大常委会，执法检查的对象是法律法规实施的主管部门。监督法对执法检查计划的制定、执法检查的组织开展、执法检查报告的内容、执法检查报告的审议、执法检查报告及其审议意见的转交、法律实施主管部门对执法检查中发现问题的整改及其有关情况的反馈报告等，都作了规范化、程序化的规定。

执法检查正式成为常委会监督形式的一种，始于20世纪90年代初。1993年八届全国人大常委会制定《关于加强对法律实施情况检查监督的若干规定》，首次以法律形式确认了执法检查这种监督形式。1999年九届全国人大常委会第十四次委员长会议通过《关于改进全国人大常委会执法检查工作的几点意见》，对执法检查的组织工作进行了规范。2006年出台的监督法则列专章，将执法检查作为人大常委会监督工作7种方式之一，予以明确规定。近年来，全国及各地人大常委会积极探索执法检查工作机制的改进完善，形成了包括选题、组织、报告、审议、整改、反馈6个环节的“全链条”工作流程。

（4）规范性文件备案审查。又称“备案审查”，是常委会日常监督工作的重要组成部分，也是法律监督的主要内容。在我国，宪法具有最高的法律效力，一切法律、行政法规、地方性法规、自治条例和单行条例、规章等都不得同宪法相抵触，所以备案审查也是宪法监督的重要形式。按照宪法、法律的规定，全国人大常委会对行政法规、地方性法规、自治条例和单行条例，以及“两院”的司法解释等进行备案审查。有关国家机关、社会团体、企业事业组织以及公民认为规范性文件同宪法、法律相抵触的，可以依法向全国人大常委会书面提出进行审查的要求或建议。全国人大常委会也可以主动进行审查。全国人大常委会有权撤销国务院制定的同宪法、法律相抵触的行政法规、决定和命令；有权撤销省、自治区、直辖市国家权力机关制定的同宪法、法律和行政法规相抵触的地方性法规和决议；有权撤销省、自治区、直辖市人大常委会批准的违背宪法和有关法律规定的自治条例和单行条例。关于备案审查工作的规定，除了宪法的规定，主要体现在监督法第五章，同时，立法法也从规范立法权限、解决法律抵触、维护法制统一的角度对备案审查作出了具体规定。

（5）质询。质询也是人大监督的一种重要形式，是指人大代表和常委会组成人员依照法定的条件和程序，对政府及其部门、法院、检察院履行法定职责中不清楚、不理解、不满意的方面提出问题，要求有关机关作出说明、解释的活动。宪法和相关法律对此作了规定，特别是监督法在第六章对提出质询案的条件和办理程序等作了明确具体规定。

（6）特定问题调查。特定问题调查也是人大监督的一种重要形式，是指人大及其常委会为查证某个重大问题而依照法定程序所进行的调查活动。关于特定问题调查的启动、组织、程序等，宪法和相关法律都有规定，特别是监督法第七章作了具体规定。

（7）撤职。这里讲的撤职，是指人大常委会依据法律规定对有违法、违纪或者失职、渎职行为的国家机关工作人员，在其任期届满或者正常卸任之前，依法撤销其所任职务的一种行为。撤职不同于因工作变动、离退休等原因的正常免职，具有惩戒性质。监督法第八章对撤职案提出的主体、处理、审议和决定作了明确规定。

人大常委会的监督工作，主要是以上 7 种形式。其中，前 4 种形式是经常性的监督形式，后 3 种形式实际工作中不常用，所以又称为非经常性的监督形式。

（三）代表法的有关内容

1. 代表法的制定和修改情况

我国人大代表工作的开展，如果从 1954 年人民代表大会制度在全国范围内正式建立起来开始，应当说经历了一个曲折的发展过程。1954 年到 1957 年，人大代表制度和代表活动比较活跃。从 1957 年下半年开始，代表工作难以开展。“文革”期间，各级人大的活动停止，代表工作也遭到严重破坏。党的十一届三中全会以来，代表工作进入新的发展时期。

我国在 1992 年之前，没有一部关于人大代表的专门法律，有关人大代表工作的一些规定散见在宪法和有关法律中。随着社会主义民主法治建设和人民代表大会制度建设的发展，对代表履行职责提出了进一步规范化、制度化的要求。六届全国人大以来，社会各方面要求制定代表法的呼声很高，许多全国人大代表也通过提出议案或者建议的方式进行呼吁。

20 世纪 80 年代末 90 年代初，七届全国人大常委会着手研究起草代表法的工作。经过七届全国人大常委会两次会议审议，决定将代表法草案提请七届全国人大五次会议审议。1992 年 4 月 3 日，七届全国人大五次会议通过了《中华人民共和国全国人民代表大会和地方各级人民代表大会代表法》，并于当日公布施行。代表法是我国宪法体系的一个重要构成部分，是我国根本政治制度的重要组成部分，它调整的是人民代表的职务关系，包括代表在人民代表大会期间和闭会期间行使职权、履行职责的过程中所发生的各种法律关系。代表法对保障代表依法履行职责，坚持和完善人民代表大会制度起到了重要作用。

随着我国经济社会和民主法治建设的发展，代表的构成、素质以及履职的环境等都发生了变化，代表履职出现了一些新情况、新问题。因此，代表法于2009年、2010年和2015年分别进行了三次修正。第一次修正：以打包修改的方式作了部分修正；第二次修正：修改幅度较大，涉及20多个条款，对代表法的部分规定作了补充和完善，进一步明确了代表的权利和义务，细化了闭会期间代表活动的方式，强化了代表履职的保障措施。第三次修正：进行了局部修改完善，突出乡镇人大职能，强调人大的监督与被监督等。

2. 人大代表的权利义务与履职规范

为了充分发挥国家权力机关的功能和作用，保证人大代表依法履行职责，代表法集中对代表的事项作出规定，全面规定了代表的性质、权利和义务、履职保障、履职规范等。

（1）代表的性质和地位。人大代表受人民委托，代表人民参加行使国家权力，是国家权力机关的组成人员，是人民代表大会的主体。代表要不断增强责任感和使命感，认真履行宪法法律赋予的职责，当好党和国家联系群众的桥梁纽带。这次修改全国人大组织法，贯彻习近平总书记关于“人民民主是全过程民主”的论述，专门规定代表应当“充分发挥在全过程民主中的作用”。

（2）代表的权利和义务。为了保障人大代表依法履行职责，代表法规定了代表的权利和义务。人大代表享有的法定权利包括：出席本级人民代表大会会议，参加审议各项议案、报告和其他议题，发表意见；依法联名提出议案、质询案、罢免案等；提出对各方面工作的建议、批评和意见；参加本级人民代表大会的各项选举；参加本级人民代表大会的各项表决；获得依法执行代表职务所需的信息和各项保障以及法律规定的其他权利。各级人大常委会要坚持代表主体地位，进一步密切同代表的联系，扩大代表对立法、监督等工作的参与，支持和保障代表依法执行职务，更好发挥代表作用。

人大代表的法定义务包括：模范地遵守宪法和法律，保守国家秘密，在自己参加的生产、工作和社会活动中，协助宪法和法律的实施；按时出席本级人民代表大会会议，认真审议各项议案、报告和其他议题，发表意见，做好会议期间的各项工作；积极参加统一组织的视察、专题调研、执法检查等活动；加强履职学习和调查研究，不断提高执行代表职务的能力；与原选区选民或者原选举单位和人民群众保持密切联系，听取和反映他们的意见和要求，努力为人民服务；自觉遵守社会公德，廉洁自律，公道正派，勤勉尽责以及法律规定的其他义务。代表应当具备一定的条件和要求，在政治责任、本职工作和行为操守等方面发挥标杆和模范作用。

(3) 代表的履职保障。人大代表是国家权力机关的组成人员，人大代表行使职权，国家和社会必须给予必要的保障。宪法和代表法等有关法律明确规定，人大代表享有言论免责权、人身自由特殊法律保护，以及执行职务的时间保障、物质保障、服务保障等。代表在人民代表大会各种会议上的发言和表决，不受法律追究。人大代表如果被逮捕、受刑事审判或者被采取法律规定的其他限制人身自由的措施，应当依法向本级人大主席团或者常委会提请许可或者及时报告。

(4) 代表的履职规范。代表的履职规范包括：按时出席本级人大会议；出席会议前，应当听取人民群众的意见和建议，为会议做好准备；代表审议各项议案和报告，发表意见，应当围绕会议议题，遵守议事规则；代表通过多种方式听取、反映原选区选民或者原选举单位的意见和要求；根据安排，围绕经济社会发展和关系人民群众切身利益、社会普遍关注的重大问题，开展专题调研等。

根据代表法，代表履职应当处理好“两个关系”。一是执行代表职务与从事本职工作的关系。代表出席本级人民代表大会会议，参加闭会期间统一组织的活动，应当安排好本人的生产和工作，优先执行代表职务。二是代表从事个人职业活动与执行代表职务的关系。代表不得利用执行代表职务干涉具体司法案件或者招标投标等经济活动牟取个人利益。

四、与网易网友谈代表履职①

主持人： 各位网易的网友大家下午好，今天请到网易演播室的是全国人大代表，湖北省人大常委会副主任周洪宇先生，欢迎周先生的到来。

周洪宇（以下简称周）： 各位网友，大家好。

---

① 参见网易新闻2008年3月8日。

建议城市学生教科书免费，真正实现义务教育完全免费

主持人：周先生，我知道您其实是一位特别抢眼的“两会”代表，有代表曾经在她的手记里写道：“本来以为自己工作已经很尽职，但看到了周洪宇觉得自己做得还不够。”有代表说您这次带来的议案建议可能有16件之多，您能不能跟我们分享一下这些议案建议都谈了什么内容？

周：那是这位代表对我的鼓励，这次我带来了十多件，没有16件，主要是两个方面，一是比较宏观的，属于国计民生这一块，另外就是教育这方面的，因为我过去一直在从事教育研究，后来又做教育行政管理，这方面的议案也有一些。基本的比例是一半对一半，大概是十二三件。

主持人：非常多的议案和建议，我知道在2003年您有一个关于九年义务教育完全免费的建议，后来受到了时任国务院副总理温家宝的赞许，也是被当年的网民非常推崇的议案，后来也实施了这个政策。刚才您自己也说了，2008年也带来了一些和教育相关的议案和建议，您能不能重点跟我们分享一下跟教育相关的议案里您的想法。

周：好的，我很乐意和网友交流，这次在教育方面带来了六七件议案和建议，其中一个是关于修改《中华人民共和国教师法》的议案，因为立法必须是由议案提出来。还有一些是关于具体工作的建议，主要是国务院有关部门需要受理的。

这方面的建议又分两类，一类是涉及教育公平问题，另一类涉及教育质量问题。在教育公平方面，一个是关于建议国家尽快免除城市义务阶段学生教科书费的建议。这是和我2003年3月在十届全国人大一次会议上提出实行义务教育免费建议的工作延续下来的，是一个延续性、拓展性的工作。当年提出免费义务教育建议之后，国家非常重视，社会各界也非常支持，代表委员也有不少呼应，最近几年政府做了很多的努力，也取得了实实在在的进展，说明党中央国务院对这个工作非常重视。教育部和财政部也采取了很多措施，免费义务教育取得了很大的进展。各地政府也非常配合，这个工作抓得非常好。

但现在来看，义务教育免费这一块还有一些工作可以做，我把它称为“最后一步”，农村义务阶段学生的学杂费、教科书费免了之后，下一步就是城市里的义务教育阶段学生的学费杂费都免费。

这次提出来，我注意到有关部门负责人已经表明，下一步，就是2008年秋季开始，城市的学生也实行学费杂费免费。这是非常好的事情，同时也希

望再把最后一步走出来，那就是城市义务教育阶段学生的教科书费也免去。

如果真能做到这一步，我主张的义务教育全免费，免学费，免杂费，包括免教科书本费就真正实现了。2003 年以后我一直推进这项工作。

主持人：您一直在关注这个事情，一步步地推动。

周：当然我们国家的发展不平衡，和西方发达国家情况也不完全一样，有些工作只能是循序渐进，不可能一蹴而就，所以我们是先从国家的 592 个国家贫困县，对义务教育阶段农村的学生实行先免学杂费，又免教科书费，现在要对城市的学生免学杂费。我的意见是如果把城市学生的教科书费也免了，工作就做到位了。

主持人：在整个过程中您觉得做这个事儿有没有遇到一些困难？

周：从代表工作的角度来说，困难是调研，这个工作要对国家的有关情况进行了解，要了解国家现行的政策，各地义务教育阶段发展的实际情况，同时也要做深入研究，义务教育免费，要研究它在具体实施过程中存在哪些问题，比如财政分担机制怎么建立，凡涉及钱的，中央出多少钱，地方出多少钱，中央和地方有没有这个财力，都要做深入研究。

有了财力之后，怎么分担，比例如何确定，这要做研究，不是简单地喊一喊义务教育免费。

作为代表来说，不能简单地做呼吁的工作，呼吁是必要的，但更重要的是要有一个建设性的方案，在这套方案里你要讲清楚，为什么要这样做，可不可以这样做，以及怎样这样做，特别是后面这一步，怎样做。在这里面有两点，首先要明确财政分担机制，从 2003 年以后我就一直主张在财政负担机制方面实行分类承担，分类就是分成不同的情况，比如东部发达地区，中部一般发达地区，还有西部欠发达地区，不同的财政主体分别来承担不同的费用。同时还要考虑怎么实施。实施也是两个方面，第一，这个事情怎么做，从什么地方入手，2003 年我提出来要分步实施，也是两个意思，这个事情先从农村和贫困县做，再做到全部农村，再做到城市，做到所有的学生，这是实施的步骤。还有一个就是时间表，走到哪一步，最后得有一个总结的时间。

主持人：有时间表、有目标、有推进。

周：对，这样这个事情到最后，才能和老百姓的愿望完全吻合，不能说这个事情虽然该做，但可以拖很久，都要有时间表。最近几年我考虑义务教育方面，包括其他教育的工作，做任何事情都要分类承担，分步实施，通过这个原则来考虑出台有关政策，组织实施。

主持人：这要非常扎实的调研。

周：对，可能难就难在这个方面，还需要什么呢，除了代表一直呼吁以外，恐怕还要长期关注它，要执着，第一次提出来引起了重视，第二次、第三次、第四次，要经常提，反复提，把这个事情做完，不至于半途而废。

所以我觉得，作为一个代表，在教育方面，当然包括在其他方面，都要有热情，有勇气，还要执着，还要理性，还要智慧。

写《怎样做人大代表》是给老百姓一个交代

主持人：热情、勇气、执着、理性，还有智慧。讲得好！听说您 2008 年出版了代表工作的两本书，一本是《怎样做人大代表》，一本是《怎样写人大议案》，是不是您也在里面说了您的经验，介绍了热情、勇气、执着、理性，还有智慧。

周：对，写这两本书，主要是因为最近几年做了代表之后，从道理上来说总得对我们的选民，对老百姓有个交代，你这几年在人大干什么，你是怎样想的，你是怎样干的，你干得好不好，让老百姓去评说。

第二，对自己来说，做了五年代表，也应该有个总结提高，如果我再做代表，那我对过去的工作应该有个回顾和总结，哪些东西是成功的，我要坚持下来，哪些东西是不成功的，或者说不太成功的，也要反思。因为做代表这个事情，五年前对自己来说也是一个新事物，在这之前没有做过代表，我们谁都不是天生的代表，谁都不是一到北京就会当代表，都有一个成长的过程。所以我想，过去怎样成长，今后如何成长得更好一点，自己也要总结一下。

此外，在写书时我也想到了马上要换届，全国、地方，各级人大都要换届，我从自己的实际经验也感觉到，当初做代表的时候非常茫然，在此之前在市政协做了政协委员，打了一点基础，但做政协委员和人大代表角度不同、平台不同，看问题的方式方法也不一样。

我发现，新代表走上了政治舞台之后，也面临着同样的问题，因此能不能把自己做代表的情况总结一下，然后给我们的新代表做一个参考。

主持人：这也是一个为新代表考虑的想法。

周：所以在 2006 年 12 月，在全国人大常委会办公厅代表联络局，当时组织人大代表履职较好的同志在海口开经验交流会，全国人大常委会分管代表的副秘书长在会议总结时，希望代表们总结一下自己的工作，以利于发挥今后代表工作的主动性、创造性。

我听了之后很受启发，但那时还没有想到要写这本书。2007 年 9 月，全国人大常委会又组织代表在庐山开了一个履职情况交流会，在会上，副秘书长又一次提出这个问题，希望大家把自己履职的情况总结一下，给新代表做一个参考。

所以回来之后我想到了这个事儿，正好中国人民大学出版社有个女编辑问我能不能把做代表的情况写一下，我说可以。后来回去写了几个月交给她，她说你这本书很好，但部头太大。

主持人：写了多少字？

周：第一次写了可能有四五十万字。因为我那本书第一部分是思考篇，第二个部分叫实践篇，题目是"怎样做人大代表"，副标题是"一个人大代表的思考与实践"，思考篇里面讲怎样做尽职的人大代表，怎样练好代表的基本功，议案怎样选题，怎样撰写议案建议等。

第二篇是实践篇，把自己五年来议案建议比较主要的部分，分为六个专题，前面三个专题是教育方面的，包括刚才说的义务教育免费，建立贫困生资助体系，增加教育投入、治理教育乱收费这三类。

第四类是关于反"台独"立法，建议国家制定国家统一法。第五类是关于怎么促进中部崛起的建议，这与我们中部地区的工作、利益有关；最后就是关于反就业歧视法的建议。2004 年提出来，基本上每一年我都会围绕着这些专题一次次提，一次次呼吁，一步步推进，所以把这些工作总结出来之后，再看看部委对这些问题怎么回复，怎么研究，怎么解决，也看得出来代表和部门之间互动的关系，这也是给选民、网友的交代。

同时，这也给新代表看一看，哦，议案是这样写的，要有案由、案据、建议。

主持人：这些有没有人教给您，在您刚当代表的时候？

周：刚当代表的时候我们也收到关于怎样做代表的书籍，但主要是一些原则性的论述，没有那么具体，虽然也讲了，新代表应该写案由、案据、建议，但具体是什么形式，我们新代表心里是不太清楚的，写政协提案和写人大的议案建议也有区别，所以当时是摸索的。后来我发现这里面还是有它的规律，有它的要求的，我就把它具体化，这样写下来就越来越规范。

这样让新代表就直观感觉到议案是这样写，议案这样提，议案是这样连续跟踪、呼吁推进，他也知道这个事情怎么做。当然我做得还不好，但毕竟目前没有这方面的书，现在出版，我想是暂时做一个替代品，我也希望今后有代表总结自己履职的经验。

主持人：有没有湖北省其他人大代表，新当选的，您有没有跟他聊过看了这本书有没有什么帮助？

周：他们也很希望读这本书，我的书出了之后就有好多代表说要把书送他啊。

主持人：而且您提出教科书免费，您也应该免费（笑）。

周：我当然可以送，但说实话，我还没有富裕到那个程度，一本书 40 块钱，123 个代表每一个代表一本不可能，我现在是选择性地送。

还有一本是《怎样写人大议案》，是在那本书的基础上演变过来的。《怎样做人大代表》，因为部头太大，所以当时中国人民大学出版社编辑说，是不是减少一些内容，后来我按照要求减少了内容，有一半的内容没放进去，但又觉得有点可惜，这时候湖北人民出版社一位编辑知道了这个情况，说："这种图书很好啊，这样，你再写一本。"想到两个出版社体例不能一样，我就从另外一个体例写，十七大报告里不是有四位一体吗，经济、政治、文教、社会，我按照四位一体的模式，在前面写了前言，"怎样写人大议案"，副标题"一个人大代表的学习与探索"。这里面不是按照上下编，而是按照第一个部分怎样写经济方面的议案建议，第二个部分怎样写政治方面的议案建议，第三个部分怎样写文教方面的议案建议，第四个部分怎样写社会方面的议案建议。每个部分里又分两类，一类是关于立法的，怎样写议案，另一类就是怎样写建议。一类又分三个，前面有个导语，首先讲应该怎么写，再写我是怎么写的，也让人家看到这个人是现身说法，新代表一看就会，也可以操作。

我主要是想提供一个比较直观，有实践性、操作性的东西。看的时候一看就知道，就可以这样做。所以这和现在全国人大发给大家的几本资料是互补的关系。

我们这个时代的制高点是互联网

主持人：您曾经接受采访时说过，五年来提交给全国人大的上百件议案和建议中有相当多来自于网友的建议和启发，您觉得网络在民意表达上有什么样的推动作用呢？

周：应该说网络在民意表达方面，最近几年推动作用相当重要，也相当巨大。过去大家不太重视网络，我比较早注意到了这个问题，我在 2003 年时和几个委员首次接受了新浪网的采访，那时候就是谈教育问题，大家也谈了其他的问题；2003 年 3 月 2 日第一次上网，和网友交流，我记得那天晚上是一个小时，有六千多网友提出了各种各样的问题，让我为之一振，没有想到我写了那么多书，那么多文章，好像也没有那么多人来读，来关注，可是我一些关于教育问题的看法，很多人马上就能反馈过来。

主持人：互动性特别强。

周：后来我逐渐地发现，我们这个时代是一个网络时代，我们这个时代的制高点是互联网，因此要引领这个时代，了解这个时代，不能不学会应用网络，你要占领时代制高点，必须要善用互联网。

但从网络上了解民意只是一个途径，不能因此放松对实际问题的调研和了解，所以后来我想，要重视网络的作用，那时候我们的网友在 6000 万左右，前两天我看到一个数据，我们现在的网友是 2.4 亿。

主持人：有了爆炸性的增长。

周：是 2.4 亿吗？

主持人：有各种数字，有的数字比这个高，有的数字比这个少，但都是一种爆炸性的增长。

周：所以越是这样就越得重视它，而且我发现最近几年党和国家领导人都特别重视网络，善于从网络中了解民意，收集民情，因为网友的智慧是无穷的，我们从代表的角度也要从这个方面考虑问题，因此我在 2003 年以后每一年都比较注意和网友交流，到人民网，到新浪、搜狐，网易我也来过。

主持人：您是我们的老客人。

周：我觉得通过网络和网友有一个互动交流，直接便利而且经济。

主持人：您说到一个很重要的问题，经济，但现在网络也有它的问题，比如有点鱼龙混杂，有些声音不是那么理性，您作为人大代表，在看这些东西时是怎样甄别的？也可以教我们的网友怎样甄别一些不理性的声音。

周：作为代表来说，要善于正确对待网友的意见。第一，你要高度重视这个事情，第二，你也要注意去分析和判断网友的哪些意见是合理诉求，哪些意见可能是一种苛求，哪些事情今天看起来有可能做不到但从长远看还是有可能做到的，要分析它。

根据不同的意见，把其中的意见提炼、升华，吸收到自己的议案里去，有些可以作为你议案建议的素材补充进去。有些意见不一定能成为议案建议的素材，但他提的问题可以成为议案建议的选题，所以要善于考虑选材及内容方面的问题。当然对于不太合理的东西要有一个提炼过程，也不能网友说什么就接受什么。特别要防止退化为一种网络民粹主义，这个提法可能是我杜撰的，因为网友的成分还是比较复杂的，他的意见也是不一样的。有时候有一种主导型的舆论在里面，这时候你要特别警惕，这种舆论究竟是合理的还是不太合理的，作为代表来说，对于这种情况你不能去迎合它，因为你的职责不是简单地迎合网友，还要对他有一个引导。

所以这时候你提的意见还不能完全和他一致，但他所提问题的合理因素要吸收，要辨别其中哪些是合理的东西，要善于提取精华，不能他提什么你就接受什么，然后直接提交给全国人大和国务院，让他们处理，不能这样。

所以在今天对待网络上还要注意这么一个问题。

主持人：今天周洪宇先生非常繁忙，下午全国人大还有全体会议要召开，他也是从百忙中抽出时间过来和网友一起交流，提出了他的议案建议，还有他怎样对待网上意见表达的看法，我们还是把时间交还给周先生，最后的时间您再跟各位网友说一句话好吗？

周：十分感谢各位网友，今天确实时间太紧，早上没来得及吃饭，中午要参加这个节目也没来得及吃饭。这不是主持人的错，主要是我们这个组今天讨论得太热烈了，代表们发言非常踊跃，要吃饭了还没有散会，今天下午1点50分就要发车，从北京会议中心到人民大会堂路上还有个把小时，所以由于时间有限，很抱歉，我就先走一步了。我相信今后应该还有很多和网友交流的机会，谢谢网友，也谢谢网易。谢谢主持人。

主持人：谢谢，我们再次谢谢周洪宇先生。

五、新华网“十年代表履职谈”①

主持人：在“两会”的采访中，名人代表委员往往是媒体追逐的焦点。2013年“两会”，一种真正的“明星”代表显然更受关注。他们敢说话、会说话、说实话，他们用心撰写的议案、建议见解曾带来广泛的社会影响。事实上，代表们的职责并非只在“两会”上才发生作用，更多的工夫要花在会场之外。一起来听一听人大代表周洪宇这10年来的履职故事。

解说：10年提出200多件议案、建议，7成被采纳……这是全国人大代表周洪宇辉煌的履职“战绩”。

他是周洪宇，华中师范大学教授、湖北省人大常委会副主任。2013年是他担任全国人大代表的第10年。总结10年履职经历，他最看中的是成功推动了全国义务教育免费，他还因此得了个“周免费”的称号。

---

① 参见新华网新华视频2013年3月13日。

“周免费”是怎样炼成的？

同期：全国人大代表　周洪宇

2003年的时候，我第一次当代表，也跟现在新代表一样，还是有当代表的那种热情，很想发言，也很想写好议案建议。我记得在开“两会”前，按照全国人大的要求，组织代表到基层去调研视察，我到湖北的一个农村去，我看那个学校的情况，看了之后，心情有点沉重。后来我就想，作为代表来说，我研究教育，能不能提出农村九年义务教育免费这么一个建议。于是我就写了《义务教育完全免费制应自农村始》，发表在2003年3月4日《中国教育报》。正好这个时候2003年3月5日就开大会了。3月6日我们得到消息说，时任国务院副总理温家宝要到湖北团参加座谈。那个时候我的心里很激动，我想这个机会来了，能不能发言？我就找当时代表团的副团长朱纯宣同志说，我说朱主任，我能不能发个言？他说可以。后来我知道，其实肯定是没有时间的，因为他要保护我的积极性，保护我的热情，他说有时间你就发言。

解说：周洪宇说，以前常有人揶揄他只是一介书生。然而正是他在学术领域扎实和执着的性格，让他在当年的总理座谈中打开了局面。

同期：全国人大代表　周洪宇

大家发言发言……到10个就没有时间了，然后总理讲话。他当时讲了一句话触动了我：他说新一届的政府将把新增的财力，投向农村的公共事业。这给了我信心，但是发言的机会没有了，然后大家就合影。合影的过程当中，他们跑得飞快，我也不太了解是什么，原来他们都占位置去了，后来我一看，我也没有机会再去抢一个好位置，那我就老实待着吧，看看还有没有机会向总理汇报。看到当时几个领导，陪着总理，当时中国地质大学有个教授叫王亨君，老代表，她走上去跟总理寒暄，欢迎总理到中国地质大学去视察。我一看到她可以上去，我也上去，我就把这个建议给他，总理拿着这个建议看了之后说，农村教育免费这个建议很好，很值得研究，提得很有意义，所以我当时就很受鼓舞。第二天全团大会，我在团里边，讲了三四十分钟，那是超长。我讲了四个问题，第一，义务教育该不该政府买单？第二，这个单有多大？第三，谁来买单？第四，如何实施？我就提出来“分类承担，分步实施”，引起了大家强烈的反响，包括教育部两个司，基教司和财务司，就打电话给我，说“你的发言，建议很好，我们非常重视”。

解说：据他回忆，2003年3月全国“两会”上提交这个建议后，最终推动实现全国九年义务教育的免费，使这项政策惠及亿万学生。

为校车安全再当执着“谏”客

解说：除了“周免费”，周洪宇还有一个外号叫“周校车”。

2011 年“两会”期间，周洪宇率先向全国人大提交了《关于实施全国校车安全工程的建议》，提出制定“校车安全运行管理条例”。同年 10 月，教育部回复称，赞同周洪宇的议案，并联合公安部开展了校车排查整治，对校车安全展开调研，制定了校车安全标准，并在山东威海等地启动校车试点。

2012 年“两会”前夕，周洪宇带着几个年轻人前往武汉市黄陂区横店中心小学，调研校车运行情况。

当天下午放学时间，在学校的操场上，3 辆黄色的“大鼻子”校车一字排开，背着书包的孩子排队上车。

同期：全国人大代表　周洪宇

看起来简单，实际它牵涉的面太广，它牵涉到这个教育之外的公安啊，交通啊，交管啊，还有其他相关的部门。

解说：周洪宇摸摸车门，上车看看孩子，然后就开门见山，当即和校长、运营企业算起账来：学生每次乘车收费 1 元，一个月 45 元，高不高？政府每年补贴 32 万元，每台车 53000 元，摊到每个月 4000 多元，司机养得起不？企业能不能维持下去？

校长瞅瞅在场的教育局领导，周洪宇说：“你们不要怕有领导在场，说实话。”在场的教育局领导尴尬地笑。

同期：全国人大代表　周洪宇

中国的校车制度应该因地制宜，不能一刀切。

解说：黄陂区教育局官员认为，条例只讲车的问题，投入和运行机制欠缺。横店镇小学校长认为，条例对学校责任要求过重。学校重在教书育人，对安防交通既不专业，也没有能力配置。

汇总这些“尖锐意见”，他准备“关于修改完善《校车安全条例（草案）》的议案”，作为 23 件议案、建议之一，带到北京。

2013 年，周洪宇担任 10 年全国人大代表的任期将满。谈到未来，周洪宇说，他还会继续在自己的工作岗位上，通过各种方式或者渠道来为完善中国的校车制度鼓与呼，做一个“编外代表”。

六、与新京报记者“政事儿”谈履职感受[①]

正在召开的全国“两会”，“一法一规则”（全国人大组织法与议事规则）修正草案第三次亮相，提请大会审议。2020 年 12 月，全国人大常委会会议二次审议草案时，全国人大常委会委员周洪宇曾提出“代表发言应围绕议题”“新闻发言人、发言人两种表述应统一为发言人”两个建议，这两个建议均被立法机关采纳，写入提请本次大会审议的草案中。

自 2003 年以来，周洪宇已经连任四届全国人大代表，2021 年是他履职的第 19 个年头。作为一名老代表，他为何会提出上述两个建议？对于代表履职他有哪些感受？就此，周洪宇接受了“政事儿”专访。

周洪宇说，现在有的人大代表除了发言超时外，发言时不会围绕会议确定的议题，经常跑题，跑着跑着不知道跑哪去了，甚至有的代表发言时只考虑个人的一些想法，想讲什么就讲什么，不会考虑到会上明确规定的发言的范围。汇报了半天自己的工作以及所取得的成绩后，再简单提一两条建议，离题太远，主次颠倒。

“所以建议全国人大议事规则应当增加规定，明确要求代表发言应当围绕会议议题，由此确保代表的发言能做到有的放矢、更有针对性。”

周洪宇出生于 1958 年 1 月，长期任教于华中师范大学，曾任武汉市江岸区副区长、武汉市教育局副局长、湖北省教育厅副厅长，2007 年任民进湖北省主委，2008 年任湖北省人大常委会副主任。

谈全国人大组织法与议事规则修正

有的代表发言不会围绕会议确定的议题，经常跑题，建议议事规则增加规定得到采纳

政事儿：这次“两会”一项重要议程是审议“一法一规则”（全国人大组织法与议事规则）修正草案。对比 2020 年 12 月二审稿，提请审议草案增加了一个条款，规定“全国人民代表大会代表在全国人民代表大会各种会议上发言，应当围绕会议确定的议题进行”，这是不是采纳了你之前提出的建议？

周洪宇（以下简称周）：是的，2020 年 12 月，十三届全国人大常委会第

---

① 参见《新京报》2021 年 3 月 9 日。

二十四次会议二次分组审议草案时，我发现，全国人大议事规则修正草案二审稿讲得都比较全面，但有一个重要问题没有体现出来。

二审草案第五十七条规定了代表发言的时间和次数、发言的程序，提出“代表在大会全体会议上发言的，每人可以发言两次，第一次不超过十分钟，第二次不超过五分钟”，但是代表发言应当讲什么，二审草案未作规定。也就是说，二审草案只规定了代表发言的时间、次数、程序，对发言的内容没有作出规定。这就会出现一个什么情况呢？不管代表讲多讲少讲长讲短，讲了什么，草案没有作出规范。

而我们现在的问题是，除了发言超时的现象以外，有的代表发言的时候不会围绕会议确定的议题，经常跑题，跑着跑着不知道跑哪去了，甚至有的代表发言时只考虑个人的一些想法，想讲什么就讲什么，不会考虑到会上明确规定的发言的范围，把自己想讲的讲了很多，本来是审议政府工作报告、计划报告、预算报告或其他指定议题，结果发言人汇报了半天自己的工作以及所取得的成绩后，再简单提一两条建议，离题太远，主次颠倒。

人家都在讨论一个问题，结果他讲的是别的问题。这类现象不仅占用了会议时间，更影响了大家对问题的讨论，影响了代表的发言质量。可能一些新代表对这类现象印象不是太强烈，我 2003 年当选全国人大代表，连任四届到 2021 年是第 19 年，作为一个老代表，我注意到，这类现象还不是个别现象，有时候还常见，特别是不特别强调就会出现。所以建议全国人大议事规则应当增加规定，明确要求代表发言应当围绕会议议题，由此确保代表的发言能做到有的放矢、更有针对性。

政事儿：你当时提出这个建议时，其他与会的全国人大常委会委员赞同吗？

周：2020 年 12 月二审分组审议我发言结束的时候，大家都笑起来了，都说“你提的还真是个问题，有的个别代表发言时甚至信口开河，不论大事小事他都讲，经常跑题”，大家对此有共鸣，有共识，都认为发言跑题不是哪一个地方的独有现象，作为全国人大工作和议事程序的基本法律，全国人大议事规则应该对此作出规范。

政事儿：你还就“一法一规则”修正草案提出了其他建议吗？

周：二审分组审议时，我还提出了一个建议，全国人大议事规则修正草案二审稿中，有的地方采用的是“发言人”表述，有的地方采用的是“新闻发言人”表述，表述前后不一。我建议应当统一表述，不要打架；“统一表述”应采用“发言人”表述，因为从发言这个角度来看，“发言人”这个表述的内涵涵盖了“新闻发言人”，因为发言的内容有时不一定是新闻。很荣幸，这个建议也被采纳了，这次大会审议的全国人大议事规则修正草案，统一采用了“发言人”表述，规定“全国人民代表大会会议设发言人，代表团可以根据需要设发言人”。

政事儿：“一法一规则”修正草案中有哪些亮点让你印象深刻？

周：印象深刻的亮点有很多，比如对代表如何履职作出很具体的规范，明确要求代表应当勤勉尽责，认真审议各项议案和报告，严格遵守会议纪律，补充完善了会议纪律和请假制度，等等，这些规定促进了代表议事规则的完善。

谈教育公平

今年的教育公平推进力度比往年更大

政事儿：政府工作报告在谈到教育公平时提出，“让每个孩子都有人生出彩的机会”。你如何理解？

周：2020 年的报告关于教育公平，强调的是高校招生计划问题，没有提及进城务工子女的教育问题；这之前几年，报告提到了进城务工人员子女教育问题，但是没有提到高校招生计划问题。2021 年，既讲了更好解决进城务工人员子女就学问题，又讲了高校招生继续加大对中西部和农村地区倾斜力度。这意味着，2021 年的教育公平推进力度比往年更大。

我 2003 年提了关于农村九年义务教育免费的建议，两年后，政府工作报告里提到要用两年时间实行农村义务教育免费。农村孩子的义务教育问题解决了，那么从农村出来的孩子，进城务工人员子女的教育问题怎么办？国家颁行了“以流入地为主，以公立学校为主”的“两为主”政策，即进城务工人员子女以流入地政府解决为主，以流入地的公办学校接纳为主。

应该说，各地在贯彻执行这一政策的情况较好，不过，对进城务工人员随迁子女接受义务教育后的教育，如高中教育或高等教育还是存在问题。2021 年提出迈出更大步伐，我的理解就是，基础教育向高中突破，公办敞开；重点高校专项招生计划进一步向中西部和农村地区考生倾斜。

谈长江大保护

长江立法首要的就是保护，只有先保护好，才能有后续的利用

政事儿：3 月 1 日，长江保护法正式施行。2021 年全国“两会”，你提出 10 个与长江流域有关的建议，为什么提出这些建议？法律还有需要完善的地

方吗？

周：长江保护法已经很成熟，我提的这些建议并不是对长江保护法立法上的完善，而是长江保护法实施后，要按照法律的原则和精神，工作上要有更多的具体的落实措施，让法律落地生根。

比如目前，长江上、中、下游和主要支流岸线及湿地利用的不同类型区，普遍存在自然岸线保有资源受威胁、生态敏感岸段遭占用、利用结构欠合理、多占少用港口现象反弹及临时码头拆除不彻底等问题，长江岸线及湿地资源的保护利用面临新挑战。因此，应当进一步推进长江岸线及湿地保护利用与生态修复，我提出了《关于进一步推进长江岸线及湿地保护利用与生态修复的建议》《关于推动长江岸线郊野公园体系规划建设，高质量构建长江生态屏障的建议》等，建议科学划定长江岸线生态红线，明确岸线保护法定范围，确保自然岸线保有率，并建立协调联动机制，优化区域岸线空间格局，推进长江沿江岸线整治；同时建立长效监测管理机制，加强岸线及湿地生态跟踪评估，为长江岸线及湿地保护利用与管理提供科学依据。

政事儿：2017 年全国“两会”，你领衔提出了关于制定长江保护法议案。之后作为全国人大常委会委员，参与了全国人大常委会的各次审议，亲历了这部法的立法过程。当初有哪些争议？

周：我父母和弟弟都在长江水利委员会长江科学院工作，我从小就在长江科学院的大院里长大。关于水问题的立法，经过了多年的思考。2005 年，我提出制定大江大河法，不过，当时的建议不够成熟，大江大河的提法太过宽泛，针对性不强，难以落地。2016 年 1 月 5 日，习近平总书记在推动长江经济带发展座谈会上明确提出，当前和今后相当长一个时期，要把修复长江生态环境摆在压倒性位置，共抓大保护，不搞大开发。这为长江保护指明了方向。2017 年人代会上，我提出了关于制定长江保护法的议案。

当时，法名究竟是叫长江法，还是长江保护法，学界以及代表委员们之间都是有争议的。有人主张叫长江法就可以了，但我认为，如果叫长江法，导向不明确，长江立法必须加上“保护”二字，这是实现“共抓大保护，不搞大开发”的根本。对法名的界定，看起来似乎只是法律名称的不同，实际上，这里面的立法取向、立法重点，立法的指导思想，以及框架结构、条款设计等，都会有区别。

长江立法必须强调“保护”这两个字，因为长江立法属于流域立法，是特别法、专门法、保护法，与水法、水污染防治法、防洪法、水土保持法 4 部涉水法律侧重点不同，长江立法首要的就是保护，只有先保护好，才能有后续的利用。

谈履职经验

兼职代表必须善于“借脑”“借手”，充分发挥专家团队作用

政事儿：包括涉及长江流域的10件建议在内，这次“两会”你一共提交了31件议案、建议，同时你身兼多职，日常工作和履职如何协调？时间够用吗？

周：时间肯定不够用，只要想认真地做事，时间永远都是不够用的。湖北省人大常委会的工作，我分管教科文卫委员会，教科文卫委员会对口联系的政府部门和单位有14个，都要一一顾及，都要经常联系、走访座谈、调研指导，加上人大常委会自身的主任会议以及立法、监督、执法检查等工作，平时也非常忙；还有民进湖北省委会方面的工作，全国人大常委会方面的工作，华中师范大学的教育研究工作等，时间不够用，那么怎么办？一个是牺牲自己的休息时间，一个就是统筹兼顾。

2021年是当代表履职的第19年，19年来如同长跑，跑了一圈又一圈，这个过程当中结识了一批人才，获得了他们的关心和支持，很多议案和建议都是跟他们共同讨论研究的结果。这其中有很多一流专家，是其研究流域里的顶尖者，最清楚这个领域的卡脖子问题在哪里。

2021年提的《关于尽快制定国家氢能发展战略，促进我国氢能产业全面崛起的建议》，就是在知名学者、中国地质大学可持续能源实验室主任程寒松教授和材料科学与化学工程学院沈毅副教授协助下形成的；关于加快集成电路前沿技术领域顶层设计、布局非对称竞争关键技术的建议，也是省民进调研室负责人专程赴京请知名学者、北京大学信息科学技术学院研究员吴燕庆撰写提供的；关于规范发展长租公寓市场，促进我国住房租赁行业平稳健康发展的建议，则是请知名房地产专家、华中师大湖北省房地产发展中心主任邓宏乾教授协助的。

还有呼吁南方城市冬季清洁供暖的建议，连续提了4年。四年前，我第一次向全国人大提出此建议后，开始引起了专门研究这个问题的中国人民大学应用经济学院副院长魏楚教授研究团队的高度关注，魏楚教授团队长期关注研究南方供暖问题，承担国家重大课题，并取得许多研究成果，看到我的建议后主动联系了我。此后，连续几年协助我提出最新建议。可以说，几乎每一个领域，我们都努力邀请或争取该领域的顶尖高手来协助完成。当然，我们也不是把专家的文稿拿来就用，还要从政治上、政策上、理论上全面把

关，还要按照全国人大的要求，对照人大议案建议的基本体例与格式重新改写完善，确保达到最佳质量。

我感觉，兼职代表既要积极履职又要提高履职水平质量，必须善于“借脑”“借手”，充分发挥专家团队作用。19 年长跑，我不是一个人在战斗，背后有遍布全国各地的多个研究团队，有一大批业内知名专家。如果没有大家的热情投入、无私奉献和共同参与，没有大家的理解和支持，很多工作都做不了，也做不好。

政事儿：你还提出了一个关于完善我国出生缺陷防控体系的建议，这些议案和建议都做过调研吗？

周：提议案和建议必须做调研，《关于完善我国出生缺陷防控体系的建议》是 2020 年我到一个山区调研时发现的问题，调研回来我找专家了解情况，民进湖北省委会调研部负责人是位女同志，对这方面情况很了解，我们组织专家、医生讨论，形成了这个建议。代表履职要善于“借脑”“借手”。还有像关于尽快完善我国生育支持政策体系、积极应对人口老龄化的建议，有人跟我说别提了，提了之后也未必能实现。我说一定要提，因为这是一个反映老百姓愿望、大家都会关注的议题，代表履职就是应当把一个议题的相关的经验、想法、探索都梳理出来，形成一个综合性的有可操作性的方案，达到真正推动相关工作的效果，而不是去追逐什么热点，去吸引眼球，这不是我当代表的初衷。

政事儿：“一法一规则”修正草案中，对于如何激活代表作用、密切与代表的联系也作出了一系列安排，这些安排能不能满足履职需求？

周：总体上能满足需求。不过，我觉得，只要能够提高我们的履职能力与水平，还是应该在依法依规的前提下，在实践上做一些积极探索，比如，各地的代表工作联络处，今后可不可以通过一定的程序邀请一些政治上可靠、业务上精良又热心参政议政的优秀志愿者来协助代表积极履职呢？

七、与界面新闻记者谈 20 年代表履职的收获与遗憾[①]

“当代表不是当官”

界面新闻：作为一名履职达 20 年的全国人大代表，并且持续每年提出 20

① 参见界面新闻 2022 年 3 月 10 日。

多件议案、建议，你的动力来源是什么？

周洪宇（以下简称周）：我们的代表工作都是兼职的，这跟西方的议员有本质的不同，但我们也要为选民服务，因为我们是人民选出来的，要敢于为人民发声。我一开始就清楚，当代表不是当官，如果你想当官，当代表就没有意义了。我是做教育的，希望通过这样一个渠道，深入中国教育的实际，了解中国教育的国情，再提出一些自己的建议，帮助推动教育往前发展。

要把这项事业，或者说使命完成好，就必须研究它，代表工作要研究化、研究工作要理论化、理论工作要实践化。我们要本着做代表的初心，要经常到基层老百姓中间去，要看到随着社会及形势的变化，老百姓的想法和愿望也在变化，要努力把他们的心声传递出来，这样做代表才有新鲜感，才会有动力。

界面新闻：你每年提的议案、建议很多，有些甚至多年反复提，你提交议案和建议的标准是什么？

周：一方面，对于重大的、不能不解决的问题，要不断地提出，直到能够彻底地解决；同时，对一些带有长远性、前瞻性、战略性的问题，也要努力把它提出来，可能在当下不能马上看到成效，但是只要认定它有意义，那么也需要不断地提，保持有关部门和社会对这个问题的关注度，它总有一天会变成现实。

界面新闻：2022 年两会你提交的议案、建议有多少件？

周：最终确定下来的是 29 件，我一直尽量保持在 30 件以内，跟往年差不多。虽然说建议数量没有限制，但太多难免给人粗制滥造的印象，29 件已经不少了。

界面新闻：你的议案、建议中有很大一部分是关于教育的，尤其对“双减”政策格外关注，为此你做了哪些调研？

周：毕竟我长期在教育领域工作，所以议案、建议还是以教育为重点。“双减”政策实施后，我带领华中师范大学国家教育治理研究院和长江教育研究院等教育智库，在东、中、西部 6 个省份，对 130 余所中小学的 1 万多名学生进行调查。我们发现，一方面，“双减”工作取得明显成效；另一方面，“双减”工作还存在一些问题，或者说困难。教育培训市场规模正在收缩，学校作为教育主阵地的作用进一步强化，所以教师需要在工作上付出更多时间和精力，承担更多无形的职业成长压力。

对此，我提出要合理减轻教师负担，并且为教师提供有效激励与保障。针对这些问题和困难，我们专门组织专家撰写了一份 4 万多字的《关于进一步推进“双减”政策落地，构建良好教育新生态的建议》，此外，还有好几份建议，从不同方面，打出一套关于“双减”建议的“组合拳”。

如何当好全国人大代表

界面新闻：你目前担任湖北省人大常委会副主任，从学者到官员，再到立法机构工作，同时作为一名全国人大代表，你感受有何不同？

周：学者的追求是求真，但到了政府机构工作后你会发现许多事情都是错综复杂的，解决起来受制约的因素很多，并非轻而易举，你必须以务实的态度去推进，这是最大的不同。作为学者，你认定什么事有价值，就要去坚持，更多的是“单线思维”。我以前是纯粹的学者，再加上是做教育史研究的，与现实又是离得最远的。可到政府部门工作后，涉及一些具体的问题，就不得不考虑它的来龙去脉，它的成因和走向，从操作层面考虑得要多些，有些可能因为财力不够，有些可能因为舆论支持不够，暂时还没有办法推动。换句话说，政府官员更多要从务实角度考虑问题。所以到政府部门工作之后，就要形成复杂的思维，把“求真”和“务实”结合起来，找到一个恰当的平衡点与突破点。

界面新闻：你平均每年都能提交议案、建议超过20件，有哪些经验可以给别的代表参考？

周：我从2003年开始做全国人大代表，当年就提了19件议案、建议，尤其是提出义务教育免费的建议，引起很大关注。该建议在两年后变成现实，给了我很大鼓舞。一般来说，刚当上代表的第一年，基本上很少发言，也不会提什么建议，更谈不上提出立法议案，主要是观摩老代表们如何履职，处于学习观摩阶段；第二年看出点门道，开始在小组会上讲一讲，提一两件建议；第三年有了更多经验，敢在全团大会上发言，写几件建议；第四年不仅敢在大会小会上发言、提建议，而且会提议案；第五年各方面都比较成熟，但一届任期也就满了。所以，他们说，为什么没有在你身上看到这种缓慢变化，为什么你一开始就能提那么多，而且“出手不凡”，能提出应实行义务教育免费、国家公职人员应入职宣誓、促进中部大崛起这些事关国计民生的大建议。当时，作为中央分配给地方的代表名额，全国人大常委会负责代表培训工作的副秘书长何晔晖同志正好被安排在湖北代表团履职，参加活动，她留心观察了一段时间，找我谈话，让我给全国人大代表讲讲课，还建议我总结履职经验，撰写实践体会，现身说法，以更好发挥代表作用。时任全国人大常委会副委员长、民进中央主席许嘉璐先生也鼓励我试试，我表示自己也是一个新代表，没有资格做这件事，最后推辞不过，只得勉强披挂上阵。

由于这个缘故，我试着将自己第一个五年履职过程写成一本书，后来写着写着发现容量太大，就分成《怎样做人大代表》和《怎样写人大议案》，两本书于2008年分别由中国人民大学出版社与湖北人民出版社出版，被全国人大培训中心提供给代表培训使用。

提建议顺应国家大趋势

界面新闻：2003年你提出义务教育免费，为提出这项建议你做过哪些工作？

周：我是做教育史研究出身的，知道近现代我国一批教育界有识之士早就在呼吁义务教育免费，比如民国时期教育家陶行知、舒新城等人就在倡导推动此事。但那个年代条件不成熟，没有实现。中华人民共和国成立后，国家积极普及义务教育，使实行免费义务教育具备了条件。就我个人经历而言，2002年中央统战部组织我们到香港考察培训，当时香港理工大学教授给我们介绍诺贝尔经济学奖获得者、著名经济学家弗里德曼教授的政府基本公共职能理论，其中就包括提供义务教育，义务教育是纯公共产品，经费必须由政府承担，而不能由民众自己筹措。我又联想到2001年我在美国哥伦比亚大学做高级访问学者，也去了不少美国中小学实地考察，义务教育经费都是政府承担的。于是我就将这些理论和观察与中国教育实际结合起来，向人大提出实行免费义务教育的建议，主张义务教育是纯公共产品，应该由政府公共财政出钱全额承担。现在，政府公共财政理论已经成为一个常识，但那时我们许多人包括我自己并不是太清楚。

当选全国人大代表需要先到基层调研，当年我在湖北孝感考察农村教育时，发现这里有的学校跟20多年前我下放插队时差不多，这引起了我的进一步思考。

界面新闻：回顾这次建议，你认为它变成现实的关键是什么？

周：很重要的一点，我认为是建议的可操作性，实际上在此之前也有人提出过义务教育免费的建议，但都没有引起波澜，因为当时没能系统论证其合理性和可操作性，所以我在提建议的过程中，从任务书、路线图、时间表、责任人四个方面，都给出了具体操作步骤。考虑到实际情况，也提出“分类承担，分步实施”八个字作为工作推进原则。

界面新闻：这次建议对于你此后的代表工作有何启发？

周：这次建议给我的启发是，首先，要做一个有心人，善于把各方面的知识、经验联系起来，我接受的教育和在美国及我国香港地区考察的收获，共同构成了这次建议的理论基础；其次，要善于反思，总结自己建议的得失，在提建议的过程中不断学习、反思、完善自己的建议同样重要。凡是成功的建议都不是偶然的，都是有规律的，要去发现规律，运用规律。

当然还有一个最重要的原因，就是要顺应国家大趋势，因势而谋、顺势而行、乘势而上。当时国家财力增长，对教育的投入也在增加，新一届政府也希望有所作为，在这样一个历史的重要时期，我们提出这样的建议，可谓天时地利人和，虽然中间经历了一些波折，但最终落地了。后来，我提出建立国家宪法宣誓制度、制定长江保护法等，也是顺势而为的结果。

界面新闻：作为教育专家，你也提出了不少非教育领域的建议，长江保护法在你多年的呼吁之下变成现实，你是如何跨领域研究并提出建议的？

周：我并不是学法律的，一开始是学历史，后来研究教育史、教育政策，然后去政府，再后来到湖北省人大工作，分管教科文卫委员会，所以对这方面的法律知识就更熟悉一些，但本质上我并不是一个法学专家，也需要“借脑、借手”。实际上，西方的议员虽然是专职，但他们也并非对任何领域都熟悉，也有自己的助手和团队。我在2006年就组建了教育智库，代表工作、省人大工作和智库工作相辅相成，相互促进，才能提出具有一定价值，具有可操作性的建议。

20年履职经历是否有遗憾

界面新闻：除了“两会”期间，作为全国人大代表，平时你们跟政府各部门沟通吗？如何传达你们日常的声音？

周：当然有，而且我们的声音，只要具有可操作性，很快就会得到回应。我举个例子，2021年12月，我到全国人大常委会开会，正好碰到教育部部长怀进鹏同志，我向他提了两个建议。一是华中师范大学国家教育治理研究院和长江教育研究院在每年“两会”前夕，都会邀请教育界代表委员和教育界专家学者出席座谈会，我希望教育部也能安排领导出席，加强与教育界代表委员们的会前沟通，以促进工作。二是教育部每年“两会”前夕都会给代表委员寄送教育部年度工作要点、教育热点问答以及年度议案、建议选题参考，以帮助人大代表议政建言，但是文件寄到代表手上大约是2月20日，距离“两会”开始仅有十多天，希望他们能提早寄出。怀部长非常重视这两个建议，重视与代表委员的会前沟通工作，当天回部里就做了安排。果然，2022年过完春节2月9日我就收到了他们的文件。他们还安排司局领导出席我们举办的会前座谈会加强沟通，而且教育部自己也组织了一个规格空前、内容扎实的教育界代表委员座谈会，那天怀部长亲自带领全体在京相关领导及各司局负责人30余人听取10余位代表委员的意见建议，还邀请我出席。我感到这给各部委重视代表委员议案建议办理带了一个好头。

界面新闻：“两会”代表委员们的建议除了书面答复，国家部委跟你们还会有进一步沟通吗？

周：不仅是书面答复，之前我连续几年提过有关南方供暖的建议，涉及的部委就给我打电话沟通。后来我去北京，他们几个司长和副司长专门跟我见面，听取我的意见，并告诉我他们下一步工作安排。目前总体来看，很多重要的议案、建议，有关部门都是认真对待的，作出的书面答复也比以前更认真、负责，以前有些答复是几百个字，现在一般都是两三千字，有的还是四五千字长篇回应，从各个方面都做出了解释。

界面新闻：回顾20年全国人大代表履职经历，你有什么遗憾吗？

周：如果要说遗憾，可能是一些建议暂时还没有变成现实。比如我很早就一直呼吁，建议确立教师的国家公务人员地位，将其作为特殊公务员或者说教育公务员对待。经过努力，这项建议往前走了一步，2018年中央发文，确立了公办中小学教师作为国家公职人员的特殊法律地位。但是，国家公职人员并不等于公务员，两者的社会地位、政治地位、法律地位、经济地位还是有差距的。希望后来的代表们能继续努力推进。

八、与团结报记者谈履职经验①

“做好答卷，不负时代。”当记者请全国人大代表、民进湖北省委会主委周洪宇用几个词来形容过去五年的履职时光，他给出了这样的答案。“过去的五年是我20年人大代表生涯的第四个任期。”周洪宇解释说，作为“老代表”，要时刻保持勤勉认真、谦虚谨慎，不断地沉淀积累再出发，以“伏枥老骥”的精神，不负时代使命，不负人民重托，交出一份让党和人民满意的履职答卷。

自2003年当选全国人大代表以来，周洪宇平均每年都会提交20多件议案、建议。他的议案、建议不仅数量多，而且质量高，其中全国城乡中小学免除学杂费，义务教育阶段教科书免费，出台家庭教育促进法、长江保护法

① 参见团结网2022年3月16日。

等建议都已落地成为现实。

这确实是一份写满收获的履职答卷。2008 年第一次任期结束，周洪宇就出版了两本书：《怎样做人大代表》和《怎样写人大议案》。如今，第四届任期即将结束，周洪宇对人大代表的职责又有了更深刻的认识，他在这两本书的基础上，全面、系统地梳理总结了 20 年全国人大代表履职的经验和体会，重新撰写了一套丛书，为今后新代表履职提供参考。

谈及多年来的履职经验，周洪宇总结了三点：做好选题、发挥专业优势、善于借助“外脑”。做好选题至关重要，周洪宇认为，要围绕党和国家重大战略、关键问题，人民群众关心的热点难点问题来调查研究、建言献策。

同时，一定要结合本职工作，发挥专业优势。在自己熟悉、擅长的工作领域，有研究基础，情况摸得清、看得透，提出的建议才能够有针对性和可操作性。“如果仅仅是奔着热点去，很容易拾人牙慧，重复别人的观点建议，就起不到议案建议该有的作用。”周洪宇强调。

此外，还要善于借助“外脑”，个人的知识领域和视野是有限的，提出高质量的建议需要借助相关领域专家的智慧和力量。结合自身经验，周洪宇表示：“我在提出立法修法方面的议案建议时，就请教了很多法律方面的专家学者，使自己的建言能够讲得透、立得住。”

“20 年的履职生涯中，我提交了 400 多件议案、建议，”周洪宇说，“其中 7 成以上都是教育方面的。”教育一直是他最关心的领域，2022 年备受关注的《中华人民共和国家庭教育促进法》的落地，背后也有着周洪宇在 2019 年和 2020 年的持续推动。

多年来，让周洪宇印象最深刻的教育议案、建议有三件。第一件是 2003 年提出的《关于实行农村九年义务教育完全免费制的建议》，这是他当代表在“两会”上提出的第一个建议。“在时任国务院副总理温家宝到湖北代表团参加审议政府工作报告时，我亲手把建议递交上去，得到温总理的赞许和采纳，给了我莫大的鼓舞。”周洪宇回忆说。

第二件是 2008 年提出的《关于建立国家教育公务员制度的建议》，周洪宇连续多年不断完善建议内容持续进行呼吁。2018 年，国家公布的《关于全面深化新时代教师队伍建设改革的意见》明确提到“确立公办中小学教师作为国家公职人员特殊的法律地位”。这是确保广大中小学教师社会地位、经济待遇所迈出的重要一步。

第三件是 2012 年 3 月全国“两会”上提出的《关于建立国家教师荣誉制度的建议》，2012 年 9 月写入国务院文件《国务院关于加强教师队伍建设的意见》。

2022年全国“两会”，周洪宇带来了29件议案、建议。热门话题“双减”政策是周洪宇2022年的一个关注重点。周洪宇指出，“双减”政策落地之后，如何构建一个良好的教育生态，这不只是教育部门的事，也涉及文旅部、科技部等多部门的合作。他举例说，政策实施后，必须加强对非学科类培训机构的管理，这就需要多部门协作，明确准入门槛，出台相关文件，让之后的规范和惩罚有据可依。

“我们现在遇到了一个大时代、一个好时代，这个时代给无数知识分子提供了施展才华的空间和机会。”周洪宇说。

下　篇

实践案例

专题一　实行九年义务教育、中等职业教育和残疾学生教育完全免费的建议

提交背景、经过与效果

自 1986 年《中华人民共和国义务教育法》颁布以来，我国的义务教育发生了翻天覆地的变化，随着经济社会的发展和综合国力的不断增强，义务教育方面的问题，特别是农村义务教育的问题逐渐凸显，义务教育的改革势在必行。

义务教育是每个社会成员必须接受的基本教育。义务教育作为典型的公共产品，应由国家承担、政府提供。纵览世界各国，不仅发达国家普遍实行义务教育阶段免费的政策，而且不少发展中国家也实行义务教育阶段免费的政策，以我国现时的国力，完全应该也有条件对九年义务教育实行免费，在对湖北省农村义务教育进行调查的基础上，2003 年 3 月 2 日，在十届全国人大一次会议召开前夕，我应邀给《中国教育报》写了一篇题为《完全免费制应自农村始》的文章，从重要性、必要性、普遍性和可能性等角度，论述并建议国家首先从农村开始逐步实行九年义务教育完全免费制。2003 年 3 月 6 日下午，我亲手将此项建议送交来参加全国人大湖北代表团座谈的时任国务院副总理温家宝手上，得到了他的肯定。3 月 10 日，在将材料进一步修改和补充后，我将此项建议作为个人建议案——《关于实行农村九年义务教育完全免费制的建议》提交给全国人大常委会。此项建议得到与会人大代表和政协委员的普遍支持，并引起社会各界的强烈反响，被中青网网友评为 2003 年“‘两会’十大最受关注议（提）案”之首。2003 年 7 月，财政部在《对十届全国人大一次会议第 966 号议案（转建议）的答复》（财办教〔2003〕59 号）中表示，“我国目前仍然是发展中国家，人口众多，财力相对薄弱……实行免费义务教育的条件尚不成熟”。尽管如此，我没有气馁，在 2004 年 3 月十届全国人大二次会议上，我再次向全国人大常委会提交《关于农村教育工作的十点建议》，呼吁实行农村义务教育免费。此后，我连续撰写并发表了《农村九年义务教育应免费》《农村教育：最大的扶贫工程》，呼吁国家加大教育投入，并建立以财政拨款为主的农村义务教育财政体制，在农村实行义务教育完全免费制，免除学费、杂费，免费提供教科书。2005 年 3 月，温总理在其政府工作报告中公布，从 2005 年起，免除国家扶贫开发工作重点县农村义务

教育阶段贫困家庭学生的书本费、杂费，并补助寄宿学生生活费；到2007年在全国农村普遍实行这一政策，使贫困家庭的孩子都能上学读书，完成义务教育。在2005年3月十届全国人大三次会议期间，我进一步提出《关于农村九年义务教育应免费的再建议》，希望在“两免一补”的基础上，再往前推进，扩大到对整个农村地区义务教育阶段学生实行学杂费和教科书免费。

2005年11月，教育部首次发布《中国全民教育国家报告》，报告明确提出免费义务教育的时间表，2007年在全国农村普遍实行“两免一补”政策，2010年实行全国农村义务教育完全免费，到2015年，全国将普遍实行免费义务教育。我一方面为国家开始启动免费义务教育的进程而感到欢欣鼓舞，另一方面又对教育部提出的免费义务教育时间表持保留态度。在对义务教育进行深入调研的基础上，我对实行免费义务教育所需的财政经费进行了测算，认为以我国现有的国力，完全可以承担这笔财政支出。因此我在2006年3月十届全国人大四次会议期间又提出《关于“十一五”期间全国实行义务教育全免费的建议》，建议国家修改义务教育全免费的时间表，步子迈得更快一点，即到2007年前后在农村全面实施免费义务教育，到2010年前实施包括城市在内的全国范围内的免费义务教育。教育部在《对十届全国人大四次会议第6745号建议的答复》（教建议〔2006〕第265号）中表示，“代表们提出的将实行义务教育全免费的时间提前到2010年的建议很好……将会同有关部门认真研究”。教育主管部门的积极答复给了我极大的鼓舞。在2007年3月十届全国人大五次会议期间，我继续提出《关于进一步推进义务教育全免费的建议》，建议将义务教育免费时间提前，拓宽义务教育全免费的内涵，在“两免一补”的基础上，还应免除教科书费，进一步扩大义务教育免费的范围，逐步在全国普遍实施义务教育全免费。2007年，国家正式启动对农村义务教育阶段所有学生免教科书费的政策。自2008年秋季学期起，我国已实现全面免除城市义务教育学杂费。这标志着我国形成城乡统筹的义务教育普惠制度，是我国这个发展中大国教育史上的又一座里程碑。

在义务教育免费实现之后，我经常思考这样一个问题：免费教育如何深入？即如何进一步让政府的阳光惠及更多的学生，推动教育的改革与发展，为国家培养更多适应经济社会发展需要的人才？通过实地调研和走访交流，我认为，根据世界教育发展的现状与趋势，以及中国的现有国情和教情，当前，还是应该尽快实施农村中等职业教育免费，这既是重要的和必要的，又是紧迫的，同时也是可行的。农村中等职业教育主要是为国家培养具有一定知识素养和劳动技能的初级应用人才，是可以直接为经济建设，特别是农村经济建设服务的，属于我们现在迫切需要发展的一种教育。同时，它也是在当前我国整个教育结构和体系中，发展最为薄弱，最为欠缺，也最需支持的一种教育类型。因此有必要采取倾斜政策，采取超常规发展措施。实行农村中等职业教育免费，可以较快地带动中等职业教育的发展，直接促进农村经济社会的发展，满足社会的迫切需要。因此在2009年3月召开的十一届全国人大二次会议上，我提出了《关于实施农村中等职业教育免费的建议》，建议由中央和地方按照一定比例分类承担所需经费，并由点到面，分步实施。教育部在《对十一届全国人大二次会议第8256号建议的答复》中表示，“中等职业教育免费工作经费分担、实施步骤等有关问题，都是制定中等职业教育免费政策的关键问题。在制定中等职业教育免费政策的过程中，我们会对你们的建议进行认真研究并充分吸收，把中等职业教育免费的这项好政策落实好”。2016年，我国中等职业教育免费已达到90%，二十几个省份已全部实现中职免费。“十三五”期间，教育部坚持把职业教育作为教育综合改革的突破口，扎实推进各项工作，在健全办学体制、完善育人机制、提升内涵质量、增强服务能力、建设“双师型”教师队伍、建成世界规模最大的职业教育体系等方面取得了可喜成绩。

随着我国改革开放的逐步深入，我国经济实力和综合国力得到了进一步增强。中共十八届五中全会提出了创新、协调、绿色、开放、共享的五大发展理念。在国家财力能够提供较好的支撑前提下，让全民享受更加公平、更加均衡、更高质量的教育，共享发展成果，我在2016年全国“两会”上提出了“实行高中阶段教育免费”“实行义务教育‘免费午餐计划’”“实施‘0～6岁启明星免费阅读行动’”的“新三免”。在2016年3月6日“两会”期间审议李克强总理的政府工作报告时，我再次当面向来湖北代表团听取意见的分管教科文卫工作的刘延东副总理提出这一建议。第一免是实施“0～6岁启明星免费阅读行动”。我国儿童阅读问题不少，农村儿童阅读尤其令人担忧。0～6岁儿童是人生成长最关键的时期，犹如清晨出现于东方地平线上的启明星，意味着儿童的人生由此起步。我提出向全国0～6岁城乡儿童分步免费提供阅读包，采取不同方式发放阅读包，由政府主导研制分级阅读标准，搭建网络平台，组建网络阅读指导教师队伍，使城乡孩子线上线下牵手一起阅读。第二免是实行义务教育学生“免费午餐计划”，把目前实施的“营养改善计划”提升为“免费午餐计划”。第三免是逐步实行高中阶段教育免费。首先在集中连片贫困地区实施免费高中阶段教育，然后在农村地区实施免费高中阶段教育，最后在城市分级启动高中阶段免费教育。提出“新三免”，是基于深入贯彻落实五大发展理念尤其是开展教育精准扶贫的现实需要，基于国家此前已有很好的工作基础，基于满足人民群众需要的强烈期盼，基于学前教育、义务教育和高中教育发展的内在需要，基于国际教育发展的普遍做法，同样也是基于国家的现实财力所能提供的可能，是在具有充分的科学性和可行性条件下提出的。“新三免”和“老三免”一样，是基于社会现实需要、国家财力允许和人民群众期盼基础上的建言，两者有着一脉相承的联系。

“新三免”的提出，引起了公众的热烈反响和媒体的广泛关注。教育部在建议答复意见中也给予了积极正面的肯定意见。这充分说明了从国家层面到社会公众层面都对教育问题予以高度关注，对不断推进国家教育事业公平均衡优质发展的不懈追求。在这里，我想强调的是，免费是体现教育作为公益性事业的一个特征，但绝不是教育政策的全部。教育不能一味简单地追求“免费”，教育也不是免费越多越好，需要根据现实的情况来定。倘若将不该免的也免了，那不是教育的幸事而是教育的误区。教育改革是一个复杂的系统性问题，没有万能钥匙，也不可能一劳永逸，需要广大关注关心教育的同仁们持续加强调查研究，为促进教育公平均衡优质发展，让每个人都能够获得好的教育，享有人生出彩的机会。

系列建议案

案例一

关于实行农村九年义务教育完全免费制的建议（2003 年）

案由

九年义务教育是每个社会成员均须接受的基本教育。它作为典型的公共产品，必须由国家承担、政府提供。公民有义务把学龄子女送到学校去接受教育，国家更有义务担负义务教育的全部费用。一般来说，实行九年义务教育完全免费制，即对小学阶段和初中阶段的学生免收学费、杂费，同时免费提供给学生教科书，并补贴贫困生伙食费。西方发达国家早已实施义务教育完全免费制，且效果显著。日本在战败后经济受重创的情况下，仍于 1947 年实施免费义务教育；从 1963 年起，对国立、公立和私立的义务教育阶段的全体学生免费提供教科书，此后免费给学生供应教科书的范围逐步扩大；1969年起，实施完全免费的义务教育，从小学一年级到初中，全体学生所用的教科书免费供应，一些地方还为学生提供学习用品和交通补助费等。美国的大多数州不仅对接受义务教育的学生，而且对非义务教育阶段的高中生，也免费提供教科书。朝鲜、古巴等发展中国家也是如此。如果说过去“义务教育不义务”，主要还是由于我国的经济较落后，条件不具备，那么，随着近20年来我国改革开放进程的加快，经济的迅速发展，经济实力的不断增强，我国实施九年义务教育完全免费制，已具备一定的条件和基础，特别是在不久的将来，财政性教育经费达到国内生产总值的4%左右时，国家更是应该而且有可能实施九年义务教育完全免费制。因此，不论是从理论上还是从实际上，从历史还是从现实，从国外还是从国内来说，我国实行九年义务教育完全免费制都具有必要性、必然性、现实性和可能性。

案据

之所以建议从农村开始首先实行九年义务教育免费制，主要基于以下理由。

第一，中国是个农业大国，农村人口达到7.96亿，占全国总人口的62.3%，义务教育阶段农村在校生占全国在校生的绝大多数。今天农村在校生的受教育条件已有很大改观，这是不可否认的，但他们仍是我们这个人口大国、教育大国亟须特别关注和关心的最大的学生群体。农村教育是中国教育现代化的重中之重、难中之难。农村教育问题解决得如何，直接关系到中国教育现代化的成败。

第二，农民也是中国的公民，他们与城市居民一道，共同参与并推动了中国20多年来改革开放的现代化进程，他们也理应与城市居民一样享受改革开放的成果。国家不但不能重城市、轻农村，重市民、轻农民，反而应该因为过去实行的有关城乡政策所导致的事实上的不公平，给予农村和农民更多的补偿。

第三，欠发达地区经济实力薄弱，国家扶贫开发工作重点县（简称国家级贫困县）的教育财政支出更是捉襟见肘，难以满足日益发展的教育需求，加上“普九”欠债过多，非国家予以重点倾斜和照顾，实难以继续维持下去。长期以来，我国各级各类学校教育经费总投入中义务教育阶段所占比例过低，义务教育阶段在校生合计1.93亿人，占各级各类学校在校生总数的78%，但义务教育经费投入占总投入的比例始终低于60%，而农村义务教育投入占总投入比重近年来还不足30%，这样的经费投入比例显然是不合理的。而且，在农村义务教育总投入中，政府财政拨款所占比例也不高。尽管近年来中央教育财政转移支付向农村义务教育倾斜有所增加，但最高也只达到64.9%，还有相当部分的经费是通过农村教育费附加、教育集资、学杂费等非政府渠道来筹集的。尤其是目前农村地区实行的税费改革，客观上使义务教育投入面临更大的短缺。农村税费改革是党中央、国务院为切实减轻农民负担、规范农村税费制度，从根本上治理农村各种乱收费、乱集资、乱摊派，保护和调动广大农民积极性而作出的一项重大决策。从其实行的情况来看，农民的负担确实减轻了，但它却直接冲击了农村的义务教育。过去可以征收的农村教育费附加和教育集资，费改税后被取消。下面不许收，上面给的又不够，使原本就缺口较大、基础较弱的农村义务教育实行起来难上加难。参加此次全国人民代表大会之前，我们调研农村中小学办学情况时了解到，为了省电省钱，即使天色很暗，学校也常常不开灯，学生视力受到一定影响。还有的学校为了节省开支连试卷也不印发，学生很少做习题练习，学习用品奇缺。有的学校连教师用的粉笔、墨水也向小卖部赊买。

第四，在农村首先实行九年义务教育完全免费制具有一定可能性。目前，义务教育阶段在校生合计约1.93亿人，参照农村人口占全国总人口70%计算，农村在校生约1.3亿人。按小学生约为初中生人数的两倍计算，农村小学生约为0.85亿人，初中生约为0.45亿人。按人均GDP与生均财政经费比例的国际平均数计算，小学每年每生需500元，初中每年每生需1 000元，两者合计约875亿元。如从国家级贫困县开始实行义务教育完全免费制，贫困县592个，农村人口1.98亿，约3 000万学生。其中2 000万小学生，生均500元，需约100亿元；1 000万初中生，生均约1 000元，也需约100亿元，两者合计约200亿元（全国政协义务教育课题组调研结果需约105亿元）。因此，无论是200亿元，还是105亿元，国家目前都是有能力首先从农村（特别是最贫困、最急需的国家级贫困县）开始实行义务教育完全免费制的。

建议

第一，分清责任，规范制度。农村义务教育是国家的责任，必须由政府提供，不能搞所谓的“人民教育人民办”。应尽快建立规范的义务教育财政转移支付制度，修改《中华人民共和国义务教育法》，或制定“中华人民共和国义务教育投入法”，明确中央、省、地（市）、县各级政府对义务教育的财政承担责任和比例，使义务教育经费投入规范化、制度化、法律化，确保义务教育经费投入有稳定来源。同时，在朱镕基总理所作的政府工作报告中，在“对农村义务教育实行在国务院领导下，由地方政府负责，分级管理，以县为主的新体制”等文字中，加上“由中央和地方政府负责，分类承担，分级管理，以省为主的新体制”等字，使农村义务教育的责任更明确。所谓“分类承担”，即根据中国经济、社会、文化发展不平衡的基本国情，现有的592个国家级贫困县，应由中央政府拿钱全部承担；欠发达的地区（包括省级贫困县）则主要由省里拿钱承担（中央也应适当予以补助）；发达的地区，可由市县自己承担，因为当地政府有这个能力。

第二，分步实施，逐步推开。此次工作可由易到难，先点后面。先从边远少数民族地区着手，再逐步向内陆延伸；从中西部地区592个国家级贫困县启动，再向东部地区扩展；从农村小学阶段做起，再扩大到初中阶段。这样，在财力上中央和地方政府还是可以承担的。此事最好从2003年开始选点试验，有条件的先做，没有条件的创造条件做，争取三五年内取得明显成效。一句话，就是要从中国国情出发，因地制宜，分类承担，分步实施，不搞“一刀切”、不赶“一窝蜂”。我认为，如果此项工作能真正开展，将是新一届政府所做的一项民心工程、德政工程，一项功德无量的事业，一件具有里程碑意义的大事！

案例二

关于农村教育工作的十点建议（2004年）

案由

党的十六大提出的全面建设小康社会的奋斗目标，重点和难点都在农村，特别是贫困落后地区的农村。农村教育是促进农村经济和社会发展的基础，是全面建设小康社会的重要保证。当前，加强农村教育工作，大力发展农村教育具有现实性和紧迫性。

建议

一、把农村教育作为最大的扶贫工程和全面建设小康社会的基础工程来抓

近几十年来我国农村教育事业得到了极大的发展，但是从整体上看农村教育仍然比较薄弱，城乡之间的教育差距还比较大，而且这种差距还有进一

步拉大的趋势。农村教育的落后状况虽然有客观原因（如农村经济社会发展落后等），但也和我们长期以来对农村的发展重视不够有一定关系。教育的迟效性也使得不少地方党政领导更注重经济发展而不是农村教育。实现农村教育的新发展，还需要我们进一步的重视。

经济发展的实践表明，教育是扶贫的最佳手段和根本途径，大力发展教育是减少和改变贫困和地区发展不均衡的关键。农村教育不发展，不仅直接损害农民的利益，也必将对党的十六大确定的全面建设小康社会的奋斗目标能否顺利实现产生重大影响。因此，国家应把农村教育作为当前最大的扶贫工程和全面建设小康社会的基础工程来抓，切实抓紧抓好。

二、加强对农村教育的领导，强化政府行为

发展农村教育既是中央政府的责任，也是地方政府的责任。不仅教育内部要整合资源、协力推进，教育外部也要确立有利于农村教育发展的机制；不仅基层要统筹、“综合”，县以上政府也要统筹、“综合”。为此，建议进一步加强对农村教育工作的领导，由国务院成立农村教育工作领导小组，由分管教育的领导牵头，教育部、财政部、农业部、科技部等相关部门的领导同志参加，每年定期研究农村教育工作，就农村教育发展的重大事项进行协商、协调和决策。同时，教育部也要成立一个“三教统筹”的机构，做好教育内部的协调工作。省以下各级地方党政领导一把手应高度重视农村教育，切实把这项工作变成政府行为。

三、转变教育观念，重新定位农村教育的发展目标和办学方向

我国农村社会和教育发展的现实基础之一是城乡二元结构。由于我国现有的社会和教育发展政策主要是针对城市的，大多数农村人口不可能通过接受教育进入城市，因此农村教育发展不能套用城市教育发展的模式，应当采用适应农村发展的、和农村经济社会发展紧密结合的整体发展模式。为适应新世纪农村的发展，促进传统农业社会向现代农业社会的转型，今后农村教育发展应以“建设学习型的农村社会”为长远的和总体的发展目标。

在这一长远的和总体的发展目标之下，我们还应对农村教育发展的若干具体目标和办学方向进行重新审视。农村教育的目标应从提高农村人口的农作技能转向培养全面发展的、适应现代化大农业需要的人才，为人的全面发展、终身发展、创业能力的形成服务；农村教育的模式应从传统的分流教育、早期定向教育转向为学生全面发展奠基的素质教育。在完成九年义务教育的

前提下，针对学生发展的实际需要，开设地方课程和校本课程，重视培养学生的素质和能力，为农村劳动力的转移和从事第二、第三产业打好基础。在坚持“农科教”结合的同时，进一步发展符合时代特征的“经科教文”结合。从“三教统筹”发展到依托基础教育，共享各类教育资源，实行“一校多牌、一校多教”，充分利用现有教育资源为全民教育、终身学习服务。

四、国家加大投入，并建立以财政拨款为主的农村义务教育财政体制

目前我国在教育经费投入方面的主要问题，一是投入总量偏低，二是投入结构不合理。2001年我国财政性教育经费支出只占到国民生产总值的3%左右，而且投入明显偏重于城市教育和高等教育，致使农村基础教育得不到有力的经费保障。应进一步增加财政性教育经费支出的比重，近两年内力争达到占国民生产总值的4%的目标。同时，要强化政府对义务教育经费投入的主渠道作用，确立义务教育财政拨款在公共财政中的优先地位，优化投入结构，重点投入基础教育，确保基础教育经费的增长。

建立规范的基础教育财政逐级转移支付制度，明确各级政府的基础教育财政责任。中央政府和省级政府掌握了较大的财力，是转移支付的主体。国家可根据一定的规则，科学地计算生均义务教育经费定额标准，县财政负担不足的部分由省财政补足，省财政负担不足的部分由中央财政补足。国家财政应重点加强对农村教育特别是中西部地区农村教育的转移支付。

五、尽快实行农村义务教育完全免费制

实行农村义务教育完全免费制是指对农村小学和初中阶段的学生免收学费、杂费，同时还免费提供教科书和补助贫困生伙食费等。当前实行农村义务教育完全免费制具有紧迫性、现实性和可行性。原因有以下五个方面。

第一，义务教育是典型的公共产品，必须由国家承担、政府提供。公民有义务把学龄子女送到学校接受教育，国家有义务承担义务教育的全部费用。西方发达国家早已实行义务教育完全免费制，且效果显著。发展中国家，如朝鲜、古巴等也已实行免费义务教育。如果说过去“义务教育不义务”，主要还是由于我国经济较落后、条件不具备，那么随着20多年来我国改革开放进程的加快，经济的迅速发展，经济实力的不断增强，我国实行九年义务教育完全免费制，已具备一定的基础和条件，国家有必要也有可能开始实行义务教育完全免费制。

第二，中国是个农业大国，农村人口现为7.96亿，占全国总人口的

62.3%，义务教育阶段农村在校生占全国在校生的多数，他们是当前需要特别关注和关心的最大的学生群体。农村教育是中国教育现代化和全面建设小康社会的重中之重、难中之难，农村教育问题解决得如何，直接关系到中国教育现代化的成败和全面建设小康社会能否顺利实现。

第三，农民也是中国的公民，他们与城市居民一道，共同参与并推动了中国20多年来改革开放的发展。国家不能重城市、轻农村，重市民、轻农民，反而应该为过去实行的有关城乡政策所导致的事实上的不公平，给予农村和农民更多的补偿。

第四，欠发达地区经济实力薄弱，国家扶贫开发工作重点县的教育财政支出更是捉襟见肘，难以满足日益发展的教育需求，加上“普九”欠债过多，非国家予以重点倾斜和照顾，实难以继续维持下去。长期以来，我国各级各类学校教育经费总投入中义务教育阶段所占比例过低，义务教育阶段在校生合计1.93亿人，占各级各类学校在校生总数的78%，但义务教育经费投入占总投入的比例始终低于60%，而农村义务教育投入占总投入比重近年来还不足30%，这样的经费投入比例显然是不合理的。而且在农村义务教育总投入中，政府财政拨款所占比例也不高。尽管近年来中央教育财政转移支付向农村义务教育倾斜有所增加，但最高也只达到64.9%。尤其是目前农村地区实行的税费改革虽然减轻了农民负担，但也使过去可以征收的农村教育费附加和教育集资等经费没有了，从而使农村义务教育失去了这部分经费来源，客观上使农村义务教育投入面临更大的短缺。

第五，在农村首先实行九年义务完全免费制具有一定可能性。目前义务教育阶段在校生合计约1.93亿人，参照农村人口占全国总人口70%计算，农村在校生约1.3亿人。按小学生人数约为初中生人数的两倍计算，农村小学生约为0.85亿人，初中生约为0.45亿人，按人均GDP与生均财政经费比例的国际平均数计算，小学生每年每生500元，初中生每年每生1 000元，两者合约875亿元。如从国家扶贫开发工作重点县开始实行义务教育免费制，重点贫困县592个，农村人口1.98亿，约3 000万学生。其中约2 000万小学生，生均500元，需约100亿元；约1 000万初中生，生均约1 000元，也需约100亿元，两者合计约200亿元（全国政协义务教育课题调研结果需约105亿元）。因此，无论是200亿元，还是105亿元，国家目前都是有能力首先从农村（特别是最贫困、最急需的国家级贫困县）开始实行义务教育完全免费制的。

具体建议：一是分清责任、分类承担。农村义务教育是国家的责任，必须由政府提供。应明确各级政府的财政责任。分类承担，就是根据中国经济、社会和文化发展不平衡的基本国情，对已有的592个国家扶贫开发工作重点县，应由中央政府拿钱全部承担；对欠发达地区（包括省级贫困县）则主要由省里拿钱承担（中央适当补助）；对发达地区可由县市自己承担，因为当地政府有这个能力。二是分步实施，逐步推展。此项工作可先易后难，先点后面，分步实施。从边远少数民族地区再到内陆地区；从中西部地区592个国家级贫困县再到东部地区；从小学阶段再到初中阶段。这样，在财力上中央和地方政府还是可以承担的。此事最好从2004年开始选点试验，有条件的先做，没有条件的创造条件做，力争在三五年内取得明显成效。总之，因地制宜，分类承担，分步实施，不搞“一刀切”、不赶“一窝蜂”。

六、多渠道筹措农村教育经费

义务教育属于纯公共产品性质，政府应当全部承担办学经费，但是为了更快地发展义务教育，也不应当排除社会资金的进入。义务教育阶段以上的各种教育属于准公共产品性质，政府和私人理应共同承担经费。鉴于我国“穷国办大教育”的现实，吸引社会资金进入农村教育意义重大。在社会资源配置日益市场化的当今，应当充分运用市场手段来筹集教育资源。

具体建议：一是建立政策性的教育银行，通过贷款、投资、担保、补贴、贴现等资金运作方式来保障教育金融业务的顺利开展，这样既有利于保证教育政策性金融资金的筹集，又有利于教育政策性金融资金的运用，充分发挥政策性金融手段在教育融资中的作用；二是发行教育彩票，广泛吸收社会资金，将所筹得的资金“切块”，定向用于农村教育；三是以国家投入为基础，建立全国性教育发展基金；四是运用产业政策优惠、税收减免等手段，鼓励社会捐资农村教育；五是设立教育税，用于农村义务教育发展。在我国义务教育经费来源中，教育费附加是仅次于财政拨款的第二大经费来源。改费为税具有理论和现实可行性。改教育费附加为教育税后，要适当改变计税依据，即按产品销售收入、营业收入为依据，实行0.1%～0.3%的税率。另外，可以高收入者和受过高等教育者为对象开征教育税，建议税率为5%左右。依照现行税制，教育税由地方税务局征收，但要建立中央和地方的合适分摊比例。收取的教育税当前应主要用于农村义务教育，以增加国家对农村义务教育的投入。

七、设立中小学助学金和“教育代用券”，确保农村学生就学

为进一步解决农村中小学贫困生的就学问题，应建立农村中小学贫困生助学金制度。国家和省级政府应设立专项资金用于资助农村中小学生贫困生，建立助学的标准、助学金发放的资格和程序、助学金的使用和监督等有关制度；地、市、县和基层政府、学校也应制定自己的助学措施。从中央到地方建立起资助农村中小学贫困生的助学体系。

另外，建议改变义务教育财政拨款方式，将义务教育经费的一部分改为“教育代用券”的形式发放给农村贫困学生。具体办法是：政府将部分教育拨款以“教育代用券”的形式按人头一次性直接拨给农村贫困学生，以帮助他们完成义务教育。其具体数额由政府根据当时的经济发展状况和义务教育的经费标准，并综合考虑其他因素来定。“教育代用券”可以送交任何一个教育机构，不受时间、地点、学校所有制形式、学校类型的限制，从而保证农村贫困学生不会因随父母流动而失去接受义务教育的机会。“教育代用券”在国家统一监督下使用，由地方教育行政部门发放，政府根据学生所得“教育代用券”数量拨付相应的经费。

八、建立和完善农村教育发展的法律保障机制

义务教育特别是农村义务教育具有强制性、免费性、公共性的特点，需要运用法律对其进行规范和保障。目前我国关于农村教育的立法还只能见诸教育法、义务教育法等综合性法律中的笼统性的规定，远远不能适应农村教育发展的需要。建议我国制定专门的“农村教育法”，以保证农村教育的优先发展。

农村义务教育的投入也应通过专门性的法律法规来规范和保障。我国现行的教育法律法规对教育财政的规定很不具体，应修订现行有关教育法规和财政法规中有关教育财政的条款，尽早制定“教育投入法”或“义务教育投入法”，明确政府的教育财政责任，使教育经费的筹集、负担、分配、使用有法可依。

九、加快发展农村远程教育，实现农村教育的超常规发展

实现农村教育的超常规发展，必须实现教育手段和方式的创新。应当充分借助信息技术和网络的力量，用信息化推动农村教育的现代化。为此，我国应尽快制订规划，在农村学校开展并逐步普及计算机教育。大力发展远程

教育，在每所农村中学设立一个远程教育站。分步实施，建立起全国范围的农村教育网，使网络教学覆盖农村，广大农村都实现网络化，让偏僻农村的孩子和城里的孩子一样在网上“漫游”，真正做到“网络面前人人平等”。同时，国家应组织力量，建立师资、教材、教学资料等网络教育的资源库。

十、建立“城乡教育共同体”，促进义务教育区域性均衡发展

从传统的“结对子”、对口扶持薄弱学校的做法进一步走向建立“城乡教育共同体”。其基本形式是城区和农村的中小学分别建立相互对应、相对固定的实体。城区学校的校长和农村学校的校长分别为共同体的第一、第二责任人，教育局领导和各科室负责人分别同各学校共同体建立密切联系，在城乡学校、教育局之间形成“理念共享、资源共享、方法共享、成果共享”的共同体关系。核心内容包括：师资配备一体化、督导评估一体化、学校管理一体化等。

案例三

关于“十一五”期间全国实行义务教育全免费的建议（2006 年）

案由

2006 年 2 月 25 日，备受关注的义务教育法修订草案首次提请十届全国人大常委会第二十次会议审议。草案对义务教育法作出部分修改和补充，涉及义务教育经费保障、资源配置、学校安全、教育收费等方面的内容。其中义务教育的经费保障问题尤为引人关注。草案规定，义务教育经费投入，实行国务院和地方各级政府根据职责共同负担，省、自治区、直辖市政府负责统筹落实的体制。在义务教育经费保障提出明确目标的基础上，规定对在公办学校接受义务教育的适龄儿童、少年，不得收取学费，并逐步免收杂费。同时规定向学生发放教科书以外的其他书籍、资料，不得收费等。草案还规定，县级政府教育主管部门预算向农村学校和城区薄弱学校倾斜。草案的修订，再次引起了人们对义务教育全免费（即免学费、杂费、教科书费，补助贫困生伙食费。本人将之简称为“三免一补”）的憧憬。

2005 年 3 月 5 日，温家宝总理在十届全国人大三次会议上所作的政府工作报告中宣布，从当年起，免除国家扶贫开发工作重点县农村义务教育阶段贫困家庭学生的书本费、杂费，并补助寄宿学生生活费，即“两免一补”。这意味着中国 592 个国家级贫困县约 1 400 万农村贫困家庭的中小学生将可以享受国家提供的全免费义务教育；到 2007 年将在全国农村普遍实行这一政策。免费义务教育开始正式起步。

2005 年 11 月 10 日，教育部负责人在答记者问时明确表示，在拟定的“十一五”规划中规定，2010 年农村地区实行免费的义务教育，2015 年全国普遍实行免费义务教育。

2005 年 11 月 28 日和 2005 年 12 月 1 日，国务院总理温家宝先后在联合国教科文组织第五届全民教育高层会议上和接受法国《费加罗报》记者采访时表示，从 2006 年开始，中国将用两年时间在农村全面免除义务教育阶段的学杂费。这对今后各地实施免费义务教育是一个极大的鼓舞和推动。然而，仔细品味，就会发现教育部负责人的观点与温总理的表态是有出入的。

本人通过深入研究发现，如果按照温总理的说法，从 2006 年开始，中国将用两年时间在农村全面免除义务教育阶段的学杂费。那么，我国义务教育全免费应有新时间表，中央的步子应该而且也能够更快一点，即到 2007 年左右在农村全面实施免费义务教育，到 2010 年左右开始实施包括城市在内的全国范围内的免费义务教育。也就是说，在“十一五”期间全面实施义务教育全免费。

案据

一、提前实行义务教育全免费的必要性和紧迫性

在倡导教育公平、构建和谐社会的大背景下，义务教育特别是农村义务教育免费问题近几年一直是社会各界讨论的热门话题，从政府部门、“两会”代表、新闻媒体到学者专家、普通民众，都对此问题予以高度重视。时值义务教育法修改在热烈讨论，即将提交全国人大常委会审议的关键时刻，有必要以此为契机，推进义务教育全免费制度的实施。

从 1986 年中国颁布义务教育法起，中国推进普及九年义务教育已有 20 年。但 20 年光阴，中国农村义务教育虽有所改善，却一直走不出“贫困”的阴影，改善还非常有限，最大的问题就是没有实施全面的免费教育。义务教育是典型的纯公共产品，是每个社会成员均须接受的基本教育，是国家的责任，教育经费必须由国家承担、政府提供。公民有义务把学龄子女送到学校去接受教育，政府更有义务担负义务教育的全部费用。

政府没有加大教育投入，没有实行全免费义务教育，最直接的后果是义务教育特别是农村的义务教育的实施得不到经费保障，学生因为贫困失学，

学校乱收费现象严重，学校容易通过乱收费将经费不足的问题转嫁到学生家庭身上，使教育质量得不到保障，人口素质得不到迅速提高。国家教育督导团在2006年2月23日首次发布的《国家教育督导报告2005》中指出：全国尚有113个县（区）的小学、142个县（区）的初中生均预算内公用经费为零。教育财政拨款为零的县（区），85%以上集中在中西部地区。国家教育督导团办公室主任郑富芝介绍，预算内公用经费为零超过10个县以上的省、区有5个，分别是江苏、河南、河北、陕西和广西。

全国政协委员、中央党校教授王瑞璞在2005年接受记者采访时表示：按照现在九年义务教育的要求，农村辍学率要求不到3%，但根据他的调查，现在真实的辍学率已经达到7%。情况表明，在中国农村，教育经费所占家庭支出的比重非常高。王瑞璞说："好多农民已经脱贫了，但是一旦一个孩子考上了中学，特别是上了大学，基本上又重新返贫。"他为记者算了一笔账，现在农民一年实际可支配的现金收入大概是2 000元，在农村供一个中学生一年大概要800元，两个学生就是1 600元，大多数农民是无论如何也负担不起的。

亚洲开发银行经济学家汤敏表示，现在应该考虑将义务教育逐步过渡到全部由政府承担了。汤敏认为，对农村义务教育实行免费，相当于是通过减少农民支出而增加农民收入。以每年农民可减少100亿～400亿元教育负担来计算，等同于增加农民平均收入0.5到2个百分点，其效果不亚于减免农业税。

从国际上看，据亚洲开发银行的报告说，全球190多个国家中有170多个国家已经实现了免费的义务教育，除了发达国家以外，亚洲绝大部分国家，包括人均GDP只有中国三分之一的老挝、柬埔寨、孟加拉国、尼泊尔等国都实行了免费义务教育。从可能性分析，中国完全具备这样的国力与财政能力。

因此，尽快实行全免费的义务教育是维护最广大人民根本利益的要求，是建设社会主义新农村的要求，也是贯彻科学发展观的体现。而且，如果我国的义务教育在未来几年不能尽快实行全免费，与我国的国际地位、尊师重教的传统以及正在崛起的负责任的大国形象是不相称的。因此，在实行免费义务教育大势所趋的情形下，本人希望中央的步子能够更快一些。但问题在于，提前全面实行义务教育全免费的时机成熟了吗？要回答这个问题，必须弄清两个问题：一是国家财政是否具有保障全免费义务教育实现的财力，二是怎样落实和实施。

二、提前实行义务教育全免费的可行性

一直以来，"政府财力有限拿不出那么多钱"是实行全部免费义务教育的

惯性结论。本人经过仔细的推算认为，随着近年来我国经济的迅速发展，国家财力的不断增强，我国提前实施九年义务教育全免费，即2007年农村普遍实行义务教育全免费，2010年全国普遍实行义务教育全免费，已具备充分的条件和基础。关键不在财力，而在认识和决断。

或许有人会问，根据何在？国家是否具备实行农村乃至全国义务教育全免费的财力呢？

我们先来看看，为农村义务教育全免费埋单，到底需要多少钱？目前，在农村义务教育全免费的费用测算上出现了多个版本。第一个版本来自本人2003年3月研究的结果（参见《人民日报》2003年3月28日拙文《农村九年义务教育应免费》，该文发表前已作为议案于同年3月10日向十届全国人大一次会议提交），每年用于农村学生义务教育阶段的经费是675亿元（其实应是“875亿元”，拙文发表时由于排版错误而成“675亿元”，后为多家引用，以致以讹传讹）。本人当年是与湖北省教育厅厅长、数学家路钢教授共同研究后才决定采用人均GDP与生均财政经费比例的国际平均数作为标准，计算所需经费，应该说这个标准是比较高的。2003年，全国义务教育阶段在校生合计约1.93亿人，参照农村人口占全国总人口70%计算，农村在校生约1.3亿人。按小学生通常为初中生人数的两倍计算，农村小学生约为0.85亿人，初中生约为0.45亿人。以人均GDP与生均财政经费比例的国际平均数为标准算，小学生每年每生大约需500元，初中生每年每生大约需1 000元，两者合计约875亿元。如从国家级贫困县开始实行义务教育全免费，贫困县592个，农村人口1.98亿，约3 000万学生。其中2 000万小学生，生均500元，需约100亿元；1 000万初中生，生均约1 000元，也需约100亿元，两者合计约200亿元。最近本人研究的结果是，如按近年来我国各省实施“两免一补”经费数的平均数计算，如对农村义务教育阶段学生实行免费，只需465亿元左右，不需875亿元。如只是对592个国家级贫困县义务教育阶段的贫困生实行免费，只需110亿元左右，不需200亿元。第二个版本来自稍后国家统计局的计算结果：农村义务教育学杂费负担为865亿元。第三个版本来自农业部软科学委员会：政府一年需要的财政投入大致为688亿元。第四个版本是亚洲开发银行得出的结论：农民每年义务教育负担为210亿元。本人认为，亚洲开发银行得出的结论显然偏低太多，但无论是本人2003年计算的875亿元/年或2006年计算的465亿元/年，还是国家统计局计算的865亿元/年，或是农业部软科学委员会计算的688亿元/年，按照目前我国每年至少2万亿元的财政收入，其所占比例并不大。

那么，如果全国普遍实行义务教育全免费，政府又需要拿出多少钱呢？本人推算认为，2005 年，我国国内生产总值约为 182 321 亿元，人均国内生产总值约为 14 024 元。2005 年，我国义务教育阶段在校生合计约 17 316 万人，小学在校生约为 10 846 万人，初中在校生约为 6 470 万人。如按近年来我国各省实施“两免一补”经费数的平均数计算，小学每年每生需 300 元，初中每年每生需 500 元，两者合计约为 648. 9 亿元。以 2004 年国家财政性教育经费占国内生产总值的 3. 41%为基数计算，2005 年国家财政性教育经费总支出应该在 6 217 亿元左右，用于免费义务教育的经费只占国家财政性教育经费总支出的 10. 44%左右；如按国家财政性教育经费占国内生产总值的 4%计算，2005 年国家财政性教育经费支出应该是 7 292. 8 亿元左右，用于免费义务教育的经费只占国家财政性教育经费总支出的 8. 9%左右。

2006 年，按照新调整的 9. 9% 的年增长率计算，国内生产总值约为 200 370. 78 亿元（根据一般规律，实际数字肯定比这大），人均国内生产总值约为 15 413 元。根据近年学龄人口的基本走势，从 2004 年、2005 年前后开始，我国义务教育阶段在校生已逐年递减，大致每年小学生减少 400 万人，初中生每年减少 50 万人，2006 年小学在校生约为 10 446 万人，初中在校生约为 6 420 万人。如按近年来我国各省实施“两免一补”经费数的平均数计算，小学每年每生需 300 元，初中每年每生需 500 元，两者合计约 634. 3 亿元。仍以 2004 年国家财政性教育经费占国内生产总值的 3. 41%为基数计算，2006 年国家财政性教育经费支出应该在 6 832. 6 亿元左右，用于免费义务教育的经费只占国家财政性教育经费总支出的 9. 28%左右；如按财政性教育经费占国内生产总值的 4%计算，2006 年国家财政性教育经费支出应该在 8 014. 8 亿元左右，用于免费义务教育的经费只占国家财政性教育经费总支出的 7. 9%左右。

2007 年，按照 9. 9% 的年增长率计算，国内生产总值约为 220 207. 49 亿元，人均国内生产总值约为 16 939. 04 元。如大致按每年小学生减少 400 万人，初中生减少 50 万人的近年人口递减规律计算，2007 年义务教育阶段小学在校生为 10 046 万人，初中在校生约为 6 370 万人。如按近年来我国各省实施“两免一补”经费数的平均数计算，小学每年每生需 300 元，初中每年每生需 500 元，两者合计约 620 亿元。如按国家财政性教育经费占国内生产总值的 3. 41%计算，2007 年国家财政性教育经费支出应该是 7 509. 08 亿元左右，用于免费义务教育的经费只占国家财政性教育经费总支出的 8. 26%左右；如按国家财政性教育经费占国内生产总值的 4%计算，2007 年国家财政性教育经费支出应该在 8 808. 30 亿元左右，用于免费义务教育的经费只占国家财政性教育经费总支出的 7. 04%左右。

2008 年，按照 9. 9%的年增长率计算，国内生产总值约为 242 008. 03 亿元，人均国内生产总值约为 8 616 元。如按大致每年小学生减少 400 万，初中生每年减少 50 万的近年人口递减规律，2008 年义务教育阶段小学在校生为 9 646 万人，初中在校生约为 6 320 万人。如按近年来我国各省实施“两免一补”经费数的平均数计算，小学每年每生需 300 元，初中每年每生需 500 元，两者合计约 605. 38 亿元。如按国家财政性教育经费占国内生产总值的 3. 41%计算，2008 年国家财政性教育经费支出应该在 8 252. 47 亿元左右，用于免费义务教育的经费只占国家财政性教育经费总支出的 7. 34%左右；如按国家财政性教育经费占国内生产总值的 4%计算，2008 年国家财政性教育经费支出应该在 9 680. 32 亿元左右，用于免费义务教育的经费只占国家财政性教育经费总支出的 6. 25%左右。

2009 年，按照 9. 9%的年增长率计算，国内生产总值约为 65 966. 82 亿元，人均国内生产总值约为 20 458. 99 元。按大致每年小学生减少 400 万人，初中生每年减少 50 万人的近年人口递减规律，2009 年义务教育阶段小学在校生为 9 246 万人，初中在校生约为 6 270 万人。如按近年来我国各省实施“两免一补”经费数的平均数计算，小学每年每生需 300 元，初中每年每生需 500 元，两者合计约 590. 88 亿元。如按国家财政性教育经费占国内生产总值的 3. 41%计算，2009 年国家财政性教育经费支出应该在 9 069. 47 亿元左右，用于免费义务教育的经费只占国家财政性教育经费总支出的 6. 52%左右。如按国家财政性教育经费占国内生产总值的 4%计算，2009 年国家财政性教育经费支出应该在 10 638. 67 亿元左右，用于免费义务教育的经费只占国家财政性教育经费总支出的 5. 55%左右。

2010 年，按照 9. 9%的年增长率计算，国内生产总值约为 292 297. 54 亿元，人均国内生产总值约为 22 484. 43 元。如按大致每年小学生减少 400 万人，初中生每年减少 50 万人的近年人口递减规律，2010 年义务教育阶段小学在校生为 8 846 万人，初中在校生约为 6 220 万人。如按近年来我国各省实施“两免一补”经费数的平均数计算，小学每年每生需 300 元，初中每年每生需 500 元，两者合计约为 576. 3 亿元。如按国家财政性教育经费占国内生产总值的 3. 41%计算，2010 年国家财政性教育经费支出应该在 9 967. 35 亿元左右，用于免费义务教育的经费只占国家财政性教育经费总支出的 5. 78%左右；如按国家财政性教育经费占国内生产总值的 4%计算，2010 年国家财政性教育经费支出应该在 11 691. 90 亿元左右，用于免费义务教育的经费只占国家财政性教育经费总支出的 4. 93%左右。

从以上计算可以看出，伴随着 2006 年到 2010 年义务教育阶段学生人头数的逐年自然递减、国内生产总值的逐年增长、国家财政性教育经费总支出的逐年增加而产生的两个规律。一是用于免费义务教育的经费越来越少，2006 年约为 634. 3 亿元，2007 年约为 620 亿元，2008 年约为 605. 38 亿元，2009 年约为 590. 88 亿元，2010 年约为 576. 3 亿元。二是用于免费义务教育的经费占国家财政性教育经费总支出的比率在逐年下降。如按国家财政性教育经费占国内生产总值的 3. 41%计算，2006 年将降到 10%以下（9. 28%），2007 年将降到 8. 26%左右，2008 年将降到 7. 34%左右，2009 年将降到 6. 52%左右，2010 年将降到 5. 78%左右；如按国家财政性教育经费占国内生产总值的 4%计算，2006 年将降到 7. 9%左右，2007 年将降到 7. 04%左右，2008 年将降到 6. 25%左右，2009 年将降到 5. 55%左右，2010 年将降到 4. 93%左右。即使按 2006 年最高的 634. 3 亿元计算，以国家现有的财力承受下来也毫无问题。

如按前述较高的标准——人均 GDP 与生均财政经费比例的国际平均数算，小学每年每生需 500 元，初中每年每生需 1 000 元，2010 年义务教育阶段小学在校生为 8 846 万人，初中在校生约为 6 220 万人，两者合计约为 1 064 亿元。如按国家财政性教育经费占国内生产总值的 3. 41%计算，2010 年国家财政性教育经费支出应该在 9 967. 35 亿元左右，用于免费义务教育的经费只占国家财政性教育经费总支出的 10. 67%左右；如按国家财政性教育经费占国内生产总值的 4%计算，2010 年国家财政性教育经费支出应该在 11 691. 09 亿元左右，用于免费义务教育的经费只占国家财政性教育经费总支出的 9. 10%左右。

由此可见，不管哪种算法，实行全免费义务教育所需的经费并不多，国家的现有财力完全可以承受。况且国家已决定将高等教育的财政性经费支出占总经费的比例到 2010 年控制在 40%之内，在实施方式上可以由中央和地方共同分担，不至于完全由一方负担而难以施行。因此，本人认为，随着全国义务教育阶段在校生人数的逐年减少、我国国内生产总值的持续快速增长和国家财政性教育经费总支出的逐年增加，到 2007 年前后完全有条件在农村全面实施免费义务教育制度，到 2010 年前后完全有条件实施包括城市在内的全国范围内的免费义务教育制度。在本人看来，义务教育全免费，财力不是问题，关键是认识和决断。不论是从理论上还是从实际上，我国实行九年义务教育全免费都具有必要性、可能性和现实性。“十一五”期间实现这一目标完全可能。

建议

一、分步推进

第一，义务教育全免费实施范围逐步扩大：农村贫困地区贫困家庭学生—全部农村家庭学生—全部城市家庭学生；小学—初中。

本人认为，国家实行义务教育全免费计划将分三步走，从农村592个国家级贫困县贫困家庭学生到全部农村家庭学生再到全部城市家庭学生。

我国实行义务教育全免费的第一步目标正在实现之中，目前正在向第二步目标过渡。鉴于国家完全有财力实行义务教育全免费，2007年全国所有农村学生应能免费接受义务教育，到2010年全国农村连同城市一起实行义务教育全免费（事实上有条件的北方和东南部若干城市已经从2005年和2006年起开始启动义务教育全免费），最终达到普遍的义务教育全免费。

在学段上，鉴于我国还有不少地区学生仅能接受小学阶段义务教育的现实，义务教育全免费的实施可先从小学阶段做起，再逐步推行到初中阶段，最终实现九年义务教育全免费。

第二，义务教育全免费的内涵逐步拓宽：免学费—免杂费—免教科书费—补助贫困生伙食费。

一般来说，实行九年义务教育全免费，就是对小学阶段和初中阶段的学生免收其学费、杂费和教科书费，并对贫困生补助伙食费。

我国义务教育法修订草案中规定，义务教育公办学校不得向学生收取学费，免学费这一阶段有望实现；草案还规定要逐步免收杂费；另外虽未正面说明，但却很明确地透露出要收教科书费。也就是说，我国要全面实行义务教育全免费，还需要几个阶段的过渡，即免学费—免杂费—免教科书费—补助贫困生伙食费，最终实现真正意义上的义务教育全免费。

第三，义务教育全免费实施时间应提前。按照教育部的“十一五”规划，到2010年，农村地区实行免费的义务教育，2015年全国普遍实行免费义务教育。也就是说，还要等上10年的时间，即义务教育法（1986年）颁布近30年之后，中国才能实施真正意义上的义务教育全免费。这对于急盼实行义务教育全免费的广大人民群众来说，似乎显得过于漫长，其实施时间应提前。

二、分类实施

第一，明确责任。义务教育法修订草案规定，义务教育经费投入，实行国务院和地方各级政府根据职责共同负担，省、自治区、直辖市政府负责统筹落实的体制。将统筹的责任由县转移到省级政府，这是一大进步。本人建议将各级政府经费投入比例明确写入新修订的义务教育法，使义务教育经费投入规范化、制度化、法律化，确保义务教育经费投入有稳定来源。

第二，分类承担。义务教育经费投入实行中央和地方共同负担，以地方为主。在省级政府负责统筹落实的体制下，还要实行“分类承担”的政策。所谓“分类承担”，即根据中国经济、社会和文化发展不平衡的国情，合理划分义务教育经费投入的责任，具体而言，即现有的592个国家级贫困县的义务教育，应由中央政府拿钱全部承担；对欠发达的西部地区（不包括国家级贫困县）则建立由“中央和省共同负责，以中央为主”的教育财政投资体制。对于中部地区，实行以“中央和省级政府共同负责，以地方为主”的教育财政投资体制。对于发达地区，则实行“以省市为主、中央适当补助”的教育财政投资体制。还可以考虑根据各地人均地区生产总值水平或实际收入水平，现有的不发达的592个国家级贫困县，即处于人均地区生产总值水平或实际收入水平之下地区的义务教育，以中央政府拨款为主、地方政府拨款为辅来解决；较发达的地区，即处于人均地区生产总值水平或实际收入水平中线左右地区的义务教育，以地方政府拨款为主、中央政府拨款为辅来解决；发达的地区，即处于人均地区生产总值水平或实际收入水平之上地区的义务教育，完全由地方政府自己解决，因为当地政府有这个能力。

本人认为，义务教育全免费如能在“十一五”期间顺利实施并取得实效，将是新世纪中国政府为民兴建的一项重大的民心工程，一桩功在当代、利在千秋的壮举，一件具有里程碑意义的大事！

案例四

关于免除义务教育阶段学生教科书费的建议（2007年）

案由

2006年2月25日，备受关注的义务教育法修订草案首次提请十届全国人大常委会第二十次会议审议。草案除了规定义务教育经费投入实行国务院和地方各级政府根据职责共同负担，省、自治区、直辖市政府负责统筹落实的体制外，还明确规定对在公办学校接受义务教育的适龄儿童、少年，不得收取学费，并逐步免收杂费；同时规定向学生发放教科书以外的其他书籍、资料，不得收费，等等。草案的修订，必将推进我国全免费义务教育向纵深发展，也再次引起了人们对义务教育全免费的憧憬。

然而，在高兴之余，作为一名全国人大代表，我又难免有一些忧虑。真正的义务教育应该是免学费、免杂费、免教科书费，并补助贫困生伙食费的。从我国义务教育的现状看，义务教育学费已经免除，草案也规定下一步将逐步免除杂费；然而对于义务教育中引人关注的教科书费问题，何时免除、怎么免除，草案未曾涉及。我觉得新修订的义务教育法应明确规定免除义务教育教科书费的时间和方式。

案据

一、免除义务教育阶段学生教科书费的必要性

我认为，收取教科书费对整个义务教育的发展弊大于利，因而应该免收这项费用。理由如下。

第一，继续征收教科书费会给教育乱收费预留口子，难以真正有效地遏制教育乱收费。义务教育法修订草案规定向学生发放教科书以外的其他书籍、资料，不得收费，表面看来，这条规定似乎是制止乱收费，但实施的结果很可能事与愿违，因为继续收教科书费非常有利于搭车收费。哪些属于教科书范围，学生和家长并没有多大的发言权，“其他书籍、资料”在目前社会还很看重考试分数的情况下显得不可或缺，这部分现在看起来必不可少的“其他书籍、资料”的费用不得向学生收取，那这部分费用又该由谁出呢？义务教育法修订草案并未作出明确规定。在没有这部分经费来源的情况下，处在弱势地位的学生不出又有谁会出呢？最后必然又会以收教材费的名义转嫁到学生身上。既然这部分义务教育法明令禁止收取的费用可以向学生收取，其他名目繁多的乱收费又怎会不行呢？最终会使乱收费泛滥而难以遏制。

义务教育是一项典型的纯公共产品，因此政府理应担负最主要的责任。以前畸高的杂费实际上完成了义务教育投资责任由政府向民众的转嫁，政府的“义务”却因此而被忽略。此次草案的一大亮点是提出了由“以县为主”到“省级政府统筹”的转变，义务教育的财力基本上有了保证。在这样的前提下，为什么没有直接提出真正意义上的完全免费义务教育，而是要重申“免收学费”，留下教科书费这条继续收费的尾巴？

第二，不利于加强师德建设，影响教师的社会形象，败坏社会风气。长期以来，部分教师利用向学生推销资料来谋利，败坏了师德师风，影响了教师在人们心目中的形象。同时，乱收资料费又容易滋生腐败。只有对学生免除这项费用，由国家埋单，不给学校收费的名目，才能从根本上堵住学校乱收费的渠道，有效地遏制教育乱收费现象，真正减轻人民的教育负担，早日推动真正免费义务教育的实现。

二、免除义务教育阶段学生教科书费的可行性

教科书费数额不大，政府完全有能力承担。此处以湖北省义务教育阶段学生教科书费用作为全国义务教育阶段学生课本费的平均值（这是有一定科学性的，因为湖北省地处我国中部地区）。据了解，湖北省 2005 年“两免一补”中免教材费标准为：小学每生每学年 70 元，初中每生每学年 140 元。

以此标准来计算全国小学生、初中生每年课本费的总数。按 2005 年小学在校生为 10 846 万人，初中在校生约为 6 470 万人计算，全国小学需要约 75. 92 亿元，初中需要约 90. 58 亿元，两者之和共为 166. 5 亿元。按 2005 年国家财政性教育经费占国内生产总值的 3. 41%计算，课本费用占全国的财政性教育经费支出应该是 6 217 亿元的 2. 67%。况且，如果教科书由国家免费提供，可借鉴国际上通行的做法——实行教材循环使用制度。目前义务教育在校中小学生 1. 731 6 亿人，按湖北省 2005 年“两免一补”免教材费标准计算，全国免除义务教育课本费约为 166. 5 亿元，若每本教科书能转续使用 5 年，则国家平均每年负担的书费为 33. 3 亿元。可见，财政是完全负担得起的。

建议

因此，我建议义务教育要免收教科书费。只有完全免费才是真正的义务教育，才能真正减轻人民群众的负担。

案例五

关于实施农村中等职业教育免费的建议（2009 年）

案由

七年前的今日，2003 年 3 月 6 日，我向前来参加全国人大湖北代表团座谈的时任国务院副总理温家宝建议，尽快从农村开始实行九年义务教育全免费（免学费、免杂费和免教科书费，补助贫困生伙食费），得到了温家宝总理的肯定。在那次十届全国人大一次会议上，我正式向全国人大提交了“关于

实行农村九年义务教育全免费的建议”，得到了我们湖北代表团37位代表的联名支持。对此建议，党和政府高度重视，从第二年（2004年）起，国家开始对义务教育阶段农村贫困家庭学生实行“两免一补”的政策。2005年，又正式启动农村义务教育免费工程，到2008年，我国城乡义务教育已全部实现免费。

在义务教育免费实现之后，我经常思考这样一个问题：免费教育如何深入？如何进一步让政府的阳光惠及更多的学生，推动教育的改革与发展，为国家培养更多适应经济社会发展需要的人才？我注意到，近年来的“两会”上，有不少代表、委员以及社会上的不少人士都就免费教育提出了自己的建议，有的主张学前教育免费，有的主张高中教育免费，应该说，这些主张的出发点是好的，也有一定的合理性。但是，从现有学前教育与高中教育普及的程度（全国高中普及率仅66%左右），相关师资配备情况（小学教师过剩，初中教师持平，高中教师紧缺），以及国家教育财政投入的重点流向目前主要是义务教育和高等教育等方面情况来看，目前，要求国家对学前教育与高中教育实行免费是不现实的。有的同志比较多地是从经费的角度考虑问题，这当然是必需的，但是还很不够，因为教育的免费不仅要看钱的问题，还要看这种教育类型发展的程度如何。所有的免费都是一种教育发展到相当高的程度，即普及的程度之后才有可能，它不完全是有没有钱的问题。

2008年以来，我跑了内蒙古、甘肃、山东、上海、江西、广东、海南和湖北八个省区市，开展基础教育与职业教育调研，上个月，我又专程到日本、韩国进行考察，与两国省级教育行政部门、大学校长、中学校长、教师、家长和学生座谈。了解到即使是财政实力雄厚，教育发展程度高，普及义务教育历史悠久，经验丰富的日本，目前也没有实行学前教育与高中教育免费。

根据世界教育发展的现状与趋势，以及中国的现有国情和教情，我的考虑是，当前，还是应该尽快实施农村中等职业教育免费，这可能既是重要的和必要的，又是紧迫的，同时也是可行的。

2009年1月，我与湖北地区长江教育研究院的一批专家学者经过反复研究，形成了一个关于实施农村中等职业教育免费的建议，并向《国家中长期教育改革和发展规划纲要》工作小组办公室提交了这份建议，在“两会”召开之前，我们的主张经新华社报道之后，得到了社会各界广泛的响应和积极支持。不少网友也给我来函表达他们的倾向，表示坚决支持。

案据

为什么现在有必要实行农村中等职业教育免费呢？我的主要理由如下。

第一，从农村中等职业教育的性质和作用来看，它既属于高中教育范围，又属于职业教育范畴。其作用主要是为国家培养具有一定知识素养和劳动技能的初级应用人才，与义务教育、普通高中教育相比，农村中等职业教育更接近于生产实践与经济社会发展，是可以直接为经济建设，特别是农村经济建设服务的，属于我们现在迫切需要发展的一种教育。同时，它也是在当前我国整个教育结构和体系中发展最为薄弱，最为欠缺，也最需支持的一种教育类型。不对农村中等职业教育发展采取倾斜政策，采取超常规发展措施，农村中等职业教育乃至整个职业教育很难发展起来。实行农村中等职业教育免费，可以较快地带动中等职业教育的发展，直接促进农村经济社会发展，满足社会的迫切需要。

第二，从政府的职能来看，政府的职能，如果按照诺贝尔经济学奖获得者、美国著名经济学家弗里德曼的观点来看，主要是提供国防和外交，维护司法公正，提供公共产品，扶助社会弱势群体。中等职业教育虽然不同于义务教育这种纯公共产品，只是半公共产品或准公共产品，但也主要是应由政府提供和负责的，如果政府不提供，不负责，那就“失职”与“缺位”了。特别是在中国，目前真正接收中等职业教育的学生，又很少是城市富裕家庭的孩子，而主要是农村和城市家庭经济条件比较差、学习成绩比较一般的孩子。如果政府在这方面不提供，不负责，将加剧农村和城市家庭经济条件一般或比较差的家庭的负担，他们的孩子很有可能因此而永久失学，失去通过教育改变命运的机会。

第三，从中国的基本国情和农村农民目前的实际情况来看，我们国家是一个农业大国，目前还有七八亿的农民，他们为国家的经济建设和社会发展作出了巨大的牺牲，由于种种历史和现实的原因，他们当中的相当一部分人经济状况远不如城市的居民，是中国社会阶层当中的弱势群体，他们的子女也往往因经济条件所限，难有更多接受教育的机会，常常在初中毕业之后，无法到高中入读，现在农村每年有两百多万初中生，进入不了高中。这一部分人就很有可能成为闲散人员，也无法就业。对农村贫困家庭子女实施中等职业教育免费，既体现了党和政府对弱势群体的关爱，又有助于改变“千军万马走独木桥”的教育模式，还可以提高农村劳动力素质，解决农村青年就业，促进农村经济社会发展，建设社会主义新农村，促进教育公平乃至社会公平。如果农村的孩子免费到中职读书，学到了谋生的技能和本领。一方面可以自谋生路，改变命运。另一方面，又能为建设新农村发挥积极作用，可谓一举多得。特别是在当前国际金融危机冲击我国经济发展，就业形势空前严峻的背景下，实施农村中等职业教育免费更有其强烈的针对性、现实性和紧迫性。

第四，从我国现有的财力以及解决农村中等职业教育免费可能需要的经费来看，我国 2009 年国内生产总值超过 30 万亿元，财政收入超过 6 万亿元，国家已具备了相当雄厚的财政实力。2008 年，我国中等职业教育招生 810 万人，在校生 2 056 万人，按中职生中农村学生略多于城市学生算，应在 1 100 万以上，如果按照每个中职生每人学费、教科书费和生活补贴费一共 6 000 元左右计算，所有农村中职学生免费每年约需 660 亿元。如果从农村贫困家庭的中职生开始实施免费，即使贫困家庭学生比例在所有学生中达到 70%，也只需 460 亿元左右。以国家现有 6 万多亿元雄厚财力，每年七八千亿元的教育投入，解决这个问题应该不成问题，更何况还可分级承担，中央和地方共同负责解决，应该说财政压力是不大的，是完全可行的。

建议

国家应该尽快实施农村中等职业教育免费，在具体实施思路和步骤上，可以考虑采取与我七年前建议农村义务教育免费的相同的思路，即“分类承担，分步实施”。

所谓“分类承担”，即根据中国经济、社会和文化发展不平衡的国情，合理划分中央与地方对农村中等职业教育经费投入的比例。农村中等职业教育经费投入实行中央和地方共同负担，地方承担的比例应视地区经济发展程度来确定。在省级政府负责统筹落实的现行体制下，实行“分类承担”政策。

具体而言，即对于东部发达地区，主要由地方政府来承担。对于中部一般发达地区，实行“中央和省级政府共同负责，以地方为主”的教育财政投资体制，具体可按省市承担 70%～80%，中央承担 20%～30%。对于西部欠发达地区，应当完全或主要由中央财政来承担。

所谓“分步实施”，即根据各地实际情况，分步实施，先点后面，逐步推广。2009 年可以先对考入农村中等职业学校和城市涉农专业的农村贫困家庭子女实行免费，明年扩大到考入城市中等职业教育学校的和城市贫困家庭子女，后年再扩大到考入农村和城市中等职业学校的所有农村家庭子女。从类型而言，近期可以先从农村中等职业教育开始，条件成熟后再推广到城市中等职业教育；从专业来看，2009 年先对农村中等职业学校和城市涉农专业实行免费，明年再过渡到非农业中等职业专业免费；就群体而言，先免农村地区贫困家庭子女的学费，然后逐步推广到城市贫困家庭子女。

当然，免费不是万应灵丹，不可能一免就灵，一免就好。免费只是为农村贫困家庭的孩子提供更多的接受教育的机会，它解决的主要是教育机会的公平问题，而不是教育质量的公平问题。而教育质量的问题则需要在对农村中等职业教育的课程、教学、师资，特别是教育培养目标、培养模式等问题进行改革之后才能真正解决。因此，国家在实施农村中等职业教育免费之后，还要对农村中等职业教育的培养目标、培养模式、课程设置、教学方式、考试制度、师资队伍等进行重新构建和整体改革。这样才能够使我们的农村教育，特别是农村职业教育，充满活力，充满生机，发挥更大的作用。

总之，实施农村中等职业教育免费，要从中国国情出发，因地制宜，分类承担，分步实施，不搞“一刀切”。我认为，如果此项工作能尽快启动，将是我国政府在新世纪继实行农村义务教育免费之后所办的又一项重大的民心工程，又一件具有里程碑意义，足以载入中国教育史的大事！

案例六

关于逐步实行高中阶段教育免费，适时延长义务教育年限的建议（2016 年）

案由

“十二五”期间，我国教育事业实现跨越式发展，总体发展水平进入世界中上行列，但义务教育发展不够均衡，高中教育发展不够普及；教育改革全面推进，一些领域取得重点突破，但民间和基层改革的活力有待激发，教育创新能力有待提升；保障水平明显增强，但教师队伍整体素质有待提高，教育投入稳定增长的长效机制有待建立，依法治教有待完善。概括而言，《国家中长期教育改革和发展规划纲要（2010—2020 年）》确定的阶段性目标任务总体实现，国家教育事业发展“十二五”规划目标基本实现，我国教育事业迈上新的台阶，为“十三五”教育事业发展奠定了坚实基础。

案据

第一，实施普通高中免费教育是贯彻落实党的十八届五中全会公报精神的需要。

五中全会公报提出，普及高中阶段教育，逐步分类推进中等职业教育免除学杂费，率先从建档立卡的家庭经济困难学生实施普通高中免除学杂费。普及高中阶段教育难点在广大中西部地区和农村地区，特别是集中连片贫困地区。实施普通高中免费教育将为普及高中阶段教育提供根本保障，为实现“教育现代化取得重要进展，劳动年龄人口受教育年限明显增加”的教育发展目标提供最有力的支撑。同时，国家“率先从建档立卡的家庭经济困难学生实施普通高中免除学杂费”，为全面实现高中阶段免费教育奠定基础，提供历史起点，也为各地率先实行高中阶段免费教育提供了示范和标杆。

第二，实施普通高中免费教育将为延长义务教育年限提供基础。

义务教育年限是国家发展水平的重要标志。从义务教育年限的国际水平看。2010 年，共有 189 个国家与地区参与了世界银行义务教育年限的调查。数据显示，义务教育的平均年限为 9.24 年（标准差为 2 年），中位数为 9 年。在这 189 个国家当中，高于 9 年的国家占 55.1%。我国的九年义务教育年限低于世界平均水平 0.24 年。从各个收入经济体的平均义务教育年限比较看，各国的平均义务教育年限高，高收入经济体最高，为 10.27 年；中高收入经济体其次，为 9.50 年；中低收入经济体次低，为 8.51 年；低收入经济体最低，为 7.45 年。我国比同属中高收入经济体的平均义务教育年限低 0.5 年。因此，在九年义务教育的基础上延长义务教育年限是中高收入和高收入国家的共同趋势。义务教育是国家提供的每个适龄青少年均须接受的基本教育，具有两个条件属性：免费性与强迫性，它一方面要求政府提供办学经费，使学生可以免费入学，另一方面又要求家长必须履行送子女入学的责任，政府有强迫家长履行职责的权利。也就是说，它作为典型的公共产品，必须由国家承担，政府提供。因此，实施免费高中阶段教育将为适时延长义务教育年限提供现实基础。

第三，实施普通高中免费教育具有现实可行性。

2014 年，我国高中阶段招生 1 416 万人，其中普通高中 796.6 万人，中等职业教育 619.76 万人，目前，中等职业教育的免费范围已达 90%，因此，主要考虑普通高中，按每年学费 1 000 元计，每年需新增投入 239 亿元，约占 2014 年国家财政性教育支出的 0.9%。从现有国家财政承受能力看，投入相关经费是可行的。据国家统计局 2016 年 1 月 18 日发布的数据，2015 全年国内生产总值 67.67 万亿元，同比增长 6.9%。又据财政部发布的数据，2015 年全国一般公共预算收入 152 217 亿元，比上年增长 8.4%，同口径增长 5.8%，财政收入已经超过 15 万亿元。而 2014 年的国家财政性教育经费已达 26 420. 58 亿元，虽然 2015 年的数据还未出来，但估计应会高于此数据，超过 2. 6 万亿元。更何况未来四年国家财政收入还会进一步提高，国家财政性教育经费也还会进一步增加。实施普通高中免费教育所需经费占比有限，应该是完全有保障的。

同时，考虑到分级承担、分步骤推进的实际，实现高中阶段免费教育有个责任分担而且逐步推进的过程，不会一下子给中央或地方政府带来很大财政压力，也在完全可以承受的范围之内。

建议

“十三五”期间，按照分地区按比例、分步骤按类型，首先在集中连片贫困地区实施免费高中阶段教育，其次在农村地区实施免费高中阶段教育，再次在城市分级启动高中阶段免费教育，同时，加快修订义务教育法，适时延长义务教育年限。具体来说有以下四点。

第一，建议教育部与国家发改委、财政部等研究逐步实行高中阶段教育免费，适时延长义务教育年限的可能性，并将之纳入国家教育事业发展“十三五”规划之中，适时启动实施。

第二，在操作层面，建议“十三五”期间，采取分地区按比例承担、分步骤按类型实施的方式，到 2020 年实现高中阶段免费教育。

建议采取分级承担、分步实施的办法，推进高中阶段免费教育。一是分地区按比例承担。高中阶段免费教育投入由中央和地方共同负担，建议：东部地区主要由地方政府来承担，中部地区中央和地方各承担 50%，西部地区和国家集中连片贫困地区由中央财政承担。二是分步骤按类型实施。实施高中阶段免费教育可分步实施，先点后面。建议：在类型上，首先实现中等职业教育免费，然后启动普通高中教育免费；在区域上，首先启动集中连片贫困地区的高中阶段教育免费，然后启动其他地区的教育免费；在群体上，先免农村地区贫困家庭子女的学费，然后逐步推广到城市贫困家庭子女；在层次上，先低年级后高年级，分层次逐步实施；在年度上，2016 年先启动集中连片贫困地区的免费高中阶段教育，2017 年启动农村地区免费高中阶段教育，2018 年启动城市高中阶段一年级教育免费，2019 年启动城市高中阶段二年级教育免费，2020 年实现高中阶段教育免费。

第三，建议尽快启动对延长义务教育年限的研究。建议将延长义务教育年限作为国家社科基金重大研究课题立项。统筹国内各类教育研究机构与资源，包括民间第三方的长江教育研究院、21 世纪教育研究院等社会智库，重点对义务教育年限向上（高中阶段）延伸和向下（学前教育）延伸、义务教育年限延长到 10 年还是 12 年等重大问题进行系统研究，提出延长义务教育年限的可行性报告，供政府决策参考。

第四，建议适时修订义务教育法。自 2006 年义务教育法修订颁布已经过去了十年，在科学论证和取得广泛社会共识的基础上，建议再次修订义务教育法，将延长义务教育年限纳入法治轨道，以法律保障义务教育的实现。

案例七

关于实行义务教育学生“免费午餐计划”，全面提高学生身体素质的建议（2016 年）

案由

“十二五”期间，我国教育事业实现跨越式发展，总体发展水平进入世界中上行列，但义务教育发展不够均衡，高中教育未能普及；教育改革全面推进，一些领域取得重点突破，但民间和基层改革的活力有待激发；保障水平明显增强，但教师队伍整体素质有待提高，教育创新能力有待提升，教育投入稳定增长的长效机制有待建立，依法治教有待完善。概括而言，《国家中长期教育改革和发展规划纲要（2010—2020 年）》确定的阶段性目标任务总体实现，国家教育事业发展“十二五”规划目标基本实现，我国教育事业迈上新的台阶，为“十三五”教育事业发展奠定了坚实基础。

案据

第一，实行义务教育学生“免费午餐计划”是落实“共享”发展理念的必然要求。

让人民群众共享教育改革发展成果，是社会主义的本质要求，是社会主义制度优越性的集中体现，是我们党坚持全心全意为人民服务根本宗旨的重要体现。这方面问题解决好，全体人民推动发展的积极性、主动性、创造性就能充分调动起来，发展也才能有最深厚的动力。从目前情况看，实行义务教育学生“免费午餐计划”有利于全面提升教育公共服务水平，有利于补足教育发展短板，有利于启动“双引擎”中的传统公共服务引擎，对于推动供给侧结构性改革，保障实现经济“双中高”目标具有重要的现实意义。

第二，实行义务教育学生“免费午餐计划”是教育发展的现实需要。

2011年，国务院办公厅印发《关于实施农村义务教育学生营养改善计划的意见》，目前，全国超过三分之一的县实施营养改善计划，超过四分之一的农村义务教育学生享受营养改善计划补助政策，实施规模位居世界第三。但从基本实现教育现代化，推进义务教育均衡发展的要求相比，我们实行的“营养改善”计划还是低水平的、不全面的、覆盖范围较小的。一是从水平上看，虽然是“营养改善”计划，但还不是“营养午餐”，更不是国际上实行的“免费午餐”，存在只管吃饱不注重营养健康的现象。根据《农村义务教育学生营养改善计划专项督导报告》显示，部分学校缺乏专业营养指导，食堂工作人员对营养配餐知识了解较少，膳食搭配不科学、不营养。二是从内容上看，政策主要集中在保障学生用餐的费用，经费投入还不能满足需求，对学校食堂人员工资缺乏长效保障、教师工作负担较重，教师除组织学生用餐外，还兼职食堂工作，从事食品采购、验收、出入库、登记造册、帮厨乃至炊事员工作等，同时，安全保障也存在问题。三是从范围上看，实施面较窄，主要集中在国贫县、省贫县，约占农村学生的三分之一，更谈不上城市。迫切需要从推动供给侧结构性改革的角度，将“免费午餐计划”作为重大民生工程、国防工程，以更大力度，更高层次，全面谋划，深入推进。

第三，实行义务教育学生“免费午餐计划”具有现实可能性和可操作性。

将目前实施的“农村义务教育学生营养改善计划”升级为“义务教育学生免费午餐计划”是有可能的，也是可操作的。“十三五”期间，可逐步实行“义务教育学生免费午餐计划”。在时间安排上：2016年率先在集中连片贫困地区和“营养改善”计划试点地区实施免费，2017年在所有农村地区实施免费，2020年实行义务教育阶段学生全免费。在经费安排上，建议由中央与地方分担，东部地区由地方承担；中部地区中央与地方各承担一半；西部地区，中央承担70%，地方承担30%。如果按照上述步骤，同时考虑适当提高补足标准，2016年按每天5元标准，2020年按每天6元标准，全年按200天计，预计2016年需新增财政投入64.2亿元，其中集中连片贫困地区约2 132万农村学生主要由中央承担，约42.64亿元，其余21.56亿元由地方承担；2017年全部乡镇免费需新增财政投入257.84亿元，其中中央投入92亿元，地方投入165.84亿元；2020年全部义务教育阶段学生实施“免费午餐计划”，需新增财政投入998.56亿元，约占2014年全国公共财政教育支出的3.7%，其中中央投入356亿元，地方投入642.56亿元。从现有国家财政承受能力看，投入相关经费是可行的。前已述及，2015全年国内生产总值67.67万亿元，全国财政收入已经超过 15 万亿元。而 2014 年的国家财政性教育经费已达 26 420.58 亿元，虽然 2015 年的数据还未出来，但估计应会高于此数据，超过 2.6 万亿元。更何况未来四年国家财政收入还会进一步提高，国家财政性教育经费也还会进一步增加。“免费午餐”所需经费占比有限，应该是有保障的。

如果考虑到其他辅助设施如食堂建设等的投入以及后勤保障人员的编制投入等因素，也可考虑“十三五”期间率先在农村地区实行“免费午餐计划”，在城市将午餐根据人群不同分为三类，实行“全免费”“部分免费”和“全自费”三种，逐步实现义务教育学生“免费午餐计划”。

建议

实行义务教育“免费午餐计划”是落实“共享”发展理念的必然要求，对促进义务教育优质均衡发展具有重要作用，是教育发展的现实需要。建议“十三五”期间，将目前实施的“营养改善计划”升级为“免费午餐计划”，根据区域特点，制定适合不同区域口味但大体统一、营养丰富的标准午餐，同时，加快“免费午餐计划”的立法和相关制度建设，加强对“免费午餐计划”实施情况的有效监督和管理。具体来说有以下四点。

第一，建议教育部与国家发改委、财政部等研究实施“义务教育学生免费午餐计划”的可能性，并将之纳入国家教育事业发展“十三五”规划之中，适时启动实施。

第二，在操作层面，根据区域特点，制定适合不同区域口味但大体统一、营养丰富的标准午餐。精心设计全国统一的营养标准，对人体每天所需蛋白质、维生素 A 和 C、铁、钙和卡路里量的比例作出明确的规定。同时，根据区域特点，研究学生的营养需求、口味和消化特点，科学合理搭配饮食结构，制作统一、多样的营养午餐。一旦学生出现营养方面的问题，应开展实施营养干预，使午餐更具针对性。

第三，加强对“免费午餐计划”实施情况的监督管理。各地政府应成立由教育、财政、卫生、审计等多个部门参与监督、管理的专门机构，加强对学生午餐质量、卫生安全、资金安全使用的监控及检查，还应将家长和学生代表纳入评估委员会，对中小学的“免费午餐计划”进行检查评估，学校还要为家长了解孩子在校的餐饮信息提供便利。

第四，加快“免费午餐计划”的立法和相关制度建设。建议制定“义务教育学校免费午餐条例”，不仅赋予“免费午餐计划”永久的、合法的地位，促进计划的实施，更重要的是在法律的保障下，计划可以有序、健康地发展。

同时，建立学校食品的卫生服务制度，制定相应的操作指南，为食品的卫生、安全设立统一标准。在一些不具备烹调条件的地区，各学区应建立或以招标的形式配备中心食堂，在中心厨房准备食物，然后将其发送到整个学区内没有厨房的学校。

案例八

关于实施“0～6岁启明星免费阅读行动”，促进教育出版精准扶贫的建议（2016年）

案由

中共十八大和十八届三中、四中、五中全会以及李克强总理在2014年、2015年连续两年的政府工作报告中，都特别提出倡导全民阅读活动，全民阅读正逐步上升为国家战略。2016年国家新闻出版广电总局出台了《关于开展2016年全民阅读活动的通知》（以下简称《通知》），就2016年全民阅读工作进行重点部署。《通知》中把“大力开展少儿阅读，着力保障特殊群体、困难群体的基本阅读需求”作为重中之重。提出要通过倡导家庭阅读、亲子阅读、阶梯阅读等形式，充分利用少年宫、儿童活动中心、农家书屋等开展少儿阅读推广活动，积极利用各种绘本馆和民间少儿阅读推广机构，着力保障农村留守儿童、城市流动儿童的基本阅读需求。要建立和完善社会各界为特殊群体、困难群体开展志愿者助读、发放购书券、组织出版物捐赠等服务渠道。这些考虑与工作安排都很好，为使其中的儿童阅读尤其是农村儿童阅读落在实处，这里我们提出实施“0～6岁启明星免费阅读行动”，促进教育出版精准扶贫的建议。

案据

一、目前我国儿童阅读问题不少，农村儿童阅读尤其令人担忧

0～6岁儿童是人生成长最关键的时期，犹如清晨出现于东方地平线上的启明星，意味着儿童的人生由此起步。但是这一步怎么起，起的方向、质量如何，是每个父母，也是国家应该考虑的问题。

目前我国儿童阅读中存在着读什么（书目选择）、怎么读（阅读环境）、如何买（购书渠道）、买不起（经费来源）等问题，值得引起人们的高度重视。有资料显示，在为孩子提供阅读材料的经济实力大体相关的两个家庭中，美国儿童的阅读量是中国儿童的6倍。与英美等发达国家比，我国少儿阅读量是他们的六分之一，这说明中国儿童的阅读能力还存在很大的提升空间。特别是对于占我国儿童总数45%以上的农村儿童而言（按照我国2015年城镇化率达到55%计算），由于城乡经济发展的差别，中国城乡儿童阅读也存在很大差距，就我国城乡儿童比较，农村儿童阅读量是城市儿童的七分之一，农村儿童阅读尤其令人担忧，这主要体现在以下三个方面。

一是农村儿童没书读。

由于中国城乡差距，30%的城市孩子拥有88%的儿童图书。农村图书馆少，部分形同虚设，农村没有大型书店，农村孩子缺乏课外读物。“农家书屋”虽然几乎村村都有，但图书重点在成人，儿童书的比例只占五分之一，难以满足当地儿童阅读需求。

二是农村儿童缺乏系统的阅读支持。

（1）农村家庭阅读环境较差。现在农村儿童很多是留守儿童，缺乏父母关爱；即使与父母生活在一起，但因大多数农村父母文化程度较低，藏书量不足，家庭文化氛围缺失，难以形成良好的阅读环境。据有关机构对湖南中东部农村、苏北地区的调查显示，被访问家长中，初中毕业的家长比例最大，拥有大专或以上文凭的家长只占总数的7%左右。这说明农村地区学前儿童家长的受教育程度普遍偏低，并不清楚每个阶段孩子的阅读需求，以及如何引导。至于农村地区的亲子共读情况，约40%的家长表示从来没陪孩子一起看过书，即使有，他们掌握的阅读方法也比较落后，无法承担起有效的引导。

（2）农村幼儿园无力指导阅读。农村幼儿园虽然近几年有大的发展，但普惠性资源依然不足，中西部农村特别是连片特困地区入园率较低，加上师资数量不足，专业素质亟待提高。幼儿园开展的“亲子阅读”活动在农村地区非常少见，65%的家长从未听说或者参与过“亲子阅读”活动。

（3）农村地区的公共图书馆等设施不足。90%的乡镇儿童居住地附近的图书馆数量少，完全不能满足他们的需求。

三是不少农村家庭因家庭贫困而买不起图书。

由于近十年来原材料纸品等不断涨价、人力生产成本不断提高、销售环节增多等因素，目前图书价格涨幅较大，一本普通儿童图书价格也在二三十元，而制作精美的高档精装儿童图书则动辄四五十元甚至更贵，较之过去书价提高不少，一些家庭贫困的农村家庭往往只能“望书兴叹”，买不起儿童图书。

农村学龄前儿童能否养成良好的阅读习惯，关系到农村整体人口素质的提升，关乎中国精准扶贫工作的效果和巩固。在我国，重视儿童阅读，更要特别关注作为弱势群体的农村儿童阅读情况。实施“启明星免费阅读行动”，促进教育出版精准扶贫已迫在眉睫，刻不容缓。

二、实施“0～6岁启明星免费阅读行动”，促进教育出版精准扶贫，具有现实可能性

初步设计，此行动主要由国家财政负担向全国城乡儿童（0～6岁）分步免费提供阅读包（包括0～3岁的“婴幼儿阅读包”以及4～6岁的“高级阅读百宝箱”，价格每个在500元左右）。按照“分类承担，分步实施”的工作原则与基本思路，政府统筹制定实施“启明星免费阅读行动”计划的相关规则，形成在政府引领下的研究机构、企业、社会、个人等各方参与的协调机制。

阅读包或阅读百宝箱中所有材料，其生产成本和定价均由国家新闻出版行政管理部门按照义务学段免费教材的办法核定，所有参与出版社、其他企业只能作为公益性产品赚取微利，以维持生产为原则。阅读包（箱）总定价550元人民币，其中90%为电子书设备费及版权使用费，可定价500元（内含适合该年龄段儿童分级阅读的所有基础书目的全文及朗读），其他材料总价控制在50元以内。按照10%的毛利概算，全套材料总成本控制在495元以内。

据教育部2014年全国教育事业统计公告资料：全国共有幼儿园20.99万所，比上年增加1.13万所，在园幼儿（包括附设班）4 050.71万人，比上年增加156.02万人。学前教育毛入园率达到70.5%，比上年提高3个百分点。据70.5%的入园率推算，2013年全国学前适龄儿童（3～6岁）总数在5 744万人左右。2015年数字未公布，估计有6 000万人左右。另外，我国每年新出生婴儿在1 600万人左右（2013年1 640万人、2014年1 687万人），考虑全面二孩政策推行，2016年估计可达1 800万人左右。入园儿童+未入园儿童+新生儿等是我国学前儿童总量，超过1亿人。如果一次性给1亿儿童分两个阶段配齐阅读包（箱），总金额近550亿元。

为了逐步探索以取得经验后再大规模推广，“启明星免费阅读行动”可从全国农村地区先行试点，其起始年龄段也可从下年度的新生婴儿开始实施，并逐年推行，以减少总投入。为计算方便，2016年如果按1 800万新生儿算，需要阅读包1 800万个，总费用为99亿元（1 800×550）。如果先按10%地区试点的话，总费用为9.9亿元，需要财政首次投入9.9亿元购买阅读包进行

试点。据国家统计局2016年1月18日发布的数据显示，2015全年国内生产总值67.67万亿元，同比增长6.9%。又据财政部发布的数据看，2015年全国一般公共预算收入152 217亿元，比上年增长8.4%，同口径增长5.8%，财政收入已经超过15万亿元。而2014年的国家财政性教育经费已达26 420.58亿元，虽然2015年的数据还未出来，但估计应会高于此数据，超过2.6万亿元。因此，不管从哪个角度看，也不管按上述的99亿元算所有1 800万新生儿，还是只算10%地区试点总费用9.9亿元，这些费用都只占国家公共收入和国家财政性教育经费支出的极小比例，对其他教育事业发展改革几乎没什么影响，应该是完全可以承受。尤其是可以借鉴国家以往经验，实行"分类承担"，即东部发达地区由自己全额解决，中部一般发达地区由中央与地方各自承担50%，西部欠发达地区中央承担70%，地方承担30%。分解之后财政压力更小。与之同时，政府还可以统筹制定利益激励机制，发挥企业和民间机构的力量，各方助力，共同投资促成。

三、信息化助力城乡儿童在同一起跑线上阅读，解决问题更具可行性

阅读是儿童成长过程中的必备养料，随着信息化的发展，城市儿童的阅读手段越来越丰富和便利，除纸质图书阅读外，他们在幼儿园阶段就能在智能手机、平板电脑上进行阅读，其中多媒体呈现的内容可以激发孩子们的阅读兴趣，而农村儿童阅读手段贫乏许多，要警惕城乡儿童在阅读方面产生"数字鸿沟"。习近平总书记在扶贫报告中多次提到要防止贫困的代际相传。在阻止贫困代际相传的诸多因素中，最重要的是让贫困家庭子女能够得到好的教育，特别是有基本的阅读条件，汲取阅读养料，长大后才能与城市儿童有同样的眼界。因此，在儿童阅读的黄金阶段（0～6岁），在政府主导下，借助信息化手段，搭建阅读平台，提供适合儿童阅读且价格合适的阅读终端，是提高中国儿童阅读能力特别是解决农村儿童阅读问题可行的重要措施。

建议

一、建议由政府统筹主导实施旨在促进中国0～6岁儿童阅读的"启明星免费阅读行动"

在国家战略层面提升中国儿童阅读素养，力推教育出版精准扶贫。在操作层面上，建议此事在中宣部的指导下，由国家新闻出版广电总局牵头，与财政部、教育部、全国妇联等相关部门共同研究，具体推动实施。

二、建议主要由国家财政负担向全国 0 ～ 6 岁城乡儿童分步免费提供阅读包

政府统筹制定实施“启明星免费阅读行动”的相关规则，形成在政府引领下的研究机构、企业、社会、个人等各方参与的协调机制。

1. 实施步骤：“分步实施”先后向两个年龄段提供阅读包

先向 0 ～ 3 岁婴幼儿提供“婴幼儿阅读包”。该婴幼儿阅读包设计为有“启明星阅读”LOGO 的帆布质地。针对该年龄段婴幼儿阅读兴趣和特点，包内提供1 个涂鸦板、1 盒彩色蜡笔、3 本分级阅读的图书（一岁一级）、电子阅读 iPad（适合 0 ～ 3 岁儿童阅读的所有基础书目全文及朗读）、阅读指导手册（电子书阅读书目指导、“启明星阅读”网站使用介绍、辅导员介绍等）。

再向 4 ～ 6 岁幼儿提供“高级阅读百宝箱”。该高级阅读百宝箱设计为有“启明星阅读”LOGO 的彩色小塑料箱。针对该年龄段儿童阅读兴趣和特点，箱内提供 1 本彩色塑料文件袋、1 套藏书书签、3 本分级阅读图书（一岁一级）、电子阅读 iPad（适合 4 ～ 6 岁儿童阅读的所有基础书目全文及朗读）、阅读指导手册（电子书阅读书目指导、“启明星阅读”网站使用介绍、辅导员介绍等）。

2. 实施路径：阅读包的发放

阅读包的发放需根据不同年龄段儿童的实际生活环境，以不同的方式分发到儿童手中。如“婴幼儿阅读包”可以与儿童医院或卫生计划部门联系，在婴儿出生时就免费领取。“高级阅读百宝箱”可与幼儿园等机构联系，入园儿童均可以免费领取（农村未入园儿童可由村小教学点代为发放）。

3. 实施绩效：做好年度总结与评估

“启明星免费阅读行动”实施后，每年度要定期进行跟踪调研，及时总结活动经验、成效、存在问题等，对参与工作的各方进行评估，表彰先进，淘汰落后，不断提高计划实施成效。

三、从长远看，建议此行动取得成效后未来可推进“K12 启明星阅读行动”

儿童早期阅读是人生阅读的起点，是终身学习的奠基工程。

“启明星免费阅读行动”在形成模式并在全社会形成阅读氛围后，可推广至 K12 阶段，实施“K12 启明星阅读行动”。使全民阅读活动在青少年阶段落

地生根，并以中国青少年阅读为起点，形成带动全民阅读活动的链条：通过分级阅读和免费发放阅读包提高城乡儿童阅读能力，通过搭建网络平台使城市儿童阅读带动乡村儿童阅读，通过农村儿童阅读带动农民阅读。

四、建议实施“启明星免费阅读行动”的配套措施

1. 建议政府主导中国儿童分级阅读标准体系研制

为做好此件工作，政府应出资研制阅读标准体系，各研究机构参与竞争，经过严格的评审程序后选取一批科学性与可行性兼具的方案，通过向全社会征集意见后形成有权威性、分类指导的若干个标准，出台国家层面认可的中国儿童分级阅读标准体系。社会各方等形成推行标准的合力：一要以政府为主导组织或发布课题引导相关专业研究机构开展研制工作，这是分级阅读的保障点；二要创作者在儿童图书的创作时对分级阅读更多地关注；三要出版社的出版和发行工作要按照分级理念进行合理调整；四要教育行政部门在课堂内外大力宣传与推行分级阅读活动，并与语文学科教学改革结合起来。

少年儿童在不同的成长时期，阅读性质和阅读能力是完全不同的，分级阅读就是要按照少年儿童不同年龄段的智力和心理发育程度提供科学性的有针对性的阅读资源，以持续提高儿童的阅读能力。分级阅读起源于发达国家，在我国香港、台湾地区也发展了十几年，已成为世界性的趋势，是国际儿童阅读的一个重要坐标。英美等发达国家儿童阅读量大、阅读能力强，成熟的儿童分级阅读体系功不可没。近年来，分级阅读也逐渐进入国内部分出版界和部分专家、学者的视野，并在不同领域和不同范围内取得了一些研究成果：如2008年以广东省委宣传部出资启动的南方分级阅读研究中心，在国内率先引进美国蓝思分级阅读理念来推动全民阅读、儿童阅读，推出了《中国儿童青少年分级阅读水平标准》和《中国儿童青少年分级阅读内容选择标准》，已成为我国推行分级阅读的重要参考；2009年以接力出版社牵头联合北京师范大学中国儿童文学研究中心等提出了《中国儿童分级阅读参考书目》；以朱永新教授牵头的新阅读研究所在国内首次提出了“阶梯阅读”概念，从2011年开展了从幼儿到中小学阅读书目的阶梯性分段研制工作，并于2014年陆续推出“中国人阅读书目”丛书等。

但总体上看，我国目前的青少年阅读分级还没有在国家层面推动，研制更没有形成统一的实施标准，各种分级研究还处于分散的初级阶段，占主流的还是按年龄段来进行分级，这种分级对阅读文本难易程度划分比较模糊，

缺少量化指标；所推荐的书目类型也比较单一（国外分级阅读推荐的图书涵盖范围很广，甚至对电脑游戏、手机游戏、电影、电视等面向青少年的文化产品进行分级）；由于大多数由出版机构主导缺乏公信力，要从推进全民阅读的高度来推行儿童分级阅读，使全民阅读进学校工作扎实落地，亟须在政府主导下，统筹推进分级阅读标准的研究，从评价理念、评价工具、评价方式、评价结果运用等方面探索形成适合中国儿童分级阅读的标准体系，并在全国进行推广。

分级阅读标准研制是实施“启明星免费阅读计划”的基础工作，也是推进全民阅读活动进学校的保障点。

2. 研制阅读包

在分级阅读标准的总指导下，按照儿童年龄段分步提供婴幼儿阅读包（0～3岁）、高级阅读百宝箱（4～6岁）两个年龄段阅读材料。

婴幼儿阅读包（0～3 岁）、高级阅读百宝箱（4～6 岁）统一设计为有“启明星阅读”LOGO，内含涂鸦板、彩色蜡笔、3 本纸质书、电子阅读 iPad、阅读指导手册等材料。其中 3 本纸质书，按每一岁一本，电子阅读 PAD 则包含适合该年龄段（0～3 岁、4～6 岁）孩子阅读的分级基础书目（以多媒体呈现，可看可听可互动）。

3. 搭建网站让城市“阅读教师走网”到农村

迄今为止，我国城乡已具备基本的网络基础环境，城市家庭已基本接入互联网，农村家庭也有60%以上接入互联网。搭建“启明星阅读”网站，在网站上组织城市教师和大学生成立“启明星阅读辅导员”团队，让“阅读教师走网”，一对一指导农村儿童阅读，调动城市一切优秀的阅读师资资源为农村孩子提供精准阅读辅导，使城乡儿童“同在蓝天下，共享阅读好资源”。

4. 发布基于大数据的“中国农村儿童阅读状况报告”

在“启明星阅读”网站一定运行周期内，可基于网络数据，对农村儿童的阅读问题进行数据分析与诊断，每两年发布“中国农村儿童阅读状况报告”。

概括而言，此“启明星免费阅读行动”建议，试图以“创新”和“共享”新发展理念为指导：主要由国家财政提供经费支持，启动“启明星免费阅读行动”，为 0～6 岁城乡儿童免费提供阅读包，并在政府主导下形成统筹企业、研究机构、社会各方参与的机制。积极吸收英美等发达国家对少儿阅读进行科学分级的专业化做法研制分级阅读标准，借助数字化技术研制多媒体呈现的阅读包，以指导不同年龄段儿童阅读选择；利用信息化手段，搭建网络平台，组建网络阅读指导教师队伍（“阅读教师走网”），使城乡孩子跨越时空限制，线上线下手牵手一起阅读，共享阅读乐趣，着力保障特殊群体、困难群体的基本阅读需求，并把促进农村儿童阅读工作纳入教育出版精准扶贫中。

案例九

关于全面实施残疾学生 15 年免费教育的建议（2019 年）

案由

教育是促进残疾人平等参与共享的起点，促进机会均等必先从教育抓起。保障残疾人权利尤其是受教育权利的问题，受到党中央、国务院的高度重视，也愈来愈受到社会各界的关注。党的十八大以来，国家把办好特殊教育作为教育现代化的重要内容，实施特殊教育提升计划，残疾人教育的普及水平明显提高，融合教育理念逐步确立，教育质量进一步提高，残疾人教育事业获得极大的完善与发展。国家地方各级政府对于特殊教育的高度重视和实施积极的保障政策措施，使得我国残疾人教育事业获得了长足进步。但是仍然存在总体教育水平不高、发展不平衡等方面的问题。残疾儿童少年义务教育在中西部农村地区特别是边远贫困地区普及水平仍然偏低，非义务教育阶段特殊教育发展整体相对滞后，特殊教育条件保障机制还不够完善，因家庭经济负担较重而导致的残疾儿童入学存在困难或接受教育意愿不高的现象仍然大量存在。近日，中共中央、国务院印发了《中国教育现代化 2035》，中共中央办公厅、国务院办公厅印发了《加快推进教育现代化实施方案（2018—2022 年）》，对此也作出了具体安排和部署。因此，将全面实施残疾学生 15 年免费教育政策纳入社会公共服务，尽快在全国范围内推进对于特殊教育事业发展有重大意义。

案据

一、实施特殊教育免费对于贯彻落实习近平新时代扶贫思想具有重大意义

习近平指出，残疾人是社会大家庭的平等成员，也是人类文明发展的一支重要力量。中国梦，是民族梦、国家梦，是每一个中国人的梦，也是每一个残疾人朋友的梦。“全面建成小康社会，残疾人一个也不能少”“共同富裕路上，一个不能掉队”。党中央、国务院高度重视残疾人民生改善，推动残疾人事业与经济社会协调发展。“十二五”时期特别是党的十八大以来，残疾人权益保障制度不断完善，基本公共服务体系初步建立，残疾人生存发展状况显著改善。但与此同时，目前我国仍有相当数量的农村贫困残疾人、近200万城镇残疾人生活还十分困难，残疾人就业还不够充分，城乡残疾人家庭人均收入与社会平均水平差距仍然较大。“十三五”时期是全面建成小康社会的决胜阶段。残疾人是一个特别困难，特别需要帮助的群体。残疾人既是全面小康社会的受益者，也是重要的参与者和建设者。没有残疾人的小康，就不是真正意义上的全面小康。全面实施残疾学生15年免费，有利于更好地满足残疾人受教育的权利，提升残疾人受教育的水平，促进教育公平，推进基本实现教育现代化；有利于帮助残疾人提高就业创业能力，促进残疾人就业和全面发展，更好地融入社会，平等享有人生出彩的机会。

二、实施特殊教育免费是发展特殊教育、提升残疾人群素质的必要路径

根据有关数据显示，截至2018年底，全国有特教学校2 152所、在校生66.59万人，视力、听力和智力三类残疾儿童少年义务教育入学率达90%以上。为保障残疾人入学就读接受高质量的教育，2015年，教育部公布《国家中长期教育改革和发展规划纲要（2010—2020年）》实施五周年特殊教育发展情况，提出在“十三五”期间，我国将实现残疾学生高中阶段免费，使残疾学生的免费教育达到12年。但是目前残疾儿童接受教育的现状依然十分严峻。2017年动态更新过程中残疾儿童家庭反映，全国仍有十数万适龄未入学残疾儿童少年，仅现存281万建档立卡贫困残疾人家庭中未入学的适龄精神、智力和重度肢体残疾儿童就有十余万人。18岁及以上残疾人的受教育程度低，全国从未上过学和仅上过小学的比例高达70%以上，接受大学本科及以上教育的仅0.5%，很多残疾人虽然获得了入学机会，但是并不能接受完整的教育，辍学率极高。残疾人家庭因残致贫的现象十分普遍，难以承受残疾儿童接受适当教育的经济负担。此外，接受残疾儿童的幼儿园数量不足、融合教育质量不高、特教普通高中数量少且布局不合理，都是残疾人接受适当教育的阻碍因素。

三、让残疾人享受公平高质量的教育是现代国际社会的普遍共识

残疾人和健全人一样，只有走向社会，融入社会，才能实现平等共享的目标。让残疾人接受高质量的教育，提高他们的自身素质，增强生存和发展的能力，是残疾人实现人生价值的根本要求。联合国于1993年通过了《残疾人机会均等标准规则》，从“机会均等”的角度对残疾人受教育权进行了规定，提出普通学校的教育应该提供传译和其他适当支持服务，为适应不同残疾人的需要提供无障碍环境和支持服务。

我国1994年颁布实施《残疾人教育条例》，2007年成为《联合国残疾人权利公约》首批缔约国和履约国，与其他各缔约国共同承诺和履行残疾人“平等”受教育的理念。党的十八大以来，我国特殊教育事业发展取得了重要的历史性突破，特殊学校数量、招生规模、特殊教育质量进一步扩大。然而由于经济发展水平较低，在广大乡村边远地区和城市低收入人群中，残疾人接受特殊教育的情况令人担忧。残疾人家庭因残致贫导致经济困难较为普遍，没有经济能力将他们送到合适的特殊学校接受教育。因此，全面实施残疾学生15年免费教育，使每一名残疾人享受无差别的教育权利，是社会公平正义、人人机会均等的重要标志，也是现代社会文明进步的基本共识。

四、全面实施残疾学生15年免费教育是教育公平均衡化发展的重要一环

教育的均衡化是教育发展的潮流，也是教育现代化的核心理念。它不仅包括教育入学机会的平等，也包括教育过程的平等，还包括享受教育发展的成果平等。特殊教育作为我国教育事业的重要组成部分，同样应以公平化均衡化发展为目标。但在当前，由于区域经济发展水平不同，特殊教育在区域间的发展水平存在很大差异。教育部在2015年提出“十三五”期间，我国将实现残疾学生高中阶段免费，使残疾学生的免费教育达到12年。各级地方政府积极响应，并开始先行先试。上海在2015年率先实现残疾学生15年免费教育，将特殊教育免费扩大到学前教育阶段。在加大财政投入的同时，出台《关于加强特殊教育师资和经费配备的意见》，持续改善特殊教育办学条件，积极保障特殊教育教师收入，特殊教育医教结合、设施设备经费纳入年度特殊教育经费预算予以足额保障。截至2017年底，全国已有14个省份实现了残疾学生15年免费教育。其中既有经济发达的省市如北京、上海、江苏、浙江等，也有经济欠发达省份如江西、西藏、青海等。根据教育部的文件显示，2016年，全国各地义务教育阶段特殊教育学生生均公用经费普遍在6 000元

以上。北京特殊教育学校生均经费标准为 12 000 元；广东小学为 9 200 元，初中 15 600 元；上海为 7 800 元。

根据全国第二次残疾人抽样报告测算，我国在学前教育至高中（中职）教育学龄段残疾学生数量约为 400 万人，以教育部等七部门关于印发《第二期特殊教育提升计划（2017—2020 年）》中提出的特殊教育学校生均公用经费 6 000 元的补助标准，每年大概需要的经费为 240 亿元。2017 年国家财政性教育经费为 34 204 亿元，学前教育、义务教育和高中教育经费总投入合计 29 250亿元。每年 240 亿元的特殊教育经费支出占比分别为 0.7% 和 0.82%，目前仅每年新增财政性教育经费就有 2 000亿元以上，约占新增经费的十分之一，国家财政完全有能力承担。由此看来，在全国范围内全面实施残疾学生 15 年免费教育是切实可行的，也有利于全国的残疾学生享受国家改革发展成果，获得公平教育权利，享受人生出彩的机会。

建议

在“十三五”期间，全国范围内全面实施残疾学生 15 年免费教育，将特殊教育免费涵盖至学前教育到高中教育阶段。根据区域经济发展水平进行分步实施，统筹推进。具体建议如下。

第一，高度重视，积极部署。建议教育部、财政部根据各地特殊教育免费的实施情况进行全面统筹和经费预算，制订 15 年特殊教育免费实施方案并尽快实施。

第二，明确责任，落实经费。建议在特殊教育经费支出上建立分类承担、以省级统筹为主的经费保障机制。原则上，在东部发达地区，可以完全由地方承担；中部一般发达地方，中央与地方财政各承担 50%；西部欠发达地方，中央财政承担 70%，地方承担 30%。对于集中连片贫困地区，由中央财政额外拨付经费，承担全部财政资金。

第三，稳妥推进，分步实施。15 年特殊教育免费行动是一项惠及全国残疾学生的大型惠民工程，要将好事办好，统筹谋划、精心实施，制订详细的实施方案。建议在 2019 年全国实现从义务教育阶段到高中教育阶段残疾学生 12 年免费；推动有条件的地区先行先试，2020 年实现全国一半的省份实施从学前教育阶段到高中教育阶段 15 年特殊教育免费，2021 年在全国范围内全面实施 15 年特殊教育免费。

第四，注重评估、提高质量。特殊教育面向的是社会的特殊群体，需要我们倾注更多的关怀和支持。实施好 15 年特殊教育免费要建立起科学完备的评估制度和评价指标体系，对实施的各个环节进行全过程监督评估，并把特殊教育实施情况纳入地方政绩考核的指标体系。

媒体采访

武汉教授上书温家宝　建议农村义务教育全免费

首次上书，瞅准机会上书

3 月 6 日中午，北京。周洪宇所在的“两会”湖北代表团接到通知，温家宝（当时为国务院副总理）下午将来湖北代表团参加审议政府工作报告。

“我能不能发言？”这是周洪宇的第一反应，“我当时的潜意识里，有一种强烈地向上面反映情况的愿望。”此前，周洪宇关于农村义务教育全免费的建议已引起媒体的广泛关注。

因安排的发言代表很多，代表团负责同志委婉地告诉他：“以后会有机会的。”

“我想下午也许有个‘插队’的机会吧。”周洪宇说。没想到下午的讨论非常紧凑，事先安排 10 名代表发言只进行到第 8 位就已到下午 5 时了，温家宝同志已开始讲话。

下午的讨论一结束，代表们纷纷拥出大厅到门外排队等候与领导合影。“当时，我走在最后面，见中国地质大学的王亨君教授正代表地大校友向温家宝同志问好，旁边的人不多。”周洪宇说。他趁这个机会来到温家宝同志面前。

“温总理，您好！我是华中师范大学教授，现任武汉市教育局副局长。刚才听了您的讲话，很受启发。我这次来京参加人代会之前，与一批全国人大代表参加了湖北农村义务教育的调查，调查的情况与您所说的情况一致。现在农村义务教育确实处在一个非常关键的时期。3 月 2 日我与几位全国政协委员接受新浪网关于教育问题的在线访谈交流，也提到了农村义务教育的问题。当晚我就写了一个人大代表的建言，这是前天发表在《中国教育报》上的建议，请您指示。”

周洪宇回忆说，温家宝同志接过他递去的材料，认真看了题目，笑着说：“农村义务教育这个问题的确很重要，你提得很好，很及时，这个材料是给我的吗？”

周洪宇忙答道：“这是专门给您的。另外，还有一篇昨日刚刊登在《光明日报》上的关于建立高中（含中职）贫困生资助体系的建议，也请您过目。”

“他笑着说：‘谢谢您。好，我会带回去研究处理的。’”周洪宇说。温家宝总理平易近人的作风给他留下了极为深刻的印象。

建议缘于调研

周洪宇最早想到要在农村推行全免费制的义务教育是在2003年2月，当时，新当选的全国人大代表周洪宇随副省长辜胜阻同志到农村调研。“农村教育有了很大改观，但一些偏远地区办学条件相当差，有的学校天黑了不敢开灯，有些学校老师要从商店里赊粉笔上课。”周洪宇说。

代表们很快发现了导致这种现状的一个直接原因：“2002年9月起开始实行农村税费改革，农民负担减轻了，但它直接冲击了义务教育，取消了过去可征收的农村教育费附加和教育集资，上面不许收，下面又不够，使得原本基础薄弱的农村义务教育经费缺口更大。”

周洪宇以湖北为例说，目前小学教材费和杂费的标准是每学年80元，其中大部分都交给了新华书店，学校怎么办？家长的钱不准收，上面拨的钱又不足，学校就处在这种艰难的境况中。

在中国农村实行全免费义务教育的想法在周洪宇头脑中形成了雏形。去京前，他准备了18件议案、建议，但关于农村免费义务教育的议案还没有完全定稿。

3月2日，参加“两会”的周洪宇应邀到新浪网参加在线交流，他首次阐述了他的观点——“在农村尽快实行义务教育全免费制”。

当晚，周洪宇说他按捺不住涌动的忧思，应约为《中国教育报》写了题为《完全免费制应自农村始》的文章：义务教育属公共产品，应由政府提供，公民有义务把学龄子女送到学校接受教育，政府更有义务负担义务教育的全部费用。义务教育免费是国家义不容辞的责任。

这篇署名文章在“两会”上引起强烈反响。

反应始料不及

在周洪宇的办公桌上，放着一本厚厚的剪报，全部是关于他在“两会”期间这一观点的报道。“这一议案的反响是我事先没有预料到的。”周洪宇说。短短半个月内，他接受了40余次的采访和报道，前来采访的有中央电视台、

《光明日报》、《21 世纪经济报道》等近 30 家媒体。

反应远不止这些

在他上书的第二天，中共中央政治局委员、湖北省委书记俞正声指示湖北省教育厅统计农村义务教育经费需求。

3 月 7 日，教育部财政司和基础教育司分别致电周洪宇，表示政府高度重视农村义务教育问题，目前正在积极考虑此事。

3 月 15 日，教育部部长陈至立（现为国务委员）表示，今后国家在教育投资上要逐步向农村倾斜，提高农村的教育水平，逐步缩小差距。

3 月 18 日，《中国青年报》“中青在线”23 736 名网友投票选出了本次“两会”“十大最受关注的议（提）案”，周洪宇和政协委员王翔分别递交的“农村义务教育应免费”的议（提）案名列第一。

对此，周洪宇说：“并不是我的个人见识有过人之处，只是农村义务教育问题实在太让人们牵挂了!”

周洪宇的账单：200 亿元

周洪宇在递交给大会的议案中，详细阐述了实施免费制的理由和方案。

——长期以来，我国各种教育经费总投入中义务教育阶段所占比例过低，义务教育阶段在校生合计 1.93 亿人，占各类在校生总数的 78%，但义务教育经费投入占总投资的比例始终低于 60%，而农村义务教育投入占总投入比重近年来不足 30%，这种投入显然不合理。

——在农村义务教育总投入中，政府财政拨款所占比例不高，还有相当部分经费是通过农村教育费附加、教育集资、学杂费等非政府渠道筹集。而目前的税费改革带来了一些新情况：过去可以征收的农村教育费附加和教育集资，费改税后被取消。

——目前全国义务教育阶段在校生合计约 1.93 亿人，参照农村人口占全国总人口 70%计算，农村在校生约 1.3 亿人。按小学生约为初中生人数的两倍计算，农村小学生约为 0.85 亿人，初中生约为 0.45 亿人。按人均 GDP 与平均财政经费比例的国际平均数计算，小学生每年每生需 500 元，初中生每年每生需 1 000 元，两者合计约 875 亿元。

——如从国家级贫困县开始实行义务教育全免费制，贫困县 592 个，农村人口 1.98 亿，约 3 000 万学生。其中 2 000 万小学生，需约 100 亿元；1 000万初中生，需约 100 亿元，合计约 200 亿元。

在周洪宇看来，200 亿元经费的解决应该不成为问题，因为国家近年每年对教育的总投入是 3 800 亿元，且每年以 1%的速度增长。当前应尽快建立的是一个规范的义务教育财政转移支付制度，明确中央、省、地（市）、县各级政府对义务教育的财政承担责任和比例，具体操作上，可先易后难、分步实施。先从边远少数民族地区着手，再逐步向内陆延伸；从中西部地区 592 个国家级贫困县启动，再向东部地区扩展；从农村小学做起，再扩大到初中。

相信会有实现的一天

对于农村实行全免费的义务教育，周洪宇表现出了很强的信心。"如果政府下定决心，时间不会太长，今年就可以在很多地方试行，明年就可将 592 个国家级贫困县纳入进来。"

目前，他正着手准备到十堰当地农村去调研，获得更翔实的材料，"明年再做一个跟踪议案，对如何筹钱提出建议"。

周洪宇说："我相信很快就会有实现的那一天。"

（原载《武汉晨报》2003 年 4 月 4 日，记者雷静、袁琦）

周洪宇谈农村义务教育全免费

在处理完公务后，昨晚 10 时 20 分，十届全国人大代表、著名学者周洪宇在住地接受本报独家专访。

周洪宇高兴地从记者手中接过新华社当天播发消息的打印件，迫不及待地读起来。

"农村义务教育实现了免费，这可以惠及 1.5 亿学生。"周洪宇颇有些激动地说，"这几天我一直都很亢奋，先是国务委员陈至立同志说，国务院已决定明年春季开始城市义务教育免学杂费，接着又有这样的好消息，这是德政，这是一个伟大的里程碑啊！"

温家宝同志说：你提得很及时

"有媒体称你是（提出）农村义务教育免费制第一人，看到自己的议案正成为现实，特别开心吧？"记者直奔主题。

周洪宇笑了笑说："不能这样讲，在我之前有很多人都提出过、呼吁过，我所做的工作是给这个建议找到理论依据，指出实施的紧迫性，证明实现的可能性。只是在适当的时候以适当的方式提出适当的建议。"

周洪宇说，促使他想到要在农村推行全免费制义务教育的是一次调研。2003年2月，周洪宇当选十届全国人大代表后到农村调研时发现，2002年9月开始全面实行的农村税费改革，取消了过去可征收的农村教育费附加和教育集资，而实际上钱又不够，原本基础薄弱的农村义务教育经费缺口变得更大。

2003年3月2日，周洪宇到京参加“两会”，时任武汉市教育局副局长的他接到《中国教育报》约稿邀请，结合调研，他写出了题为《完全免费制应自农村始》的文章。这篇3月4日见报的约1 500字的文章写道：义务教育属公共产品，应由政府提供，公民有义务把学龄子女送到学校接受教育，政府更有义务负担义务教育的费用。义务教育免费是国家义不容辞的责任。

2003年3月6日，“下午5点多，温家宝同志在湖北代表团用30分钟时间阐述了‘三农’问题的重要性，其中用20分钟谈了费改税后的农村公共事业问题，包括农村教育，最后在代表们准备合影之前，我借机将见报稿呈交给他”。

周洪宇昨晚回忆起此事依然非常兴奋。他说，温家宝同志当时微笑着说：农村义务教育这个问题的确很重要，你提得很好、很及时。

周洪宇回忆：“3月7日，教育部财政司和基础教育司就分别给我来电，表示政府高度重视农村义务教育问题，目前正在积极考虑此事。”

周洪宇说：“以见报稿为起点，我在3月10日前写出了《关于实行农村九年义务教育完全免费制的建议》提交给了大会，就实现农村义务教育免费提出‘分类承担、分步实施’的具体方案。”（记者注：我国推进农村义务教育免费的进程与周洪宇“议案”的设计相当吻合。）

这一议案引起强烈反响。“中青在线”票选2003年“‘两会’十大最受关注的议（提）案”，“农村义务教育应免费”名列第一。而当时各种媒体对此观点的报道，集成起来有厚厚一本。

周洪宇说：“这一议案的反响是我事先没有预料到的，更没想到的是，一届政府任期，议案就得到实现，这是以人为本理念在政府行政中十分具体的体现。”

城市免费义务教育越来越近，教科书循环使用应大力推进

2008年春季起，城市义务教育将免学杂费。在周洪宇看来，这拉开了城市免费义务教育序幕。他坚信：“2010年前，国家也将为城市义务教育免费提供教科书。”

“教科书费数额不大，政府完全有能力承担。”周洪宇以湖北省义务教育阶段学生教科书费用作为全国义务教育阶段学生课本费的平均值，以此为标准来计算全国小学生、初中生每年课本费的总数。

按现在武汉市义务教育阶段中小学生最低一个学期教材费40元、最高130元的均值计算，一年全国约需要300亿元为义务教育学生提供教科书。

他进一步说，如果教科书由国家免费提供，可借鉴国际上通行的做法——实行教材循环使用制度。按此计算，若每本教科书能使用5年，则国家每年负担的书费约为60亿元。这是财政负担得起的。周洪宇说，目前推进教科书循环使用的困难，一是因课程改革带来的各地教材不统一，二是我国教材是学习的依据、练习的手册，学生读完一个学期，语文、数学、英语课本上做了大量练习，不利于循环。“但只要逐步按地区统一教材，同时推进教材分离练习册的功能，循环使用就没有障碍了。”

农民工子女的教育“福利”如何实现？

对进城务工农民工子女——这群特殊的农村义务教育孩子来说，农村义务教育实现完全免费，他们是享受不到的。周洪宇说，在现行教育体制下，他们在城市学校接受义务教育，还要交学杂费和教科书费。

目前，我国农民工已逾1亿人，农民工需要接受义务教育的子女有300万～400万人。周洪宇说，由于财政拨款按政府逐级发放，进城务工的流动农民工子女享受的教育“福利”只在户口所在地。对流入地政府来说，这不是他们的“义务”。拿武汉来说，近14万农民工子女在武汉接受义务教育，所需教育经费也不是一个小数目。

不过他说，让农民工子女享受到属于自己的福利也不是不可能，例如对他们实行“教育支票制”。所谓“教育支票”，就是将他们的教育经费变为能够兑换成现金的特殊支票，农民工子女可以带着“支票”到流入地接受免费义务教育。他还说，现在信息技术发达了，可以实行刷卡制，农民工子女带着本属于自己的教育经费，走到哪里就“刷”到哪里，政府给予的各种教育经费就随人流到哪里。

（原载《长江日报》2007年11月14日，记者潘红柳）

专访周洪宇代表：建议逐步实行高中阶段教育免费

中共中央关于制定“十三五”规划的建议中提出，提高教育质量，推动义务教育均衡发展，普及高中阶段教育，逐步分类推进中等职业教育免除学杂费，率先对建档立卡的家庭经济困难学生实施普通高中免除学杂费，实现家庭经济困难学生资助全覆盖。

全国人大代表、华中师范大学教授、长江教育研究院院长周洪宇在接受人民网记者专访时表示，“十三五”期间我国教育主要面临依法治教有待完善、义务教育不够均衡、高中教育发展不够普及、教育创新能力有待提升四大问题。

周洪宇建议，逐步实行高中阶段教育免费，适时延长义务教育年限。尤其是农村教育不能成为城市教育的附庸，“农村教育，既要考虑到教育的需要，也要考虑到农村的需要，不能把农村教育办成城市精英教育的收割机”。

周洪宇认为，教育供给侧结构性改革，就是在高端、中端、低端这三个方面增强多样性，增加学生的选择性和个性化。在抓好公平问题的同时，把更多注意力放到提高教育质量上来。

周洪宇目前在湖北省人大常委会分管教科文卫工作，同时在华中师范大学做研究工作。他曾说：“在高校工作30多年时间，教育一直是我的根据地。”早在2003年周洪宇第一次当代表，就提出了《关于实行农村九年义务教育完全免费制的建议》，多年来，周洪宇关注教育改革，连续发表文章，主张加强教育法治建设促进教育公平，引起社会各界重视。

当选为全国人大代表十多年来，周洪宇平均每年在全国人大会议上提交约20件议案、建议。2016年他带来议案、建议共22件，其中教育11件。除此以外，还包括文化、经济、水资源保护、大气污染防治及一些法律议案。

“十二五”教育
“实现跨越式发展”

人民网：如何总结“十二五”期间的教育发展？

周洪宇：总的来看，“十二五”期间，我国教育在发展和改革方面，都取得了很大成绩，各级各类教育事业都实现了跨越式发展。比如，学前教育、义务教育，过去最难的职业教育都有了快速发展。

举个简单数据，高等教育在《国家中长期教育改革和发展规划纲要（2010—2020年）》里面，当时的预测是在2020年达到毛入学率40%，2015年毛入学率是40%，提前五年实现了。原来预计的高中毛入学率是80%，2015年已经达到89.5%，离2020年90%的目标已经非常接近了；义务教育基本上都是100%入学率。因此，从发展的角度来看，是跨越式发展。

在改革方面，我们在一些重点领域取得突破。在考试招生制度、现代学校制度的建立、办学体制上面的发展，这都是成绩。

“十三五”教育之路
“充分发挥地方和基层活力”

人民网：您认为“十三五”期间我们的教育面临的最大问题是什么？

周洪宇：我们也应该看到不足。在发展方面，尽管高中和高等教育的毛入学率提前几年完成目标，但是，高中还没有普及，尤其是在边远、农村地区还是一个非常艰巨的任务，地方和基层的活力还没有充分发挥出来。

另外，教育创新能力还有待提升，经费投入虽然有了明显的增强，但投入的增长机制还没有建立。我们应该建立一个从总量到标准的增长机制，过去是按照总量标准来投入，现在我们应该根据学生的生均标准确定拨款标准。再就是依法治教还有待完善、义务教育不够均衡。

人民网：不均衡是不是重点体现在城市和农村之间？

周洪宇：城市、农村，城市里面不同的区也有不均衡，甚至不同的学校也不均衡。比如北京海淀、东城、西城和通州、大兴也有不同，同是海淀区，不同的学校也有不同情况，也不够均衡。

所以，不仅是城乡、区域、学校之间不够均衡，甚至不同的群体也不均衡。比如正常人的教育总体上比较好，但是残疾人群体的教育工作做得不够。所以，这个不够均衡是不同的方面。但是总体来看，我们认为中国教育现在已经进入了世界的中上行列。

教育供给侧结构性改革
“做好高中低端服务”

人民网：教育的供给侧结构性改革应该怎么改呢？

周洪宇：教育供给侧结构性改革，是在三端开展，从三个方面进行。在高端要增加高端服务，把高中、大学办好，吸引到相当一批优秀学生留在国内；在中端这块要推进教育均衡化，让处于绝大部分的教育对象享受均衡的公共资源；低端层面就是要解决学习困难学生的需要。另外，也要大力发展残疾人等特殊教育。

同时，教育供给方面，第一要增加多元化教育，第二要增加选择化的教育，第三要增加个性化的教育。

人民网：您提到公平和质量是决定普及未来高中教育的一个改革焦点，

二者是什么关系？

周洪宇：公平和质量是整个教育的两大主题，这两大主题在不同的时期有不同的体现。在教育发展早期，一般来说要更加重视公平。当教育发展到一定程度之后，就得更加重视质量。今天我们实现了跨越式发展，过去没有解决好的一些公平问题要抓好，同时我们要把更多注意力放在提高教育质量上面来。

人民网：提高教育质量是“十三五”时期我国教育工作的战略主题，靠什么提高？

周洪宇：提高教育质量尤其是要培养一批创新型人才，这个是过去供给侧结构性改革做得不够的地方。比如发展高中教育，就要根据学生发展个性教育，发展有选择性的教育。像北京、上海有科学院系统和丰富的教育资源，中小学可以实行走班制，大学可以到中小学去开设一些选修课程，更早地和高中对接。

学前教育
“可以实行免费而不义务的教育”

人民网：有人建议学前也应该纳入义务教育，您赞同吗？

周洪宇：义务教育学制应该延长，至于往学前还是往高中延，我不主张往整个学前三年延，最主要是遇到了一个很大问题：家长的选择权问题。往学前一年延则有可能。

免不免费和是不是义务教育是两个概念。因为义务教育有两个基本属性和条件属性，基本属性是教育的公共性和公益性，条件属性是免费性和强迫性，政府出了钱让你上学你不去，是违法的。既然有这两个属性，当纳入义务教育的时候就发现遇到困难了。

困难在哪里？一方面，学前教育发展面临师资队伍数量和质量不高、公立幼儿园投入不够等一些问题，重要的是如果实行义务教育了，家长不让孩子去上就违法了。所以，很多国家在实行学前教育纳入义务教育的时候非常慎重，一般来说不这样做。

因此，免费教育不等于义务教育，可以免费，但是不等于纳入义务教育。免费教育只是义务教育里面的一点，所以，学前教育可以实行免费而不义务的教育。

农村教育
“不能成城市教育附庸”

人民网：“十三五”时期随着城镇化的推进，大批的农民会进城，进城以后产生两个问题，一是农村的教育问题，二是进城农民工随迁子女在城市的教育问题，您有什么建议？

周洪宇：我国农村教育尽管近年来进步明显，但总体定位仍不明确。农村教育不是城市教育的附庸。现在发展农村教育，对农村的特点重视不够，尤其是在一些课程开设方面还是比较强调国家的课程。在课程设置上面，应该考虑到不同的地区有不同的需要，比如湖北恩施地区，富硒都可以编到学校的校本课程里面。

农村教育，既要考虑到教育的需要，也要考虑到农村的需要，尤其不能把农村教育办成城市精英教育的收割机，现在事实上，大量好的师资、生源都被城市的学校收过去了。

全面二孩时代
“关注正常 不需要恐慌”

人民网：“全面二孩”时代的到来，对我国教育会产生什么样的影响？

周洪宇：从“单独二孩”实施的情况来看，不需要恐慌。“全面二孩”会给我们的教育供给，教育服务带来资源上的压力，真正的冲击在三年以后。

对于政府来说，希望用两到三年时间，根据人口增长的规律和中国的现实，提前做一些教育设施的添置，比如在新区，或者老区里面，增加一些学前教育的机构。目前来看，除了高中发展不够以外，初中小学资源都是够的，我们还有时间可以做这些事情。

周洪宇对国家教育事业发展“十三五”规划提出十条建议

1. 逐步实行高中阶段教育免费，适时延长义务教育年限；
2. 实行义务教育学生“免费午餐计划”，全面提高学生身体素质；
3. 实施“0～6岁启明星免费阅读行动”，为促进人的全面发展终身发展奠定基础；
4. 推进教育精准扶贫，打好政策“组合拳”，为实现全面脱贫目标奠定基础；
5. 优化高等教育结构，实施分类发展，引导高校在不同层次、不同领域办出特色，争创一流，使若干高校和一批学科达到或接近世界一流水平；

6. 深入推进政府职能转变，全面依法治教，加快推进教育治理体系和治理能力现代化；

7. 适应国家区域发展新战略，促进区域教育合作，建立长江经济带国家教育综合改革试验区和京津冀教育一体化改革试验区，实施“一带一路”沿线国家来华留学生规模倍增计划；

8. 逐步建立起由总量保障到标准保障的教育投入稳定增长体制，为建设人力资源强国提供物质基础；

9. 大力推进智慧教育，全面提升教育信息化应用水平；

10. 加大全社会教育资源统筹力度，加快推进学习型社会建设。

（原载人民网 2016 年 3 月 4 日，记者孙红丽）

社会反响

“提速”义务教育全免费

这是一次不期而遇

3 月 2 日，在中国教育电视台的休息室里，周洪宇和朱永新相见甚欢，一档“两会进行时”的访谈节目把他们约到了一起。

全国人大代表周洪宇因在 2003 年全国“两会”上首倡“农村义务教育应免费”而受到关注，这位华中师范大学的博导被称为“周免费”。在 2005 年全国“两会”期间，全国政协常委、苏州市副市长朱永新呼吁“全面推进农村免费义务教育，落实义务教育经费的财政分担机制”，二人可谓英雄所见略同。

许多人把刚刚过去的 2005 年称为“中国免费义务教育元年”。周洪宇和朱永新欣喜地看到，国家免费义务教育政策开始落到实处。

3 月 5 日，温家宝总理在人民大会堂作政府工作报告时说，2005 年中央和地方财政安排专项资金 70 多亿元，对 592 个重点贫困县 1 700 万名贫困家庭学生免除学杂费、免费提供教科书和补助寄宿生生活费，还为中西部地区 1 700多万名贫困家庭学生免费提供教科书。

2006 年伊始，各地纷纷传来推行免费义务教育的好消息，既有杭州、北京、上海等发达地区，也有河南、重庆等中西部省市。2006年中共中央一号文件也提出在2007年将全免农村义务教育学杂费。

时间表能否“提速”

3月1日，周洪宇等湖北的全国人大代表乘车北上。列车上，一些代表纷纷向他祝贺：“周教授，你的愿望终于有望实现了。”

周洪宇还记得，2003年3月他第一次参加全国“两会”时，向这些代表们征求对“农村九年义务教育应免费”这件议案的意见，“不可能”之声此起彼伏：“你的愿望是好的，但是政府根本没有财力承担，你还是放弃了这个想法吧。”

3年后，面对这些祝贺之声，周洪宇回答说：“不但是我的愿望实现了，全国人民的愿望都实现了。”

但他还有一些遗憾。农村免费义务教育在全国铺开，但教科书费用依然由学生支付，周洪宇认为这还不是真正意义上的免费义务教育。2006年他的议案题目是《关于在中小学实行教科书循环使用的建议》，旨在探讨政府支付义务教育阶段的教科书费用的可行性，“真正的义务教育应该是免学费、免杂费、免教科书费，并补助贫困生伙食费，中央应该明确规定免除义务教育教科书费的时间和方式”。

周洪宇的另一个重头议案是“关于‘十一五’期间全国实行义务教育全免费的建议”，接受《新民周刊》采访时，周洪宇勾画起中国义务教育全免费的路径图。

“关键不在财力，而在认识和决断！”这几年里，周洪宇一直呼吁政府实现从“人民教育人民办”到“人民教育政府办”的执政理念转变。他认为，此前政府迟迟不能实现这个转变的主要原因，是不知道这笔账到底有多大，甚至有人哄传免费义务教育投入是一个无底洞，中国现有财力不堪承受。而根据周洪宇的测算，这笔账的数目是875亿元。正是这个被广泛引用的数字，第一次让国人知道：免费义务教育并非遥不可及，而是在财力允许的范围之内的。

2005年11月10日，教育部负责人在答记者会上明确表示，在拟定的“十一五”规划中，2010年农村地区实行免费的义务教育，2015年全国普遍实行免费义务教育。周洪宇在欣喜之余也指出：“这对于企盼实行义务教育全免费的民众来说，似乎显得过于漫长。”

2005年，这位教育学的博士生导师花了大量时间研究义务教育阶段学龄人口走势和中国财力状况。他发现未来几年义务教育阶段学龄人口将走向一个波谷，免费义务教育的支出会越来越低，在政府财力不断增强的大趋势下，这意味着政府承担义务教育费用的压力越来越小。

周洪宇说，根据学龄人口走势，从2005年前后开始，中国义务教育阶段在校生大致每年减少450万人。2006年小学在校生约为10 446万人，初中生约为6 420万人，按现阶段实行的义务教育减免标准计算，共需经费合计约634.3亿元。而中国2006年财政性教育经费支出在6 770亿元左右，因此用于免费义务教育的经费只占9.37%左右。

伴随着2006年到2010年义务教育阶段学生人数的逐年自然递减、国内生产总值的逐年增长、国家财政性教育经费总支出的逐年增加，用于免费义务教育的经费呈越来越少的趋势，2007年将减为约620亿元，2008年约605.38亿元，2009年约590.88亿元，2010年约576.3亿元。

“即使按2006年最高的634.3亿元算，以国家现有的财力承受下来也毫无问题。”周洪宇得出的结论是，到2007年前后完全有条件在农村全面实施免费义务教育制度，到2010年前后完全有条件实施包括城市在内的全国范围内的免费义务教育制度。

先行者的价值

在周洪宇勾画的时间表中，中国的免费义务教育应该从农村到城市、从贫困地区到发达地区。苏州市这个富裕的江南城市率先起步，在令人刮目相看的同时，也引来了一些非议。

苏州市免费义务教育的范围包括苏州市九年义务教育阶段公办学校在校生和符合条件的外来务工人员子女，免费项目包括杂费、教科书费和技术信息费。由于苏州市作出了减免教科书费的决定，市委书记王荣自豪地说：苏州市实行的是真正意义上的免费义务教育。

早在2005年，海南省就率先在全省范围内实施免费义务教育政策，范围包括城市和农村。限于现实财力，海南省没有全面减免教科书费和技术信息费。

海南省和苏州市，一个是经济欠发达地区，一个是经济发达地区，它们率先推行义务教育的做法，印证了周洪宇的观点：“关键不在财力，而在认识和决断!”

“如果中国的义务教育在未来几年不能尽快实行全免费，将与中国的国际地位以及正在崛起的负责任的大国形象不相称。”在2006年的国是论坛上，周洪宇再一次呼吁。

3月2日，在中国教育电视台的休息室里，周洪宇问朱永新有什么新议案、建议，朱永新说准备了一个《关于大力推进教科书循环使用的建议》。周洪宇一听乐了，他们两人又不谋而合。

“目前义务教育在校中小学生1.731 6亿，按湖北省2005年‘两免一补’免教材费标准计算，全国免除义务教育课本费约为166.5亿元，若每本教科书能转续使用5年，则国家每年只要负担33.3亿元的书费。”周洪宇详细解说自己的数据。

中国实行九年义务教育以来，书费已成为学生最大的一笔开支。据统计，目前小学和初中的书费在所交费用中所占的比例分别为53.1%和69.4%。据调查，目前每学期中国每位小学生一般要支付38～88元的课本费，每位初中生要支付132～165元的课本费。据教育专家统计，中国义务教育阶段中学生中途辍学的原因51%是因为“交不起费用”，而中国义务教育阶段的教材总额在300亿元左右。

（原载《新民周刊》2006年3月10—16日，作者陈统奎）

义务教育免费决议中的“私人”事件

中央政府的决策是那列火车，我只是旁边的一辆汽车，看到了火车跑的过程。

——周洪宇

周洪宇又带了跟教育有关的四五件议案上会。

2003年3月6日，华中师范大学教育科学学院副院长周洪宇第一次上会，莽莽撞撞中，竟然成功地将建议递到了时任国务院副总理的温家宝同志手上。这个关于九年农村义务教育实行完全免费制的建议最后成为那届人代会的最热议题。

更巧的是，当年9月，全国第一次农村教育工作会议就突然召开了。2007年3月9日，周洪宇在代表住地，笑着跟本报记者打了个比喻：“好像是两条路无意间平行了，中央政府的决策是那列火车，我只是旁边的一辆汽车，看到了火车跑的过程。”

细密的私人事件一经嵌入，周洪宇就成了国家义务教育免费决策进程的见证者。

我写了个东西，请总理指示

2003年3月2日，坐了一夜火车刚到北京的周洪宇被邀请去新浪网做访谈。他的另外两个身份是武汉市教育局副局长和中国民主促进会成员。

周洪宇接过了这个尖锐的话题。此前一个月，刚当选全国人大代表，他跟着人大代表团到孝感农村去考察，看见很多乡镇中心小学的课桌椅瘸了腿，用砖垫着。因为粉笔是赊来的，老师用得也很节约。天快黑了，学生们还像小鸡啄米那样低趴在课桌上。一问，说，学校没有钱交电费。这让他恍惚记起了1976年在湖北荆门农村插队的情形，那时的木头窗户上全是洞，冬天就呼啦啦地灌冷风。

他回答网友说："现状是农村基础教育投入不足，这跟支出结构不合理有关系，基础教育得到的投入太少。"

3月4日，《中国教育报》发了一个专版，通栏标题为《免费！义务教育的新呼唤》，其中就有他那晚访谈回来连夜写就的文章。一大摞报纸到了代表住地，这天，很多代表见了周洪宇都跟他主动地提起了这个话题，直说这个事情有价值。

3月6日中午，周洪宇所在的"两会"湖北代表团接到通知，时任国务院副总理的温家宝同志下午将来湖北代表团参加审议政府工作报告。

下午的讨论结束，与领导合影时周洪宇将一直紧紧攥在手中的文章递了过去。

"温总理，您好！我是华中师范大学教授，现任武汉市教育局副局长。刚才听您讲话很受启发。前不久与一批全国人大代表参加了湖北农村义务教育的调查，看见农村教育的问题很严重，所以写了个东西，请总理指示。"

温家宝同志接过文章，看了题目说："是代表的建议啊，农村义务教育这个问题的确很重要，你提得很好、很及时。"

义务教育的账怎么算？

3月7日晚，正在兴头上的周洪宇接到了教育部财政司和基础教育司的电话，说政府高度重视农村义务教育问题，目前正在积极考虑他提交的议案。随后，他听说，湖北省委书记俞正声也指示湖北省教育厅将农村义务教育的经费需求统计出来，要适时提交中央。

也是这天上午，周洪宇获得了在湖北代表团全团讨论会上发言的机会。

这时候国家刚刚开始农村税费改革，要求不许对农民乱摊派、乱集资。周洪宇后来到孝感考察时才意识到，尽管农民负担减轻了，但是，过去78%

靠农民承担的义务教育经费却没有了。因为中央财政没有及时到位，使得原本基础薄弱的农村义务教育缺口更大。

学理的论述之后，周洪宇接着说了三个问题：第一，这个单有多大；第二，谁来埋单；第三，怎样实施。

在会前，这个侧重研究教育史学的博导专门为算账的事情请教了湖北省教育厅厅长路钢："义务教育阶段的学生费用是怎么计算的？"

主管全省教育经费盘子的留英数学博士也沉吟了一阵说，是啊，我们教育系统也还没有找到一个很好的测算标准，不过，可以考虑用人均 GDP 与生均财政经费的国际平均数，来衡量我们国内的情况。

周洪宇就把全国义务教育阶段农村学生总数，还有学杂费的数字加起来，得出全国农村义务教育阶段学生需要 875 亿元的总数字。

"'义务教育的单有多大'是个很重要的问题。"周洪宇后来才意识到，他所擅长的学理研究正是结合了路钢厅长的财务概念，结合了自己的行政工作实践，才变成了一个具有可操作性的议案。后来的《人民政协报》"教育在线周刊"也评论说，关于义务教育免费的呼声，并不始于周洪宇，但是，自本届大会始，这个呼吁进入了理性思考的阶段。

当时在座的一个全国人大办公厅副主任也激动地表示："我要写个快报！"

3 月 12 日，376 名人大代表联名提交《关于加快修改〈中华人民共和国义务教育法〉的议案》，周洪宇也签了名。

3 月 15 日，教育部部长陈至立（现为国务委员）表示，今后国家在教育投资上要逐步向农村倾斜，提高农村的教育水平，逐步缩小差距。

3 月 18 日，《中国青年报》"中青在线" 23 736 名网友投票选出了本次"两会""十大最受关注的议（提）案"，周洪宇和政协委员王翔分别递交的"农村义务教育应免费"的议（提）案名列第一。

9 月 8 日，周洪宇写了《关于我国农村教育工作的十点建议》，寄给全国人大，并请他们转交温家宝总理。后来发布的《关于进一步加强农村教育工作的决定》，其中部分内容正是要求对贫困地区学生实行学杂费"两免一补"，这跟周洪宇的建议部分一致。

从此以后，很多关于义务教育不可能免费的说法才渐渐消失。

这几年，议案内容甚广的周洪宇每年都要继续就义务教育的免费问题提建议。他的理想是，等农村义务教育全部免费后，城市学校也应该免费。但他把这些远大目标都小心翼翼地分解成好几段，塞在每年的议案中。

（原载《南方周末》2007 年 3 月 15 日，作者向郢）

城里伢的课本费也该免除

作为一名全国人大代表，自2003年十届全国人大一次会议以来，周洪宇一直在呼吁国家免除义务教育阶段费用。

2005年，农村贫困地区开始实行“两免一补”；2007年，所有农村学生被免除义务教育阶段教科书费。现在，距离义务教育全免费，只差最后一步了。昨日，全国人大代表周洪宇再次呼吁，尽快免除城市义务教育阶段学生教科书费，全面彻底实施免费义务教育。“真正实现义务教育阶段全免费只差最后一脚了，城里伢的课本费也该免除了。”

周洪宇说，继续推行免除城市义务教育阶段学生教科书费是大势所趋，且时机已经成熟。

免除城市义务教育阶段学生教科书费应该怎样实施呢？周洪宇说：“应该分类承担，分步实施。”

周洪宇建议：按照各地经济发展水平确定中央和地方承担免除城市义务教育阶段教科书费的比例。对北京、上海、广东等经济发达的地区，由其自己来解决城市教科书免费所需的经费问题。对湖北、湖南、江西等省份，中央和地方财政各出50%。对于西藏、新疆、青海、宁夏等欠发达省份，中央可支付70%。

义务教育全免费可以“分步实施”，可以先县镇后城市。最迟在2009年春季学期开始推行免除县镇义务教育阶段学生的教科书费，最终在2010年前在全国范围内实现全面彻底的免费义务教育。

城市中小学教科书免费一年仅需13亿元

免除城市义务教育阶段学生教科书费到底需要多少钱？中央和地方政府有财力承受吗？周洪宇算了一笔账。

据了解，按2006年教育部统计数据，全国城市小学在校生为1 603.568 9万人，县镇小学在校生为2 431.822 5万人。城市初中在校生约为449.149 5万人，县镇初中在校生1 141.521 5万人，按小学生每学年90元、初中生每学年180元的最新标准计算，全国城市小学（包括县镇）免除教科书费需要36.318 5亿元，初中约需要28.632 078亿元，一共需要65亿元。

周洪宇说：“教科书还可以采用循环使用制度。按国际通行的‘教科书循环使用5年’的惯例，国家财政每年仅需要拿出12.99亿元负担城市义务教育阶段学生的教科书费，财政是完全有能力承担的。”

时间表

2004年，592个国家级贫困县实行“两免一补（即免学费、免杂费，补助贫困寄宿生生活费）”；

2005年，所有农村贫困地区实行“两免一补”；

2007年，农村义务教育阶段所有学生免教科书费。

（原载《长江商报》2008年3月3日，记者刘春燕）

周洪宇代表：农村中职教育应实行免费

由于曾经在全国“两会”上提出农村义务教育免费，全国人大代表周洪宇教授被媒体称作“周免费”。2009年“两会”，他将目光又放在了农村中等职业教育的免费问题上，将免费“进行到底”。“不是什么教育都要免费，免费也不是灵丹妙药，一免就灵，一免就好。关键要看免费的理由。”周洪宇代表说，“虽然我被称为‘周免费’，但我对目前有人提出实行高中教育免费或学前教育免费就持保留态度。”他认为，免费突破口在农村中等职业教育上。

周洪宇代表表示，将普及12年教育作为国家中长期教育改革与发展规划目标，逐步实施农村中等职业教育免费制是当下首先应着手进行的。

周洪宇代表认为，由于农村基础教育薄弱，有相当数量的农民子女难以考入高中。只有提供免费中职教育，才能为更多的农民子女提供谋生手段，使之走上知识改变命运的轨道。让更多的掌握技能的农村青年留在本地致富，也是解决农村就业、建设社会主义新农村的迫切需要。

他摆出了一组数字：2007年，全国仍有300多万初中生不能升学，也不能接受职业技术教育和培训。农村职业学校学生或城市涉农专业学生占中职比例并不大。如果按每生每年2 000元、三年6 000元来算，国家花不了多少钱，还可分级承担。

“与义务教育免费思路一样，农村中职教育免费也要走分类承担、分步实施的路子。”周洪宇建议，农村中等职业教育经费投入实行在省级政府负责统筹落实的现行体制下，中央和地方共同负担，地方承担的比例按照各地经济发展程度来确定。周洪宇表示，2009年可以先对考入农村中等职业学校和城市涉农专业的农村贫困家庭子女实行免费，2010年扩大到考入城市中等职业学校的农村和城市贫困家庭子女，2011年再扩大到考入农村和城市中等职业学校的所有农村家庭子女。从农村中等职业教育入手，实施免费比较有操作性和可行性，易于启动。“如果此项工作能真正开展，将是我国政府继九年义务教育免费之后为人民所办的又一项重大的民心工程。”周洪宇代表说。

（原载新华网 2009 年 3 月 2 日，记者李鹏翔、毛晓梅）

人大代表周洪宇描绘农村中职免费“路线图”

所需经费分级分类承担中央投入向中西部倾斜

我国实施九年免费义务教育之后，下一步免费的突破口在哪里？2009 年“两会”上，全国人大代表、华中师范大学教授周洪宇回答：“应当从农村中等职业教育开始！”

周洪宇描绘的农村中职免费教育“路线图”分三步：第一步，近期可以对考入农村中等职业学校和城市涉农专业的农村贫困家庭子女实行免费；第二步，逐步扩大到考入城市中等职业学校的农村和城市贫困家庭子女；第三步，再扩大到考入农村和城市中等职业学校的所有农村家庭子女。

此前一段时间，有许多人建议实行高中教育免费或学前教育免费。周洪宇认为，由于我国经济实力总体比较有限，高中和幼儿教育普及程度还不高，近期国家不宜急于提出 12 年免费义务教育，不要盲目相信一免就灵、一免就好，“就是日本、韩国等经济实力雄厚的国家，也没有实行 12 年免费义务教育”。

但考虑到中职的特殊性，周洪宇建议国家逐步实施农村中职免费制。他分析，中国是个农业大国，农村人口占全国总人口的 60% 多，农民应与城市居民一样能享受到改革开放的成果。由于长期以来农村基础教育的薄弱，许多农民子女难以考入城里的高中。如果农村孩子能免费上中职，一方面，更多的农民子女可以学到谋生技能和生存手段；另一方面，这些掌握了熟练技术的中职毕业生留在本地，又能为建设新农村发挥积极作用。

他说：“建设新农村，需要懂技术、有技能的新农民。新农民，除了回到农村的大学毕业生外，主要是受过中等职业教育、掌握了一定农业技术的中职生。”

农村中职免费需要多少钱？周洪宇算了一笔账：2007 年，全国初中毕业生 1 964 万人，普通高中招生 840 万人，中职招生 810 万人，全国仍有 300 多万初中生不能升学，也不能接受职业技术教育和培训。如果按每生每年 2 000 元的标准算，国家花不了多少钱。

“这笔经费还可以分级承担、分类承担。”周洪宇建议，东部发达地区，主要由地方来承担，省市县可分类承担；中部地区，省市承担 70%～80%，中央承担 20%～30%；西部欠发达地区，完全由中央财政来承担。

对于这个“路线图”，周洪宇认为，要从中国国情出发，因地制宜，分类承担，分步实施，不要搞一刀切。他还提出了具体实施方案：先从农村中等职业教育开始，最后普及到城市中等职业教育；先低年级后高年级，分层次逐步实施，到 2015 年全国普遍实施中等职业教育免费制。

言语之间，周洪宇充满期待：“以国家现有的财政实力，可以说完全不成问题。如果此项工作能真正开展，将是我国政府为民所办的又一项重大的民心工程，一件具有里程碑意义的大事！”

（原载《中国教育报》2009 年 3 月 5 日，作者余冠仕、刘琴）

将免费进行到底 “周免费”提出“新三免”

全国人大代表“周免费”，2016 年又带来了 3 条关于“免费”的建议：在“十三五”期间，逐步实行高中阶段教育免费，实行义务教育“免费午餐计划”，实施“0～6 岁启明星免费阅读行动”。他戏称这 3 项免费建议是“新三免”。

“周免费”大名周洪宇，2003 年第一次当选全国人大代表时，还是华中师范大学教授的他就提出了关于实行农村九年义务教育完全免费制的建议。此后，他又陆续提出义务教育阶段教科书免费和中等职业教育免费建议。

这些建议逐一变成现实：2008 年，全国城乡中小学全部免除学杂费；2007 年，全国农村义务教育阶段教科书免费，2017 年，全国将实现义务教育阶段教科书免费；2012 年，中职教育免学费范围扩大到所有农村（含县镇）学生、城市涉农专业学生和家庭经济困难学生。这三项免费被周洪宇称为“旧三免”，周洪宇也被人们称为“周免费”。

从“旧三免”到“新三免”，“周免费”看似有着“将免费进行到底”的决心。

对此，他笑着解释 2016 年提出“新三免”的底气：老百姓的需要、形势发展的需要、中央“共享”理念的体现和国家财力支撑的考虑。

2015 年全年国内生产总值是 67. 67 万亿元，全国财政收入已经超过 15 万亿元，国家财政性教育经费估计不会少于 2. 6 万亿元。与之相比，2003 年，仅国家财政性教育经费一项，也只不过是 3 850 亿元。去除物价上涨等因素，无论是国家的实力，还是国家对教育的投入，与以往相比，都大大增加了。

所以，“与2003年相比，教育应该作出更多的努力。”周洪宇说。

作为全国人大代表，周洪宇是出了名的“多产”，且他的建议和议案被国家有关部门采纳的比例高达70%。他的“秘籍”很简单：有的放矢，方案具有可行性和可操作性。“我不会贸然提做不到的事情。”他说，与“旧三免”一样，“新三免”要坚持“分类承担，分步实施”的原则。

以高中阶段教育免费为例，周洪宇算了一笔账：2014年，我国高中阶段招生1 416万人，其中普通高中796.6万人，中等职业教育619.76万人。目前中等职业教育的免费范围已达90%，因此主要考虑普通高中，按每年学费1 000元来计算，每年需新增投入239亿元，约占2014年国家财政性教育支出的0.9%。“从现有国家财政承受能力看，投入相关经费是可行的。”他建议在“十三五”期间，采取分地区按比例承担、分步骤按类型实施的方式，到2020年实现高中阶段免费教育。

义务教育阶段免费午餐的账就算得更细了。

“免费营养餐”和“免费午餐”看起来都是吃饭的问题。“两者性质不同，不只是字眼的变化。”周洪宇接着算账：免费营养餐，是国家财政出4元，家长出2元，改善一顿饭的营养，但不属于政府必须承担的责任。政府只是帮助解决困难家庭午餐的部分费用问题。政府能否进一步重视这个问题，多出2元钱，给学生提供免费午餐呢？

在周洪宇看来，2元钱的问题不是小事，它关系到几千万名农村学生。“看起来只是2元钱，但是每个人增加2元钱，学生的营养和身体素质感觉就会不一样。”周洪宇说。在他看来，实行义务教育阶段学生免费午餐计划是落实“共享”发展的理念的必然要求。

“我还是那句话：这不是钱的问题，关键是认识问题。”周洪宇说，“现在是作决断的时候了。”

（原载《中国青年报》2016年3月4日，记者原春琳、张茜）

周洪宇：农村娃的世界少了“一本书”

“走进绝大多数农村家庭，你几乎看不到书架，更别说农村孩子平时能读到多少儿童图书了！”在3月3日人民教育出版社举行的长江教育论坛上，全国人大代表、湖北省人大常委会副主任、长江教育研究院院长周洪宇说。

“我国农村儿童的阅读状况令人担忧——农村儿童阅读量仅为城市儿童的七分之一。由于中国城乡差距，30%的城市孩子拥有88%的儿童图书，农村地区儿童实际上是无书可读；同时，因农村家庭阅读氛围较差、农村幼儿园无力指导阅读以及90%的乡镇儿童居住地附近图书馆数量少，导致农村儿童缺乏系统的阅读支持。”周洪宇加重语气解释说，“加上近年来我国图书价格涨幅较大，家庭贫困的农村家庭往往只能‘望书兴叹’，根本买不起儿童图书。”

“在中国跨入全面实现小康社会最后5年倒计时的时候，如果我们农村的孩子连读几本课外书也成了一种奢望的话，那么广大的农村家庭、农村孩子很难说有多少实实在在的获得感。今天，全社会都在谈精准扶贫。要我说，农村学龄前儿童能否养成良好的阅读习惯，关系到农村整体人口素质的提升，关乎中国精准扶贫工作的效果。这恐怕是未来几年中国教育精准扶贫的一个不可忽视的重要方面。”全国政协委员、华中师范大学党委书记马敏说。

发言中只要用到“我认为”，周洪宇就会习惯性地随手拈来一组组数字来帮他“说话”。“有机构曾对湖南中东部农村、苏北地区进行的调查显示，被访问家长中，初中毕业的家长比例最大，拥有大专或以上文凭家长只占总数的7%左右。这说明，农村地区学前儿童家长的受教育程度普遍偏低，并不清楚每个阶段孩子的阅读需求，以及如何引导。”周洪宇说，“怎么去改变这种状况？”

“建议国家层面尽快启动实施一项‘0～6岁启明星免费阅读行动’。”提到“启明星”这个名称，周洪宇提高了声调说，“0～6岁是人生成长最关键的时期，犹如清晨出现在东方地平线上的启明星，这意味着儿童的人生从此起步。但这一步怎么走，走的方向和质量如何，既是每个父母，也是国家应该考虑的问题。”

根据长江教育研究院设想的路线图，“启明星阅读行动”瞄准向全国0～6岁城乡儿童免费提供“阅读包”和“阅读百宝箱”，并健全实施“启明星免费阅读行动”的配套措施，由政府主导研制分级阅读标准，搭建网络平台，组建网络阅读指导教师队伍，使城乡孩子跨越时空限制，线上、线下手牵手一起阅读。

若以我国每年新出生婴儿1 600万人的规模，考虑“全面二孩”政策推行后，2016年预计达到1 800万人，入园儿童、未入园儿童和新生儿等学前儿童总量约1亿人测算，如果一次性给这些儿童分两个阶段配齐阅读包（箱），总开支近550亿元。

“实施免费阅读行动将有利于推动国家全民阅读活动，着力保障农村留守儿童的基本阅读需求，也是通过教育出版实施精准扶贫的一种有效方式。”周洪宇建议，国家可以借鉴以往经验，实行“分类承担”，即东部发达地区由自己全额解决，中部一般发达地区由中央与地方各自承担50%，西部欠发达地区中央承担70%，地方承担30%，分解之后财政压力更小。与此同时，政府还可以统筹制定利益激励机制，发挥企业和民间机构的力量，各方助力，共同投资促成。

有资料显示，我国每年发行的儿童图书虽然有4.6亿册，但平均到3.6亿未成年人身上人均不过1.3册。我国的未成年人儿童读物拥有量在全世界排名第68位，是以色列的五十分之一，是美国的三十分之一。而在为孩子提供阅读材料的经济实力大体相关的两个国家中，美国儿童的阅读量是中国儿童的6倍。与英美等发达国家比，我国少儿阅读量是他们的六分之一，这说明中国儿童的阅读能力还存在很大的提升空间。

"全民阅读正逐步上升为国家战略。"周洪宇说，"我相信，在不远的将来，中国农村孩子没有书架将成为历史！"

（《中国教育报》2017年3月26日，责任编辑胡汉敏）

周洪宇代表：建议全面实施15年特殊教育免费

"全面实施残障学生15年免费教育是教育公平均衡发展的重要一环。"3月13日，全国人大代表、湖北省人大常委会副主任周洪宇在做客正义网推出的"2019全国两会访谈"时表示，教育是促进残障人士平等参与共享的起点，全面实施残障学生15年免费教育政策纳入社会公共服务，并尽快在全国范围内推开，对于特殊教育事业发展有重要意义。

他提到一组数据，仅现存281万建档立卡贫困残疾人家庭中，未入学的适龄精神、智力和重度肢体残障儿童就有十余万人。18岁及以上残障人士的受教育程度低，全国从未上过学和仅上过小学的比例高达70%以上，接受大学本科及以上教育的仅0.5%，很多残障人士虽然获得了入学机会，但是并不能接受完整的教育，辍学率极高。

"这些年我国的特殊教育事业获得了长足进步，但是仍然存在总体教育水平不高、发展不平衡等方面的问题。"他说，在中西部农村地区特别是边远贫困地区，非义务教育阶段特殊教育发展整体相对滞后，特殊教育条件保障机制还不够完善，因家庭经济负担较重而导致的残障儿童入学存在困难或接受教育意愿不高的现象仍然大量存在。

记者注意到，教育部在2015年提出"十三五"期间，我国将实现残障学生高中阶段免费，使残障学生的免费教育达到12年。各级地方政府积极响应，并开始先行先试。比如上海在2015年率先实现残障学生15年免费教育，将特殊教育免费扩大到学前教育阶段。截至2017年底，全国已有14个省份实现了残障学生15年免费教育。其中既有经济发达的省市如北京、上海、江苏、浙江等，也有经济欠发达省份如江西、西藏、青海等。

“让残障人士享受公平高质量的教育是现代国际社会的普遍共识，也是教育公平均衡化发展的重要一环。”周洪宇认为，全面实施残障学生15年免费，有利于更好保障残障学生受教育的权利，提升他们的受教育水平，促进教育公平，推进基本实现教育现代化。同时，也有利于帮助他们提高就业创业能力，促进残障人士就业和全面发展，更好融入社会。

周洪宇建议，在“十三五”期间，全国范围内全面实施残障学生15年免费教育，将特殊教育免费涵盖至学前教育到高中教育阶段。教育部、财政部根据各地特殊教育免费的实施情况进行全面统筹和经费预算，制订15年特殊教育免费实施方案并尽快实施。

“15年特殊教育免费行动是一项惠及全国残疾学生的大型惠民工程，要将好事办好，统筹谋划、精心实施，制订详细的实施方案。”他强调，特殊教育面向的是社会的特殊群体，需要倾注更多的关怀和支持。实施好15年特殊教育免费要建立起科学完备的评估制度和评价指标体系，对实施的各个环节进行全过程监督评估，并把特殊教育实施情况纳入地方政绩考核的指标体系。

（正义网2019年3月13日，记者单鸽、郭璐璐）

全国人大代表周洪宇：建议全面实施残疾学生15年免费教育

全国“两会”召开之际，全国人大代表、华中师范大学教育学院教授、长江教育研究院院长周洪宇，带来了《关于全面实施残疾学生15年免费教育的建议》。

周洪宇告诉澎湃新闻，他一直在关注儿童权益的保护，“2002年我在武汉江岸区任副区长，分管过民政这一块，接触了不少案例，2003年成为人大代表后，我就一直关注特殊教育问题”。

他说，目前接受残疾儿童的幼儿园数量不足、融合教育质量不高、特教普通高中数量少且分布不合理，都是残疾人接受适当教育的阻碍因素。

建议全面实施残疾学生15年免费教育

周洪宇介绍，国家对特殊教育的重视和实施的保障政策措施，使得我国残疾人教育事业获得了长足进步，但是还存在着总体教育水平不高、发展不均衡等问题。

“残疾儿童少年义务教育在中西部农村地区，特别是边远贫困地区的普及水平仍然偏低。”他说，仍有一些经济负担较重的家庭存在残疾儿童入学困难或接受教育意愿不高的情况。

“一些残疾人虽然获得了入学机会，但是并不能接受完整的教育，辍学率极高。”周洪宇说。周洪宇建议在“十三五”期间，全国范围内全面实施残疾学生15年免费教育，将特殊教育免费涵盖至学前教育到高中教育阶段。对此，周洪宇提出了几点具体的建议：一是建议教育部、财政部根据各地特殊教育免费的实施情况进行全面统筹和经费预算，制订15年特殊教育免费实施方案并尽快实施；二是建议在特殊教育经费支出上建立分类承担、以省级统筹为主的经费保障机制；三是建议在2019年全国实现从义务教育阶段到高中教育阶段残疾学生12年免费，推动有条件的地区先行先试，2020年实现全国一半的省份实施从学前教育阶段到高中教育阶段15年特殊教育免费，2021年在全国范围内全面实施15年特殊教育免费；四是实施好15年特殊教育免费要建立起科学完备的评估制度和评价指标体系，把特殊教育实施情况纳入地方政绩考核的指标体系。

全国多个省市已实现残疾学生15年免费教育

2015年，教育部提出在“十三五”期间，我国将实现残疾学生高中阶段免费，使残疾学生的免费教育达到12年。各级地方政府积极响应并开始先行先试。上海在2015年率先实现了残疾学生15年免费教育，将特殊教育免费扩大到学前教育阶段。在加大财政投入的同时，出台《关于加强特殊教育师资和经费配备的意见》，持续改善特殊教育办学条件，积极保障特殊教育教师收入，特殊教育医教结合、设施设备经费纳入年度特殊教育经费预算予以足额保障。2017年12月7日，中国公益研究院发布《中国残疾人政策进步指数2017报告》。报告评价了各省份残疾人政策，其中指出我国已全国覆盖残疾儿童免费教育，31个省份均出台相关政策推行残疾儿童免费教育。其中，北京、辽宁、上海、江苏、浙江、福建、江西、山东、广西、海南、云南、西藏、青海、宁夏14个省、自治区、直辖市出台了15年免费教育政策，包括学前3年、义务教育9年和高中3年。2018年，合肥、东莞、成都等地区也开始实施残疾学生15年教育免费，预计在2020年全面普及残疾学生15年免费教育。

（澎湃新闻2019年3月9日）

专题二　加大教育经费投入，健全财政长效保障机制的建议

提交背景、经过与效果

2000年前后，教育收费问题一直是社会的焦点，由于教育投入严重不足，加上教育行政部门管理缺位，教育乱收费情况愈演愈烈，为社会各界人士所诟病。2003年底，国家发改委对20个省的63 484所大、中、小学和教育主管部门进行了检查，查出违法收费案件12 634件，违法收费金额21亿多元。

教育乱收费的情况当时在全国相当普遍，甚至成为约定俗成的行规。教育乱收费的项目繁多，学校收费涵盖了招生录取、新生入学、在校学习、后勤服务、毕业离校5个环节，乱收费项目超过18种。教育乱收费增加了学生家长的负担，滋生权力寻租，诱发贪污和腐败，也妨碍了教育公平。我在2004年3月十届全国人大二次会议上提出了《关于治理教育乱收费的建议》，建议转变政府教育主管部门的职能，改革教育投资体制，改变投入结构，打破教育行业垄断，重新构建适应市场经济发展的教育体系。教育部在《对十届全国人大二次会议第4635号建议的答复》（教建议〔2004〕第159号）中表示，将"认真落实'一费制'和'三限'政策"，"加大治理力度，开展专项检查，严肃查处乱收费行为"。通过"改革教育投入体制""严格收费标准管理""重建教育体系，从根本上打破教育垄断""促进基础教育均衡发展"和"推进依法治教"五个方面建立治理教育乱收费的长效机制。2006年3月十届全国人大四次会议期间，我再次提出《关于治理教育乱收费的再建议》，建议国家加大对教育的投入力度，国家财政性教育经费支出占国内生产总值应达到4%，切实做到"三个增长"，取消现行的重点学校或所谓的示范学校，加快基础教育阶段标准化学校建设。教育部在《对十届全国人大四次会议第6750号建议的答复》（教建议〔2006〕第255号）中表示，在"十一五"期间将"进一步加大教育投入……保障教育经费的稳定增长"。近年来，国家相关部门加大了对教育乱收费的查处力度，全国治理教育乱收费部际联席会议明确提出，将继续把治理教育乱收费作为全国纠正行业之风的重点工作，坚决禁止基层政府、有关部门和单位通过学校向学生搭车收取任何费用，或向学校进行各种形式的摊派。在各相关部门的共同努力下，教育乱收费现象得到一定程度的遏制。

在加大教育经费投入，坚决治理教育乱收费的同时，也应该增加教育经费支出使用情况的透明度，确保教育经费投入的合理使用。2005 年 3 月十届全国人大三次会议期间，我提出《关于对“教育费附加”征收和使用情况的质询的建议》，建议国家审计局对各省“教育费附加”进行专项审计。财政部在《对十届全国人大三次会议第 6245 号建议的答复》（财教函〔2005〕144 号）中表示将“密切关注各级教育费附加的支出方向，督促有关单位按照国家有关法律法规的规定，将教育费附加全额用于教育事业发展，切实发挥资金使用效益”。

2006 年 4 月，十届全国人大召开常委会议，分组审议了义务教育法修订草案，义务教育经费保障、彻底取消杂费、对乱收费进行问责、扭转应试教育倾向等问题，成为审议中的热点。在中央政府的总体部署下，各级地方政府及教育主管部门开始严密清理教育乱收费现象，伴随着义务教育完全免费的实施，教育乱收费这一顽疾得到了根本性的解决。

教育乱收费的现象曾经是教育事业的一大顽疾，屡禁不止，究其原因，也折射出国家对教育经费投入不够，学校的办学资金不足的问题。国家在 1993 年发布的《中国教育改革和发展纲要》中提出，国家财政性教育经费支出占国民生产总值的比例在“本世纪末达到百分之四”，但迄今为止，一直未达到这一目标，低于世界各国平均水平（5.1%）。据统计，我国是用占世界 0.78%的教育经费培养着占世界近 20%的中小学生。教育经费投入不足制约了学校办学水平的提高，使教育资源区域性不平衡和校际不平衡现象加剧。在 2004 年 3 月十届全国人大二次会议上，我提出了《关于加强和改善人大对同级政府落实教育经费“三个增长”法律监督的建议》，建议国家逐步加大投入，完善有关法规，形成机制，尽快制定“教育经费投入法”（或“教育预算法”），在各个教育阶段分步实施，分层推进。财政部在《对十届全国人大五次会议第 6661 号建议的答复》中对该部在加大教育投入，落实“三个增长”等方面所采取的措施作了说明，并表示：“代表们提出的提高认识、加大投入、拓宽经费渠道，完善法规、形成机制，分类承担、分项负责，分步实施、分层推进，责成有关部门尽快研究等，我们认为十分重要，并将积极会同有关部门在今后的工作中认真研究和采纳。”2008 年 3 月的十一届全国人大一次会议期间，我又提出《关于将财政性教育经费投入纳入地方政府考核指标的建议》，建议地方政府要做到教育法规定的教育经费的“三个增长”，切实增加教育的有效投入，并尽快制定“教育投入法”予以法律保障。

2007 年 3 月十届全国人大五次会议期间，针对教育经费投入不足问题，我继续提出《关于国家财政性教育经费投入尽快达到 GDP 的 4%的建议》，建议国家加大教育经费投入，争取在 2010 年实现 4%的目标。在当年的政府工作报告中已明确提出将加大对教育的支持力度，保持财政性教育经费的逐步增长，将 4%的目标写入国家“十一五”规划纲要。2009 年 3 月十一届全国人大二次会议期间，我再次提出《关于加大国家财政对教育投入，尽早实现 4%的目标的建议》，建议加大财政性教育经费投入，同时拓宽教育经费的来源，要尽快开征教育税、发行教育彩票和教育公债，鼓励和支持社会民间资本参与办教育。要尽快制定“教育经费投入法”，从法律层次上保证教育投入。2012 年 3 月，在十一届全国人大五次会议期间再次提出《关于建立教育投入长效保障机制，进一步加大教育投入的建议》，在 2012 年已达到 4%目标的基础上，确立 2020 年实现财政性教育投入至少占 GDP 的 4.5%，争取达到 5%的新目标。以制定“教育投入保障法”为法律约束，来确保政府对教育的投入。财政部在《对十一届全国人大五次会议第 3737 号建议的答复》中表示“在目前各级财政教育投入努力程度已经较高的情况下，关键是实现并努力保证 4%的目标任务，并努力使用好管理好教育经费，不宜提出新的更高的目标。……在当前形势下，综合考虑各方面因素和实际情况，我们认为还不宜另行制定单独的‘教育投入保障法’”。

“十二五”期间，我国教育投入获得较大增长，实现财政性教育经费占 GDP4%的目标，为教育事业发展提供了坚实的物质保障。但从经济社会发展形势要求和教育改革发展实际看，教育投入的稳定增长机制尚待建立。为此，我在 2016 年全国“两会”上提出“关于建立由总量保障到标准保障的教育投入稳定增长体制的建议”，建议“十三五”期间，建立起各级各类教育基于质量标准的教育财政拨款标准，并随着财政实力的增长，不断提高；强化政府责任，落实“三个增长”，明确规定教育财政支出应不低于地方财政支出的 15%，并将其纳入教育法。2018 年又提出“关于进一步明确中央财政在义务教育方面财权事权与支出责任的建议”，提出更加明确中央财政在义务教育各个类别各个层次的财政事权责任，使得义务教育发展获得财政投入的切实保障能够完全落到实处。只有从制度设计上保障教育经费投入的真正落实，广大基层中小学教师津贴、养老保险金、医疗保险金、住房公积金等待遇问题才能得到根本上的解决。这也是我所急切呼吁和期盼解决的一大现实问题。

系列建议案

案例一

关于加强和改善人大对同级政府落实教育经费“三个增长”法律监督的建议（2004年）

案由

教育在现代化建设中具有先导性、基础性和全局性的重要作用。教育事业的发展，尤其是基础教育的发展，从根本上讲有赖于政府对教育的投入。

案据

《中华人民共和国教育法》第五十六条明确规定，各级人民政府教育财政拨款的增长应当高于财政经常性收入的增长，并使按在校学生人数平均的教育费用逐步增长，保证教师工资和学生人均公用经费逐步增长，即通常所说的“三个增长”。

“三个增长”的规定，从法律上明确了教育投入国家财政的主渠道作用，也是各级政府和财政部门加大教育投入、保证教育事业发展的根本依据和法定责任。从实际执行的情况看，国家把教育放在优先发展的战略地位，教育经费总量逐年增加，教育事业快速发展。尤其是农村税费改革后，中央加大了对地方财政的转移支付力度，确保了农村中小学教师工资按时足额发放，普及九年义务教育和中小学危房改造步伐加快。

但是，“三个增长”的落实情况并不理想。仅以1999—2002年的全国平均情况看，不仅没有一年的教育经费投入情况完全达到“三个增长”的要求，且“生均预算内教育事业费支出”和“生均预算内公用经费支出”还呈严重下降趋势。如2000年全国中央和地方各级政府预算内教育拨款低于财政收入增长速度2.18%；2001年全国普通高校生均预算内教育事业费支出较上年减少6.759%，2002年减少9.36%；1999年全国普通初中生均预算内公用经费较上年下降6.06%，2000年下降3.75%；1999年全国普通高中生均预算内公用经费较上年下降0.21%，2000年下降6.66%，2002年下降2.6%；2000年全国普通高校生均预算内公用经费较上年下降1.39%，2001年下降10.53%，

2002年下降6.13%。

“三个增长”落实不够，其原因是多方面的。一是少数地方党政领导，特别是主要领导仍然对教育发展的战略地位认识不足，重视不够；二是一些地方尤其是西部地区经济发展相对滞后，财力薄弱，难以保障“三个增长”；三是对各级政府教育经费投入的监督机制不够健全，监督工作不够有力，缺乏依法保证教育投入的具体措施。

建议

为了深入贯彻实施科教兴国和人才强国战略，确保教育事业的健康持续发展，必须进一步依法落实教育经费的“三个增长”，确保各级财政对教育的投入，各级政府在安排年初经费预算时，应认真按照教育法的规定，保证教育财政拨款的增长高于财政经常性收入的增长，保证在校学生人均教育费用逐步增长，保证教师工资和学生人均公用经费逐步增长。在预算执行过程中，根据预算收入完成情况，在对年内超收收入进行分配时，应努力调整支出结构，适时调增教育经费预算，以保证教育经费最终实现“三个增长”，即不仅预算时要做到“三个增长”，而且在决算中也要确保“三个增长”，同时各级政府都要这样做。

为了确保各级财政对教育投入的“三个增长”，特提出关于加强和改善人大对同级政府落实教育经费“三个增长”法律监督的建议。

全国人大和地方各级人大应加强和改善对同级政府教育投入情况的监督。既要对预算进行监督，也要对预算执行过程和决算进行监督。财政部门关于上年度预算执行情况和本年度预算草案的报告，应详细说明落实教育经费“三个增长”的具体情况，并提交各级人大全体会议进行审议，由全体人大代表以无记名投票的方式进行表决。同时，要加强各级人大对同级政府落实“三个增长”的执法检查和质询工作，并把对落实教育经费“三个增长”的考核结果作为任命政府及有关部门领导人的重要依据。

案例二

关于将财政性教育经费投入纳入地方政府考核指标的建议（2008年）

案由

在2007年十届全国人大五次会议上，我提交了《关于国家财政性教育经费投入尽快达到 GDP 的 4%的建议》的建议案。在这个建议案中，我通过理论分析和实证研究，认为在遵循“逐年提高、逐步实现”的原则下，认真落实教育法所规定的“三个增长”的要求，逐步提高中央和地方各级政府财政支出中教育经费所占的比例，在 2010 年，实现国家财政性教育经费占 GDP4%的目标，不仅是十分必要的，而且是完全可能的。然而，近几年来，尽管中央和地方政府总体上对教育经费的投入有了相当大的增加，但在依法落实教育法所规定的“三个增长”的要求上，特别是教育财政拨款的增长高于同级财政经常性收入的增长上，还有相当的距离，形势并不令人乐观。

案据

一、近年国家财政性教育经费投入情况反映出来的突出问题

从最近几年教育部、国家统计局、财政部联合公布的“全国教育经费执行情况年度统计公告”来看，2005 年、2006 年国家财政性教育经费投入（包括各级财政对教育的拨款、教育费附加、企业办中小学支出以及校办产业减免税等项）依次为 5 161. 08 亿元、6 348. 36 亿元，比上年分别增长 15. 57%和 23. 00%（由于 2007 年全国财政性教育经费投入情况尚未公布，这里仅以 2005 年和 2006 年全国财政性教育经费投入来作分析）。从落实教育法规定的“三个增长”情况来看，2005 年中央和地方各级政府预算内教育拨款（不包括城市教育费附加）为 4 665. 69 亿元，比上年的 4 027. 82 亿元增长 15. 84%。其中，中央财政教育支出 349. 85 亿元，比上年的 299. 45 亿元增长 16. 83%，高于中央本级财政经常性收入 15. 42%的增长幅度。2006 年中央和地方各级政府预算内教育拨款（不包括城市教育费附加）为 5 795. 61 亿元，比上年的 4 665. 69 亿元增长 24. 22%。其中，中央财政教育支出 538. 33 亿元，比上年增长 53. 88 %，也高于中央本级财政经常性收入 18%的增长幅度。从地方上看，2005 年，全国有山西、内蒙古、浙江、福建、山东、河南、湖南、广东、贵州、云南、陕西等省、自治区，预算内教育拨款的增长率低于财政经常性收入增长率。到 2006 年，全国仍有河北、内蒙古、江苏、浙江、安徽、福建、河南、广东、广西、西藏、宁夏等省、自治区，预算内教育拨款的增长率低于财政经常性收入增长率。

从预算内教育经费占财政支出比例情况看，按预算内教育经费包含城市教育费附加的口径计算，2005 年全国预算内教育经费占财政支出 33 930. 28 亿元的比例为 14. 58%，比上年 14. 90%下降了 0. 32 个百分点。全国有 23 个

省、自治区、直辖市预算内教育经费占财政支出比例比上年有不同程度的下降。2006 年，全国预算内教育经费占财政支出 40 422.73 亿元的比例为 15.18%，比上年 14.58%增加了 0.6 个百分点。全国仍有 18 个省、自治区、直辖市预算内教育经费占财政支出比例比上年有不同程度的下降。

2005 年和 2006 年全国教育经费执行情况监测结果表明，政府教育投入总量继续增加，国家财政性教育经费占 GDP 的比例（2004—2006 年依次为 2.79%、2.81%、3.01%）都比上年有所增加，中央财政的教育投入达到了教育法规定的“三个增长”的要求，但仍有相当一部分省、自治区、直辖市没有达到教育法规定的教育投入增长要求。从地域分布来看，这些地区既有经济欠发达的西部地区，如内蒙古、宁夏、新疆等，也有中部地区，如河南、湖南等，更有经济发达的广东、江苏、浙江等。在中央财政教育经费投入稳步增长的情况下，部分地方政府的教育经费投入非但没有增加，反而出现了“挤出效应”，即在上级政府（包括中央政府或省级政府）投入增加，本级政府投入相应减少。如果按照这种态势发展下去，国家财政性教育经费投入占 GDP4%的目标不仅在 2010 年难以实现，而且很有可能会遥遥无期。如果这种事情果真发生在贯彻以人为本的科学发展观和构建和谐社会的 21 世纪的今天，就很难让人理解了。为防止这种局面出现并恶化，我们必须采取有效措施，保证各级政府教育经费投入增长的落实。本人认为，将财政性教育经费投入纳入地方政府的考核指标体系，是实现各级政府教育经费投入合理增长的强有力的保障措施。

二、将财政性教育经费投入纳入地方政府考核指标的重要性和必要性

合理的教育经费投入是教育改革和发展顺利进行的重要保证，是科教兴国战略落到实处的重要标志，而财政性教育经费投入达到 GDP 的 4%是我国教育健康发展的最基本要求。多年来，教育经费投入不足一直是制约我国教育事业发展的重要因素之一，在各级各类教育事业中，因教育经费投入不足而导致的各种弊端日益显现，有的呈愈演愈烈之势，严重危及了我国教育事业的健康发展。而保证各级政府教育经费投入的逐年增长，是解决教育投入不足问题的一个重要方面。实现法定的教育经费投入的“三个增长”是实现“GDP 的 4%目标”的根本途径。正因如此，早在 1993 年国务院颁布的《中国教育改革和发展纲要》就明确规定，中央和地方政府教育拨款的增长要高于财政经常性收入的增长，并使按在校学生人数平均的教育费用逐步增长，切实保证教师工资和生均公用经费逐年有所增长（即通称的“三个增长”），

如果说这还只是政府的行动纲领的话，那么，到1995年，国家颁布的《中华人民共和国教育法》就以法律形式将“三个增长”确定下来，并要求各级人民政府和有关部门严格遵守、切实落实。从此，实现财政性教育经费投入的“三个增长”就为国家文件和法规所规定，已上升为国家的意志，具有国家强制力。

可见，落实教育经费投入的“三个增长”不仅是基于我国教育健康发展的基本需要，更是国家法律规定和政策要求。然而，从1995年至今，全国有相当一部分省份的教育财政拨款的增长率低于同级财政经常性收入的增长率。即便在近期，在我国富裕的省份不断扩大，各省、区、市财政收入年增长不断创新高等喜讯捷报频传的时候，就是在一些富裕的省份诸如山东、广东、江苏、浙江等省，财政性教育投入也没有达到法定的“三个增长”的要求。完全可以说，实现财政性教育经费投入的“三个增长”，财力不是问题，关键是认识和决断。当然，我们也不能由此简单地得出“各级地方政府没有尽责”的结论，但事实也的确表明要真正落实“三个增长”，还不是一件很容易的事情。

我认为，对政府的教育经费的投入缺乏刚性的制约措施，是造成这种现状的一个重要原因。因为与抓城市建设和经济建设这些容易产生政绩和显示政绩的“近功”事业相比，办教育毕竟是一件“远功”，其效果要在十年甚至几十年以后才能真正显现出来，而各级政府及其工作人员都是有明确任期的。在财政经费有限的前提下，各级政府及其工作人员会多多少少、有意无意基于出“政绩”的考量，当然更愿意将有限的财政经费投入更容易出政绩的事业上。这也是办教育“说起来重要，做起来次要，忙起来不要”的原因。如果没有刚性指标的约束，在财政经费仍然有限的前提下，要各级政府都自觉地加大教育经费的投入力度，在当前的形势下，还不太现实。而将财政性教育经费投入增长纳入各级地方政府的政绩的考核指标，不失为保证政府教育经费投入增长的有效办法。

建议

当前，中央及地方各级政府的财政收入在大幅增长，完全有财力增加教育投入，因此，实现教育经费投入的“三个增长”在财力上是完全可行的。那么，怎样建立将财政性教育经费投入增长纳入地方政府政绩的考核指标体系呢？

第一，提高认识，统一思想。各级政府及其官员都要站在全局的高度，树立科学发展观，认识到优先发展教育对实施科教兴国战略以及对国家和民族未来发展的深远意义，在思想上高度重视，在行动中狠抓落实。切实把加大教育投入作为优先发展教育、实施科教兴国战略的基础性、前瞻性工作来做，进一步强化财政投入主渠道的作用，提高中央和省级政府本级财政支出中教育经费支出的比例。为此，各级财政要认真落实已出台的筹措教育经费的各项法规和政策，特别是要保证做到教育法规定的教育经费的“三个增长”，切实增加教育的有效投入。

第二，制定教育投入法规，形成有效的保障机制。教育财政的实施，它不仅取决于社会制度、国家教育发展政策，而且取决于利益集团之间和各级政府之间、政府部门之间的博弈。因此，必须以法律形式明确各级政府的教育投入责任，明确制约措施，在财力上形成财政性教育投入不断增加的有效保障机制。为此，要尽快制定“教育经费投入法”，从法律层次上保证教育投入。在“教育经费投入法”中，至少要规定以下两点：一是将各级政府预算中教育经费支出单列，设置“教育经费类”级科目，列入各级政府预算；二是以落实教育法中规定的“三个增长”为基准，规定各级政府年度教育经费投入在本级财政支出中的比例及年增长率或经费投入总量。同时，确定经费投入增长率和经费总量时应扣除物价上涨因素，按可比价格计算，防止经费增长被物价上涨抵消，保证教育经费有实质性的增长。预算安排时，要确保落实。

第三，完善教育财政预算决策程序。现在每年人大开会期间，不少地方政府的政府工作报告没有明确的教育预算的内容，教育预算也不对外公布，连人大代表也不知情，往往是一年之后公布经费的执行情况，各级人民代表大会难以对同级政府教育预算进行审查、监督。为此，必须加强各级人民代表大会对同级政府教育预算的审查和监督，各级政府每年教育经费预算应作为政府工作报告中相对独立的一部分上报各级人大表决、批准。

同时，鉴于现在省级人大常委会设有预算委员会，对政府的各项预算进行审查和监督，为了确保教育预算稳步增长的落实，科学有效地做好教育预算的审议和监督工作，建议在各级人大常委会预算委员会下设教育经费预算工作小组。该工作小组的主要职能是审核、批准本级教育财政预算方案，决定教育经费预算的经费项目、经费标准、教育经费在预算支出中的比例，以及教育经费在地区和学校之间的分配等重大事项；同时，明确教育经费的分配原则、执行、审计等环节。对于没有设立预算委员会的地方人大常委会，建议设立教育预算工作小组承担以上职能。

为了加强各级人民代表大会对同级政府教育预算的审查和监督，教育预算必须在每年人大会上单独报经各级人大常委会预算委员会下设的教育经费预算工作小组审议批准，凡教育经费支出未达到整个财政支出比例指标的预算，均不予通过；凡教育经费支出占整个财政支出的比例数字，未能实现在上年基础上有所增长的预算并达到教育法中规定的“三个增长”目标的，要推倒重来，从而加强教育预算的法制性、透明性和完整性，以改变教育财政支出在财政支出项目中处于相对“软”的地位，确保财政性教育投入稳定增长。

第四，明确责任，严格考核。各级人大常委会教育经费预算工作小组在明确各级政府及相关政府部门教育经费投入责任的基础上，还要对政府的教育经费预算的执行情况进行严格监督。将教育经费投入的增长指标作为地方政府政绩的考核指标之一，实行“一票否决”制，年终检查考核时，如政府教育经费投入不到位，对相关政府部门（如财政厅局）主要负责人的考核定为不合格，该部门主要负责人当年不得受表彰、奖励和提拔。

第五，加强各级人大常委会对各级政府（省、市、县、区）落实教育法中“三个增长”规定的财政性教育经费投入年增长率的监督和检查。如当年不达标的，应要求同级政府的相关部门作出书面说明，说明不过关的，应要求作检查，并制定出相应的整改措施和工作目标，限期整改。在规定的时间内，经整改仍不合格的，相关部门的主要责任人要撤职。

总之，必须通过制定刚性措施，来保证各级政府落实每年财政性教育经费投入的增长比例，从而保证各级政府财政性教育经费投入的稳定增长，确保科教兴国战略落到实处。

案例三

关于加大国家财政对教育投入，尽早实现4%的目标的建议（2009年）

案由

国际上，通常把一国公共教育经费占GDP/GNP的比重作为衡量该国教育投资水平的指标，它是由国家能力及国家考虑对教育支出的优先程度决定的。国家财政性教育经费，是指国民收入分配中用于教育方面的开支，即中央和地方政府在教育上的经常性支出和资本性支出，主要是各级政府的财政拨款（不包括家庭教育支出）。由于历史和国情，我国目前的财政性教育经费还包含尚未纳入预算管理但仍属于预算资金的城乡教育费附加（其中农村教育费附加已经取消）、企业办学支出和校办产业减免税部分用于教育的支出等项。

案据

国家财政性教育经费占 GDP 的比例应尽早达到 4%，这是由其重要性、必要性、国际普遍性和现实紧迫性等因素决定的。

一、维护政府承诺的严肃性的需要

为什么要将国家财政性教育经费占 GDP 的 4%作为重要目标呢（以下简称 4%的目标）？这里有必要简单回顾一下该目标的制定过程。

1995 年颁布的《中华人民共和国教育法》、1999 年发布的《面向 21 世纪教育振兴行动计划》等法规和政策都反复强调国家财政性教育经费投入要按期实现占 GDP 4%的目标。然而，到 2000 年，4%目标的达标期，我国财政性教育经费占 GDP 的比例仅为 2. 87%，不仅没有达到 4%，反而低于 1986 年和 1990 年的水准。自 2001 年起，政府将 4%目标的实现时间推延到 2005 年。但 2002 年以来，国家财政性教育经费占 GDP 的比例分别为 3. 41%、3. 28%、2. 79%、2. 82%，非但没有逐年提高反而每况愈下。如今，财政性教育经费投入仍然没有达标的迹象，还在“逐步”实现过程之中。

可见，4%的目标已成为政府的教育行动纲领，并上升为国家法律，体现了国家的意志，是国家层面的庄严承诺。如果这一承诺长期得不到兑现，或者将兑现的时间一拖再拖，那就是政府不诚信的行为；从法律意义上讲，是政府“集体违法”行为。在当前信息不对称、社会诚信监督和惩戒系统尚未形成的社会，树立政府诚信形象尤为重要。因此，实现 4%的目标已不再仅仅是个单纯的教育经费投入问题，而且还是关系到政府形象和诚信社会构建的重大问题；在经济全球化的时代，也关系到我国的国际声誉和形象。从这个意义上讲，4%的目标已不是可不可以实现或者能否实现的问题，而是应当实现、必须实现的一项重要的政治任务。为此，国家必须尽早兑现这一承诺，达到 4%的目标，这是维护政府承诺的权威性、严肃性以及赢得良好国际声誉的需要。

二、教育事业健康发展的需要

教育经费的及时足额筹集、合理分配与有效使用，是教育事业健康发展的重要保证。伴随经济持续增长，我国教育经费投入总量有了较大幅度的增长，但从投入水平和实际需求来看，总体水平仍然偏低。其中，政府教育经费投入不足是教育经费短缺的主要根源。

由于教育经费的持续紧缺，许多农村中小学至今连基本的办学条件都得不到保障。据国家教育发展研究中心近年来对西部农村地区农村中小学的抽样调查，样本小学课桌椅残缺不全的占37.8%，实验教学仪器不全的占59.5%，购教具、墨水、课本、粉笔等资金不足的占32.5%；样本初中课桌椅残缺不全的占49.5%，实验教学仪器不全的占70.3%，购教具、墨水、课本、粉笔等资金不足的占35%。中小学危房问题依然严重。2004年全国农村小学、初中校舍的危房率分别达到7.2%和5.1%，西部学校高达10%以上。由于可用校舍面积不足，初中超大班额现象相当普遍。2001年全国初中66人以上的超大班占初中班额总数的21.3%，超大班在读生约1 619万人，约占在校生总数的四分之一，中部地区人口大省初中超大班额问题尤为明显，鄂、豫、赣、皖等省的超大班额比例要高出全国平均水平8～21个百分点。超大班额使学生上课十分拥挤，严重影响教育质量。

近年来，为了减轻农民的教育负担，国家先后实行了“一费制”和“两免一补”政策，这些政策对减轻学生家长负担效果明显，但对学校而言，办学经费不足的窘境并未因此得到任何改善；相反，由于这些政策在一定程度上堵住了乱收费的口子，而财政性教育经费投入又没有相应的增加，使农村中小学办学经费更为紧张。一些中小学为节省开支甚至不再向学生提供学校必备的课桌椅，而改由学生自己负担。农村教育仍然在低水平上徘徊。许多学校消防、卫生等设施不达标，存在严重的安全、卫生隐患。教育的信息化、现代化水平低，边远地区现代化教学设施几乎空白。

在高校，由于经费投入长期不足和高校连年扩招，教育经费缺口增大，部分地区普通高校的生均经费和生均办学条件出现了相当程度的下降。学校住宿拥挤，教师短缺，教学、科研、生活设施严重不足，采用100人以上大班上课习以为常。2001年一半以上的省、自治区、直辖市地方高校的生均教学仪器值低于全国标准，最高与最低相差3.5倍以上。绝大多数高校图书馆、自习室、实验室和学生宿舍、食堂等办学场所和设施都处于超饱和、超负荷运行状态，难以满足教育教学的正常需求。

国家财政性教育经费投入不足，使地区之间、城乡之间教育投入不平衡加剧。20世纪90年代以来，我国省际的普通小学、初中预算内生均公用教育经费的基尼系数不断加大，2000年分别为0.53、0.52，最高省区与最低的初中生均教育经费、生均公用经费、生均财政预算内教育经费分别相差5倍、9

倍、6 倍以上，小学生均公用经费竟相差 17 倍。到 2005 年，东、中、西部义务教育投入差距仍然很大。小学生均预算内事业费分别为 1 840 元、1 131 元、1 097 元，初中生均预算内事业费分别为 2 226 元、1 196 元、1 208 元；小学生均预算内公用经费分别为 247 元、127 元、140 元，初中生均预算内公用经费分别为 354 元、166 元、210 元。义务教育城乡差异也十分显著，2005 年，小学生均预算内事业费支出和公用经费支出城乡倍率分别为 1.4 和 1.7，初中生这两项的城乡倍率分别为 1.4 和 1.6。农村教育与城市教育发展差距仍然巨大。高校教育经费投入水平也有较大的地区差异。如 2001 年全国生均预算内公用教育经费为 2 614 元，而内蒙古、新疆、贵州、安徽不足500 元，不到全国平均水平的五分之一。由于生均财政性教育资源分配不均，导致教育机会不均等的问题日益突出，严重危及教育公平。

因此，加大财政性教育经费投入，尽早实现 4%的目标，这是解决办学困难，确保教育健康、均衡、和谐发展的基本要求。

三、达到国际公共财政性教育投入平均水平下限的需要

从世界发达国家和发展中国家公共教育支出占 GDP 的比例来看，不仅普遍高于 4%，且有进一步提高的趋势。通过对部分发达国家与发展中国家历年公共教育支出占 GDP 比例的变化情况进行比较分析可以发现：主要市场经济国家公共教育支出占 GDP 比例年平均值大体在 4%～6%。根据世界银行的统计数据，1999—2000 年度，澳大利亚、加拿大、法国、日本、英国等高收入国家公共教育支出占 GDP 的均值为 4.8%，而哥伦比亚、古巴、约旦、秘鲁、泰国和突尼斯等中等收入国家公共教育支出占 GDP 的均值为 5.6%。基于此，联合国教科文组织呼吁各国公共教育经费支出占 GDP 的比例应达到 6%。从当前的发展趋势来看，6%将是未来一段时间内世界各国公共教育经费支出的平均水平。

我国政府尽管在理念上对教育高度重视，但与世界各国相比，教育经费投入总体水平仍然偏低，财政性教育经费投入一直低于发展中国家 20 世纪 80 年代中期就已达到的 4%的水平。不仅落后于发达国家，甚至也远低于一些发展中国家。据瑞士洛桑国际管理发展学院（IMD）2002 年世界竞争力年鉴评价，我国公共教育支出占 GDP 的份额在 49 个参评国家和地区中处于第 47 位。

按照世界有关标准，当一国人均 GNP 达 300 美元、500 美元、600 美元时，他们的平均教育预算应分别占 GDP 的 3.2%、3.5%、4%，而据厉以宁教授等人的实证研究，当人均 GDP 达到 800 ～ 1 000 美元时，要实现教育与经

济的良性发展，这个比重的下限是4.07%～4.25%。2005年，中国人均GDP就已达到1 700美元，但财政性教育经费占GDP的比例仅为2.82%，比国际上人均GDP为1 000美元的下限还相差甚多。

从生均经费绝对值来看，我国各级教育经费投入都是极低的。据联合国教科文组织1991年统计，中国公共教育支出约占世界的1.04%，三级正规教育人数却占世界的17.9%，人均教育经费只有10.13美元，相当于发展中国家平均数的三分之一。到2001年，按购买力平价计算，我国普通小学、初中、高中的生均教育经费分别只有522元、720元、1 724元，仅相当于OECD国家1998年平均水平的八分之一、七分之一、七分之二；普通高校生均经费为6 961元，相当于OECD国家1998年平均水平的四分之三、日本的五分之三、美国的三分之一不到。因此，从世界各国财政性教育经费投入的现状和发展趋势来看，尽早实现4%的目标势在必行。

四、化解当前教育债务危机，消除社会隐患，维护社会稳定的需要

我国财政性教育经费占GDP的比例，长期低于世界发展中国家20世纪80年代的平均水平（4%），形成了严重的教育经费缺口，带来了一系列的危机。一方面，相当多的农村中小学连基本的办学条件都得不到保障且短期内难有根本的改善，农村中小学拖欠教师工资的情况仍然存在，农村学校教育长期处于低水平，直接阻碍了素质教育的实施。高校由于投入不足与教育规模的急剧扩大，基础设施建设严重滞后，办学条件日益紧张，改善困难，已成为高校教育教学质量不能完全保证的重要诱因和制约高等教育持续健康发展的主要瓶颈。

另一方面，国家对教育投入严重不足，导致中小学和高校纷纷走乱收费、乱集资、拉赞助、搞产业化的偏门，向家长和学生转嫁经费负担。尽管中共中央、国务院和教育部三令五申禁止教育乱收费，但乱收费现象还是屡禁不绝。究其原因，这些毕竟只是治标措施，财政性教育经费投入不足，才是教育乱收费屡禁不绝的一个根本原因。此外，由于教育经费短缺而出现的各种名目繁多的“赞助费”“降分费”“选热门专业费”等，造成高等学校入学机会存在差距，使教育越来越背离机会均等原则，违背了教育公平。低水平投入造成教育经费缺口巨大。为了生存和发展，中小学和各高校都不得不为教育举债，相当多的学校卷入债务危机之中。在基础教育阶段，20世纪90年代末，为了“普九”达标，不少农村学校举债搞建设，形成巨额债务，2000年，安徽省就达20亿元。广东农村义务教育负债也很普遍，个别县甚至达3

亿元，是其年财政收入的 2 倍多。2002 年，温州苍南县教育负债总额近 2 亿元，36 个乡镇中有 32 个乡镇的中小学都是负债运行。高等教育阶段，由于大学扩招使在校生的总规模迅速扩大，而大学经费投入却没有相应地增长，公立高校贷款扩建校园十分普遍。中国社会科学院发布的《2006 年：中国社会形势分析与预测》社会蓝皮书称，目前中国公办高校向银行贷款规模在 1 500 亿～ 2 000 亿元。个别高校贷款已高达 20 多亿元。有人认为高校贷款总量在 2 000 亿～ 2 500 亿元。

负债对教育造成了前所未有的伤害。在基础教育阶段，自 2000 年以来，许多地方发生债权人封堵校门或教室、殴打教师和校长，乃至将校长告上法庭并使其身陷囹圄的事件屡屡见诸报端，严重影响了学校正常的教学秩序。不少校领导债务缠身，无暇顾及教学管理，教师教学积极性和责任心下降，人心不稳，优秀教师纷纷“东南飞”，师资严重短缺，教育质量下滑。更值得关注的是，农村中小学教育负债引发的各种社会矛盾已露端倪，且有不断激化之势。农村中小学对工程队、新华书店的巨额欠款，导致工程承包商、材料供应商、新华书店、书商等陷入债务危机链，债主讨债行为不断升级，随时都有可能引发偏激行为。学校乱收费、学校布局调整后一些学生上学偏远、一些初中班额严重超员，教育质量下降，群众意见颇大，引发纠纷不断，严重威胁着社会和谐。

在高校，随着 2008 年前后还贷高峰的到来，由于贷款额度太高，部分高校已基本没有偿还能力，有的连利息都难以承受，个别学校甚至资不抵债，“破产”隐患凸显，完全靠银行贷款度日。高额债务已成为高校发展的沉重负担。据国家审计署调查，目前少数高校的财务管理有失控现象。由于是公办大学借国有银行的钱，部分高校领导对银行贷款的风险认识不足，还贷的责任意识不强，缺乏切实可行的还贷计划和措施。这与当年国有企业借国有银行的钱，最后企业破产，职工下岗，企业向社会、向国家转嫁债务是何其相似。高校贷款成为又一个高风险贷款项目。由于数额巨大，一旦资金链断裂，会带来巨大的金融风险。

据估计，目前中国教育负债总额高达 3 500 亿～ 4 000 亿元。在现有的教育经费投入水平上，要保证学校教育的正常运转，完全靠学校自身来偿还这些高额债务，几乎是不可能完成的。因此，增加财政性教育经费投入是化解教育债务危机、治理教育乱收费以及由此带来的一系列问题的治本之策，也是教育健康发展的迫切需要。因此，尽早实现 4% 的目标不仅必要而且非常紧迫。

建议

第一，提高认识，加大投入。从现在起，各级领导都要站在时代和全局的高度，认识到优先发展教育、实施科教兴国战略对国家和民族未来的深远意义，把加大教育投入作为优先发展教育、实施科教兴国战略的基础性、前提性工作来做，下大决心，出大政策，用大措施，作大努力，进一步强化财政投入主渠道的作用，提高中央和省级政府本级财政支出中教育经费支出的比例。

建议到2012年四年内，中央本级财政支出中教育经费支出的比例，每年按同口径至少能比上一年增加一个百分点。与此同时，省级政府本级财政支出中教育经费所占的比例，每年平均增长至少两个百分点；省以下各级政府（贫困地区除外）本级财政支出中教育经费所占的比例，每年也能平均增长至少两个百分点。

建议国家财政性教育经费支出占GDP的比例，按照每年递增不少于0.25个百分点，最好0.3个百分点的速度提高，在2012年达到4%的目标，使我国的教育经费在现在每年6 000多亿元左右的基础上翻一倍，达到1万亿元左右的总额。

此外，鉴于我国目前还处于社会主义初级阶段，还没有完全摆脱“穷国办大教育”的困境，完全靠国家出钱办教育既不应该也不可能，因此，在加大财政性教育经费投入的同时，还必须拓宽教育经费的来源，要尽快开征教育税、发行教育彩票和教育公债，鼓励和支持社会民间资本参与办教育。

第二，完善法规，形成机制。要尽快制定“教育经费投入法”，从法律层次上保证教育投入。在“教育经费投入法”中，一要将各级预算中教育经费支出单列，设置“教育经费类”级科目，列入各级政府预算。二要应规定各级政府教育经费投入总量。预算安排时，要确保教育法中规定的“三个增长”（即中央和地方政府财政预算内教育拨款的增长要高于同级财政经常性收入的增长，在校学生人均教育费用要逐步增长，保证教师工资和学生人均公用经费逐年有所增长）的落实。三要完善教育财政预算决策程序。加强各级人民代表大会对同级政府教育预算的审查监督，在各级人大下设教育经费拨款委员会。该委员会的主要职能是审核、批准本级教育财政预算方案，决定教育经费预算的经费项目、经费标准、教育经费在预算支出中的比例，以及教育经费在地区和学校之间的分配等重大事项；同时，明确教育经费的分配原则、执行、审计等环节。教育预算必须在每年的人大会上单独报经各级人大下设的教育经费拨款委员会审议批准，凡教育经费支出未达到整个财政支出比例指标的预算，均不予通过；凡教育经费支出占整个财政支出的比例数字，未能实现在上年基础上有所增长的预算，要推倒重来，从而加强教育预算的法制性、透明性和完整性，以改变教育支出在财政支出项目中处于相对“软”的地位，确保教育投入稳定增长。此外，教育经费拨款委员会还要对教育经费预算的执行情况进行严格监督。四要明确责任。教育财政的实施，不仅取决于社会制度、国家教育发展政策，而且取决于利益集团之间和各级政府之间的博弈。因此，必须以法律形式明确各级政府间教育投入的责任，明确各自承担的比例。

第三，分类承担，分项负责。新增教育经费投入实行中央和地方共同负担的原则，还要实行“分类承担”的政策，即根据我国经济、社会和文化发展不平衡性，合理划分新增教育经费投入的责任。具体而言，即对现有的592个国家级贫困县新增的教育费用，应由中央政府全部承担；对欠发达的西部地区（不包括国家级贫困县）则由“中央和省共同负责，以中央为主”；对于中部地区，实行以“中央和省级政府”作为教育投入的主体，建立“中央和省级财政共同分担，各占50%”的投入机制；对于发达地区，则实行以“省市为主”的教育经费投入体制，中央只适当予以资助。

在项目方面，要实行“分项负责”。对于义务教育，新增教育经费投入应由中央负主要责任，基础教育则由中央和地方共同负责。对于职业教育，由于其对当地经济的发展有重要作用，应由省级政府负主要责任，中央政府予以协助。鉴于当前职业教育的发展不尽如人意，因此，近几年也应加大中央对职业教育的投入力度。对于高等教育，教育部直属高校，所需经费由中央政府承担；省属高校，所需经费由地方政府承担。

第四，分步实施，分层推进。新增教育经费主要投向流程：在学段上，鉴于当前教育经费紧张，政府应明确义务教育在教育经费投入中的优先地位，将教育经费的增量优先推行全免费义务教育。遵循先小学，后初中，再高中；由基础教育，到职业教育，再到高等教育的投入流向。在地域上，财政性教育投入的增量，重点用于缩小地区间、城乡间教育投入差距，因此，要加大转移支付力度，优先确保贫困县农村中小学义务教育投入。具体来说，先投入国家级贫困县—中西部农村地区（不包括国家级贫困县）—发达地区；从城乡看，先农村，后城市。在教育投入方向上，鉴于我国教育领域中公用经费投入的比例偏低，新增教育经费应扩大对公用经费的投入比例。重点推行全免费义务教育，先免学杂费，再免教科书费，并补助贫困生伙食费，再改善办学条件，再提高教师待遇。

案例四

关于建立教育投入长效保障机制，进一步加大教育投入的建议（2012年）

案由

为建立与建设人力资源强国相适应的教育投入保障机制，落实《国家中长期教育改革和发展规划纲要（2010—2020年）》“健全以政府投入为主、多渠道筹集教育经费的体制，大幅度增加教育投入”的要求，在即将实现本届政府承诺的“国家财政性教育经费支出占国内生产总值比例达到4%”目标的2012年，经认真研究，特提出《关于建立教育投入长效保障机制，进一步加大教育投入的建议》，具体建议为以下十条。

建议

一、确立2020年实现财政性教育投入至少占GDP 4.5%，争取达到5%的新目标

政府是教育发展的第一责任主体，财政投入是教育发展的第一推动力。1993年，中共中央、国务院颁布的《中国教育改革和发展纲要》提出“逐步提高国家财政性教育经费支出占国民生产总值的比例，在本世纪末达到4%”，时至今日，这一目标仍然未能实现。财政性教育投入不足，已经给我国教育事业健康可持续性发展带来严重隐患。政府诚信、民众期待、国际参照和教育发展的需求都要求我们必须尽早达到这一目标。

我们现在要进一步提出的建议是，在2012年实现占GDP的4%之后，为在2020年基本实现教育现代化，进入人力资源强国的行列，需要继续大幅度增加财政性教育投入，到2020年至少应达到GDP的4.5%，争取达到GDP的5%的目标。这是我国教育改革发展的现实需要，是我国社会、经济发展的迫切要求，是保持我国国际竞争力的重要保障。它参照了国际教育平均投入水平，也在我国未来不断增长的财力可以承担的范围之内，并非过高期待。从某种意义上说，是一个比较可行并具有可持续发展的目标。

实现财政性教育经费投入目标，应借鉴国际经验。在教育投入的理念方面，各国都认为教育关系国家的未来，是社会、经济发展的基础，是保持国际竞争力的保证，都制订了教育优先发展的战略，加大对教育的投入。从世界发达国家和发展中国家公共教育支出占 GDP 的比例来看，不仅普遍高于 4%，且有进一步提高的趋势。通过对部分发达国家与发展中国家历年公共教育支出占 GDP 比例的变化情况进行比较分析可以发现：主要市场经济国家公共教育支出占 GDP 比例年平均值大体在 4%～6%。根据世界银行的统计数据，1999—2000 年度，澳大利亚、加拿大、法国、日本、英国等高收入国家公共教育支出占 GDP 的均值为 4.8%，而哥伦比亚、古巴、约旦、秘鲁、泰国和突尼斯等中等收入国家公共教育支出占 GDP 的均值为 5.6%。据最新出版的《教育概览 2011：OECD 指标》显示，2008 年，OECD（经济合作与发展组织）国家用于教育的经费支出占其 GDP 总和的 6.1%。在智利、丹麦、冰岛、以色列、韩国、挪威和美国，这一比例超过 7%。在 36 个数据可得的国家中，只有 9 个国家占其 GDP 的比例为 5%或更低。2000 年至 2008 年，从 32 个数据可得的国家中，有 29 个国家的各级教育经费总支出的增长速度快于其 GDP。这一时期，增幅超过 1%的国家有巴西（从 3.5%至 5.3%）、爱尔兰（从 4.5%至 5.6%）、韩国（从 6.1%至 7.6%）。基于此，联合国教科文组织呼吁各国公共教育经费支出占 GDP 的比例应达到 6%。

按照世界有关标准，当一国人均 GDP 达 300 美元、500 美元、600 美元时，他们的平均教育预算应分别占 GDP 的 3.2%、3.5%、4%，而据厉以宁教授等人的实证研究，当人均 GDP 达到 800～1 000 美元时，要实现教育与经济的良性发展，这个比重的下限是 4.07%～4.25%。2005 年，中国人均 GDP 就已达到 1 700 美元，但财政性教育经费占 GDP 的比例仅为 2.82%。2010 年，中国人均 GDP 约 4 300 美元，但财政性教育经费支出也只占 GDP 的 3.66%，虽比 2009 年提高了 0.07 个百分点，但比国际上人均 GDP 为 1 000 美元的下限还相差甚多。因此，应加大教育投入，保证有更多的资金支持教育发展。

二、进一步推进义务教育财政管理体制改革，以“生均教育经费指数”指标，强化地方政府投资责任，确保地方财政的投入到位

我们目前需要思考的一个重要问题是，中国的教育投入问题，不仅要立足于当前，更要着眼于长远，特别是要解决教育投入的长效机制问题。

建立保障加大教育投入可持续增长的长效机制，其关键是强化政府责任，以事权财力对等原则建立责权明晰的教育投资分担机制。以“财政性教育经费支出占国民生产总值的比例”为考核指标，能够反映政府的总体投入水平，但无法监测各级地方政府的教育投资行为。

按照国际惯例，启用“生均教育经费指数”（生均教育经费与人均地区生产总值之比）考核地方政府的投资行为，以此约束某些地区人均地区生产总值大幅增长、排位靠前，但各级教育生均经费长期摆尾的现象。经我们以2009年各省（区、市）数据的实测发现，有14个省人均地区生产总值指标排位与生均财政性教育经费投入的位次严重错位，其中相差5位以上的有12个省。若能在财政性教育经费投入中剥离教育转移支付与本级教育投入，用来考核本级财政性生均教育经费与人均地区生产总值的差距，其激励效果必定更为显著。

把“三个增长”进一步明确要求为“县级以上人民政府用于实施义务教育财政拨款的增长比例应当高于本级财政经常性收入的增长比例，保证按照在校学生人数平均的义务教育费用逐步增长，保证教职工工资和学生人均公用经费逐步增长”。

进一步强化地方教育投资约束机制，盯着“三个比例”，按等比例投入教育，即预算内和预算外、存量与增量、预算和决算，所有环节都按等比例投入教育，建立起前后衔接、内外一体、相对完整的有约束力的政府教育投入机制。

三、依法落实“教育经费单列”，减少专项教育转移支付

“教育经费单列”的财政管理制度究竟是什么，至今没有一个明确的说法。建议在明确“单列”体制的基础上，进行义务教育法财政制度的执法检查，追讨被挪用、挤占的教育专项转移支付资金，将可能“倒逼”出大量的教育经费。

加强组织领导，明确责任。各省（区、市）人民政府负责统筹落实本地区加大财政教育投入的相关工作。加大各省（区、市）对下转移支付力度。要按照事权与财力相匹配的原则，进一步完善省以下财政体制，强化省级财政教育支出的统筹责任，防止支出责任过度下移。省级人民政府要根据财力分布状况和支出责任划分，加大对本行政区域内经济欠发达地区的教育转移支付力度。

四、建立多渠道筹集教育经费的长效保障机制

统一内外资企业和个人教育费附加制度。严格执行国务院的有关决定，从2010年12月1日起统一内外资企业和个人城市维护建设税和教育费附加制度，教育费附加统一按增值税、消费税、营业税实际缴纳税额的3%征收。

全面开征地方教育附加。各省（区、市）人民政府应根据《中华人民共和国教育法》的相关规定和《财政部关于统一地方教育附加政策有关问题的通知》（财综〔2010〕98号）的要求，全面开征地方教育附加。地方教育附加统一按增值税、消费税、营业税实际缴纳税额的2%征收。

从土地出让收益中按比例计提教育资金。进一步调整土地出让收益的使用方向。从2011年1月1日起，各地区要从当年以招标、拍卖、挂牌或者协议方式出让国家土地使用权取得的土地出让收入中，按照扣除征地和拆迁补偿、土地开发等支出后余额10%的比例，计提教育资金。具体办法由财政部会同有关部门制定。各地区要加强收入征管，依法足额征收，不得随意减免。落实上述政策增加的收入，要按规定全部用于支持地方教育事业发展，同时，不得因此而减少其他应由公共财政预算安排的教育经费。

进一步破除体制障碍，加快民办教育发展，推进校企合作，拓宽民间捐资助学和社会融资渠道，发行教育福利彩票等。

五、完善投入监督机制，提高教育投入绩效和使用效率

实行教育经费执行情况监测制度，以及经费投入公开、公证制度。各级政府的教育投入的主要指标每年要进行公告，接受社会监督。针对阶段性教育发展目标，如义务教育均衡发展，大学生贫困生资助、学校债务化解、中职免费、教师培训等项目，建立一揽子拨款计划，核算应该追加的教育投入。

建立县级教育的“财政中立”制度，并依此进行测评和“督政”。义务教育均衡发展的重要评价标准之一是“财政中立”，即生均公共教育经费支出与本地区经济发展水平或地方财力零相关。

各地区要加强对落实教育投入法定增长、提高财政教育支出比重、拓宽财政性教育经费来源渠道各项政策的监测分析和监督检查，及时发现和解决政策执行中的相关问题。财政部要会同有关部门制定科学合理的分析评价指标，对各省（区、市）财政教育投入状况作出评价分析，适时将分析结果报告国务院，并作为中央财政安排转移支付的重要依据。

建立农民工子女进城就读的“学券制”（或“支票制”）。在“两为主”“全覆盖”的随迁子女义务教育公共财政保障机制下，有个问题没有得到解决。农民工子女进城后，其享受国家义务教育免费的经费拨款（生均公用经费将从300～500元，增加到500～700元）并没有做到“钱随人走”，虽然有不少学者提出“学券制”管理方式，但并没有引起高层的回应。建议在全国范围内统筹解决，由中央制定相关政策，建立起随迁子女义务教育经费

“学券制”管理的财政新机制。建议在建立全国性电子学籍系统的基础上，加大中央与省级政府教育转移支付力度。中央政府与省级政府在农民工随迁子女教育发展中承担不同的责任：中央政府负责跨省农民工随迁子女教育转移支付，省级政府负责本省农民工随迁子女教育转移支付。

应明确义务教育在教育经费投入中的优先地位，将教育经费的增量优先推行全免费义务教育。遵循先小学，后初中，再学前与高中；由基础教育，到职业教育，再到高等教育的投入流向。在地域上，财政性教育投入的增量，重点用于缩小地区间、城乡间教育投入差距，因此，要加大转移支付力度，优先确保贫困县农村中小学义务教育投入。具体来说，先投入国家级贫困县—中西部农村地区—发达地区；从城乡看，先农村，后城市。在教育投入方向上，鉴于我国教育领域中公用经费投入的比例偏低，新增教育经费应扩大对公用经费的投入比例。另外，要加强教师队伍建设投入，提高教师的编制，改进教师编制管理。

六、建立合理的学前教育成本分担机制，积极引导社会资源向学前教育事业配置

建立合理的学前教育成本分担机制。学前教育是一项具有福利性、保育性、教育性、公益性、普惠性的社会事业，是终身教育的开端，是国家国民教育体系中的一个重要组成部分。我国学前教育发展滞后的关键因素是没有建立合理的成本分担机制，学前教育事业发展资源投入严重不足。发展学前教育事业必须坚持“政府主导，社会参与，公民办并举”的方针，建立合理的学前教育成本分担机制，积极引导社会资源向学前教育事业配置。

明确各级政府在发展学前教育中的投入责任，充分发挥政府投入主渠道的作用。应进一步明确各级政府对学前教育的投入责任，财政性学前教育经费在同级财政性教育经费中要占合理比例，未来三年要有明显提高。各地根据实际研究制定公办幼儿园生均经费标准和生均财政拨款标准。

制定优惠政策，鼓励社会力量办园和捐资助园。应制定鼓励社会力量以多种形式参与发展学前教育的措施和办法，调动更多的社会资金投向学前教育事业。

家庭合理分担学前教育成本。目前，学前教育还不是义务教育，学生家庭必须承担一定比例的学前教育成本，但分担的比例要合理，要与家庭的收入相联系，不能“一刀切”。特别是对于贫困地区、社会低保人群则应重点予以扶持。只有这样才能保障贫困家庭的孩子也能上得了学前教育机构，才能真正体现社会的公平与正义。同时，幼儿园收费行为要规范，坚决制止乱收费。

七、继续增加公共教育特别是基本公共教育的财政投入，以义务教育为先导，确保义务教育财政公平和充足

义务教育投入新机制解决了长期以来贫困地区和农村地区义务教育的一块“短板”，即公用经费不足的问题；个人经费即教师“人头费”的匮缺，也随着教师绩效工资改革有所缓解，公平程度有所提升。但是，农村义务教育基建经费长效保障机制的缺位，使得义务教育距离全面保障尚有相当大的差距。学校办学条件的进一步改善，特别是农村学校标准化建设改造缺乏稳定的经费来源。许多地方反映，当前农村学校校舍、设备设施等基本办学条件还相对落后，“普九”期间完成的基础设施改造任务和因布局调整新建学校的任务相当艰巨。按照教育部《农村普通中小学校建设标准》（建标 109—2008）规定的校园校舍指标匡算，全面完成农村学校标准化建设改造所需要的资金，仅一个县市就达到 2 亿～3 亿元，县级财政特别是贫困地区县级财政不可能独立承担这项基建经费。这些事实说明，进一步推进义务教育财政管理体制改革已迫在眉睫。

加强省级政府在义务教育中的财政责任，加快“以省为主”的农村义务教育财政体制改革，增加一般性教育转移支付，给地方政府特别是基层政府支配教育经费更大的自主权。义务教育达不到省级统一标准的财政困难县，省级财政要负责资金补助和统筹平衡。推进地方教育财政体制改革，切实依法落实“教育经费单列”，努力做到事权与财权的统一，真正“还权”于教育。建立支持义务教育均衡发展的基建经费长效保障机制，提高义务教育全面保障水平；改革新增教育资源的分配方式，实施世界银行在中国贫困省贷款项目中推荐的“隆起”投入策略，推进学校标准化建设。

加大教育投入倾斜力度。使农村生均教育经费高于城市（一些发达国家农村与郊区的生均教育经费反而比城市要高。比如，美国纽约农村生均教育经费 8 985 美元，纽约市中心生均教育经费 8 171 美元）。加大对农村、边远贫困地区、民族地区等欠发达地区的教育投入；进一步加强对城乡薄弱学校的改造、对弱势人群的教育的投资水平。尽快解决农村中小学教师编制问题，进一步提高农村教师实际待遇。

关注教育财政充足，是美国从追求公平的年代向追求充足的转变过程，被称为美国基础教育“新”财政，从世界公共教育资源配置的历史选择看，

通常遵循从“效率优先”到“公平优先”，再到“联系效率考虑公平”，即财政充足和财政公平。充足是指达到一定教育目标所需的最底线投入，充足标准超越公平标准，将教育质量和教育发展目标作为确定经费投入的关键标准。

在实现4%目标后，应不失时机地把义务教育“财政充足”纳入战略谋划，实现从“财政短缺”到“教育财政充足和财政公平”的战略转换，并作为国家下一阶段义务教育财政投入的基本思路。其一，按照新颁布的“义务教育课程标准”，建立义务教育的合格标准和学生应掌握的基本教育内容和技能；度量达到义务教育合格标准所需的充足经费水平，根据学生数确定基本教育经费需求（最低标准），逐步形成基于教育质量标准的教育投入充足情况的评价指标体系。其二，规范的政府间教育财政转移支付的制度和模式。由省级政府统筹，在逐县核定财力的基础上，确定对辖区各县的转移支付基数，并规范为“一般性转移支付”，切实保障各县做到“财政中立”。

八、优化职业教育投资结构，增加多元化、市场化筹资渠道

根据世界发达国家教育发展经验，一个国家在实现工业化时期，都会把大力发展职业教育作为重要战略措施。我国的职业教育面临着资金短缺、城乡投入差距较大、意识不到位等问题。加大政府对职业教育的投入，建立职业学生贫困生资助体系，让职业教育健康和谐发展；依靠行业和企业注入资金发展职业教育；鼓励东部对西部，城市对农村的对口联合招生办职业教育；利用税收、金融以及社会捐赠等手段吸引社会资金；鼓励国外、境外组织和个人依照我国法律合作举办职业学校或职业培训机构，引进国外优质职业教育资源。

九、优化高等教育投资结构，增加多元化、市场化筹资渠道，建立与高等教育分类管理相适应的高等教育资源分配方式

加大政府对高等教育的投入，这是解决高等教育经费短缺的关键所在。同时，高等教育可以通过市场获得教育资源；按照谁受益谁付费的原则，学生也要承担部分教育成本；鼓励社会力量捐赠办学；探索多种融资渠道，如发行教育彩票、吸引国际资金、发行高等教育债券等。政府为了增加筹资渠道，必须完善贫困大学生资助政策；制定优惠措施，建立专门机构，吸引社会捐赠。推进以分类为基础的高等教育拨款机制，实行“基础经费+发展性经费+竞争性经费”的拨款方式。

十、制定“教育投入保障法”

教育经费是教育事业发展的物质保证。我国财政性教育经费投入的主渠道薄弱、结构不合理，财政性教育经费事权、财权不统一，对多元化筹措教育资金的政策扶持力度不够，严重制约了我国教育事业的健康发展，因此，亟待制定“教育投入保障法”来规范。

“教育投入保障法”应规定各级政府年度教育投入总量、在本级财政支出比例及年增长率。近年来，在中央财政教育经费投入稳步增长的情况下，部分地方政府的教育经费投入非但没有增加，反而出现了“挤出效应”，即在上级政府（包括中央政府或省级政府）投入增加，本级政府投入相应减少。为防止这种局面出现并恶化，必须将财政性教育经费投入纳入地方政府的考核指标体系，这是实现各级政府教育经费投入合理增长的强有力的保障措施。为此，应以落实教育法中规定的“三个增长”为基准，规定各级政府年度教育经费投入在本级财政支出中的比例及年增长率或经费投入总量。同时，确定经费投入增长率和经费总量时应扣除物价上涨因素，按可比价格计算，防止经费增长被物价上涨抵消，保证教育经费有实质性的增长。

“教育投入保障法”应强调拓展教育经费来源渠道，形成多渠道筹资教育经费的格局。为了广泛吸引社会资金投资教育，增加教育经费投入的来源渠道，“教育投入保障法”应明确民间资本投资教育的税收优惠政策，落实与同级同类公办学校享受同等的税收优惠待遇。对于从事学历教育的，应同公办学校一样，免除税收；对于从事非学历教育的培训机构，由于发展培训业是建设人力资源强国、构建学习型社会的重要途径，应制定税收优惠政策，着眼于培训和鼓励发展培训产业，扶持其发展和升级。

鼓励和倡导社会资本办理教育事业。为鼓励社会资本捐赠教育，要明确规定捐款人所应得到的荣誉与回报。通过合理回报、产权激励、政府资助、贴息贷款、创新金融服务产品和搭建服务平台等多重方式，鼓励和引导民间资本以多种方式进入民办教育，以改变民办学校普遍单纯依靠学费收入低水平运转的模式。同时，大力倡导海内外关心教育人士捐资助教。转变办学方式，通过举办私立学校或民办公助等鼓励社会力量办学。

要健全对民办教育的公共财政资助政策。设立国家和地方民办教育发展专项资金。通过“委托任务”“拨付经费”“专项资金资助”“政府购买服务”“表彰奖励”等多种方式让政府的公共财政支持民办学校发展。

通过市场多渠道增强教育自身的“造血”功能。通过发行教育彩票、教育公债等形式吸纳社会资金。扶持高校依托科研力量的校办企业的发展，实现以商养学，以学促商，等等。

——“教育投入保障法”应明确规定各类学校收费的种类、数额及用途，保证其真正地用于教育，并且要规定非法收费或挪用教育经费的处罚力度。同时，将各级政府预算中教育经费支出单列，设置“教育经费类”级科目，列入各级政府预算。

——“教育投入保障法”应明确教育财政预算决策程序。加强各级人民代表大会对同级政府教育预算的审查监督，在各级人大下设教育经费拨款委员会。该委员会的主要职能是审核、批准本级教育财政预算方案，决定教育经费预算的经费项目、经费标准、教育经费在预算支出中的比例，以及教育经费在地区和学校之间的分配等重大事项；同时，明确教育经费的分配原则、执行、审计等环节。教育预算必须在每年的人大会上单独报经各级人大下设的教育经费拨款委员会审议批准，凡教育经费支出未达到整个财政支出比例指标的预算，均不予通过；凡教育经费支出占整个财政支出的比例数字未能实现在上年基础上有所增长的预算，要推倒重来，从而加强教育预算的法制性、透明性和完整性，以改变教育支出在财政支出项目中处于相对“软”的地位，确保教育投入稳定增长。此外，教育经费拨款委员会还要对教育经费预算的执行情况进行严格监督。

——“教育投入保障法”应明确对教育投入有效考核和问责机制，确保教育经费的落实和有效使用。教育投入立法应用法律的形式确定各级财政的教育预算及预算的执行。一方面，用法律的形式确定各级财政教育经费的责任和占财政支出的比例，并实行严格的责任追究制度。对未按规定达到法定增长的，中央没做到的，中央负责；地方没做到的，地方负责。对政府主要负责人要接受质询，说明原因，要求限期整改。上级人民代表大会文教委员会加强对下一级政府（省、市、县、区）落实教育法中“三个增长”规定的财政性教育经费投入年增长率的年度监督和检查。将教育经费投入的增长指标作为地方政府政绩的考核指标之一，实行“一票否决”制，年终检查考核时，如政府教育经费投入不到位，对相关政府部门（如财政厅局）主要负责人的考核定为不合格，该部门主要负责人当年不得受表彰、奖励和提拔。

另一方面，用法律监督和社会监督来保障教育经费的有效使用，防止滥用和挪用。各级人大要加强教育经费预算的执行和经费使用的监督。逐步建立财政国库集中支付制度，细化预算编制，硬化预算执行，强化预算监督，合理调度资金，在保障教师工资发放的基础上，保障各项事业发展资金和专项资金及时足额到位，提高教育经费的使用效率。要建立严格的监督机制，杜绝贪污、挪用。对违反相关规定的要予以从重处罚，并追究相关责任人的责任。

案例五

关于建立由总量保障到标准保障的教育投入稳定增长体制的建议（2016 年）

案由

“十二五”期间，我国教育投入获得较大增长，实现财政性教育经费占GDP4%的目标，为教育事业发展提供了坚实的物质保障。但从经济社会发展形势要求和教育改革发展实际看，教育投入的稳定增长机制尚待建立。一是义务教育经费保障机制有待进一步完善。部分地方教育投入缺乏长效机制作保障，“三个增长”未落实的情况还大量存在，农村中小学生均公用经费标准偏低，难以满足日益增长的办学需求。少数地区公用经费政策执行不到位、不规范，公用经费被挤占、挪用来支付聘请代课教师和食堂从业人员工资等现象依然存在。二是非义务教育阶段各级各类教育的生均拨款标准尚待加快研究制定。特别是普通高中教育、学前教育的生均拨款标准等。三是教育经费的使用绩效有待进一步提升。一些学校的基建工程建设、科研经费管理、校办企业国有资产管理等重点领域，还存在铺张浪费、违规支出、资产流失等问题。在个别地方和学校，教育乱收费问题还没有完全杜绝，存在不按项目和标准收费、不按程序调整学校标准的现象。在加强外部监管的同时，内部审计、监督检查等内部监管力度有待进一步加大，责任追究制度有待严格落实。

案据

第一，教育标准保障是发达国家教育投入保障的重要趋势。根据北京师范大学王善迈教授的研究，教育财政充足有不同的思路和观点，一种是以教育产出作为度量充足的标准。这一思路又有两种观点，一是从宏观角度，以教育培养的后备人才与经济社会发展需求是否相适应为度量标准（厉以宁等，1988）。二是从微观层次上，以教育产出质量即以学生学业成绩为度量标准（以美国为代表）。另一种是以教育投入量为度量标准，对此也有两种观点，一是以财政性教育经费占 GDP 的比例和教育经费“三个增长”作为度量教育财政充足的标准（王善迈，1984）。二是以教育投入是否达到各级各类教育办学标准作为度量教育财政充足与否的标准（王善迈，2009）。以上两类保障方式从根本上看可概括为总量保障和标准保障两种不同的方式，从发展的角度看，随着教育发展由外延式发展向内涵式发展转变，公平与质量成为教育发展的核心价值诉求，建立在以质量标准为基础的教育拨款标准将成为衡量教育财政充足的主要评价内容。从世界公共教育资源配置的历史选择看，通常遵循从“效率优先”到“公平优先”，再到“联系效率考虑公平”，即财政充足和财政公平。充足是指达到一定教育目标所需的最底线投入，充足标准超越公平标准，将教育质量和教育发展目标作为确定经费投入的关键标准。比如，美国从追求公平的年代向追求充足的转变过程，被称为美国基础教育“新”财政。

第二，教育财政投入与国民生产总值脱钩是党的十八届三中全会改革的要求。党的十八届三中全会《中共中央关于全面深化改革若干重大问题的决定》明确提出，“清理规范重点支出同财政增幅或生产总值挂钩事项，一般不采取挂钩方式”。正如财政部部长楼继伟指出，支出挂钩机制在特定发展阶段为促进有关领域事业发展发挥了积极作用，但也不可避免地导致财政支出结构固化僵化，肢解了各级政府预算安排，加大了政府统筹安排财力的难度，全国财政从中央到县四级都要求挂钩，不符合社会事业发展规律，容易引发攀比，部分领域甚至出现财政投入与事业发展“两张皮”“钱等项目”“敞口花钱”等问题。这也是造成专项转移支付过多，资金投入重复低效的重要原因。据统计，2012 年与财政收支增幅或 GDP 挂钩的重点支出涉及 7 类、15 项规定。当年仅财政安排的上述 7 类与财政收支增幅或 GDP 挂钩的重点支出就占全国财政支出的 48%。因此，随着教育财政支出与 GDP 脱钩，总量指标难以成为保障教育投入稳定增长的核心指标，迫切需要建立以标准为保障的新的教育财政投入机制。

第三，总量指标难以评价省域教育经费合理程度。我们对 2008 年各省财政性教育经费占国民生产总值的比重进行了分析，占比高的主要是西部地区，前十位分别是：西藏（12.12%）、贵州（6.46%）、甘肃（6.19%）、青海（5.38%）、新疆（5.10%）、云南（4.96%）、宁夏（4.78%）、海南（4.57%）、四川（3.88%）、广西（3.77%），占比低的主要是东部发达地区，排名靠后的是：山东（1.86%）、江苏（2.09%）、广东（2.18%）、天津（2.22%）、浙江（2.41%）、福建（2.55%）、上海（2.61%）等。但实际上，东部发达地区人均教育经费远高于西部地区。同时，总量指标也难以反映各教育资源的公平程度，建立以标准保障为核心的教育财政保障体制将为促进教育公平，提高教育质量提供根本制度保证。

建议

教育标准保障是发达国家教育投入保障的重要趋势，是党的十八届三中全会改革的要求，也是我国教育进入以提高质量为主题的新阶段的现实需要，建议“十三五”期间，由财政部牵头，联合教育部等部门，建立各级各类教育基于质量标准的教育财政拨款标准，并随着财政实力的增长不断提高；强化政府责任，落实“三个增长”，明确规定教育财政支出应不低于地方财政支出的15%，并将其纳入教育法；制定民办教育分类标准，推动民办教育分类发展；完善投入监督机制，提高教育投入绩效和使用效率。

第一，建立各级各类教育基于质量标准的教育财政拨款标准，并随着财政实力的增长不断提高。加快研究制定各类教育的质量标准，建立基于质量标准的教育财政拨款标准。标准包括国家标准和省级标准，标准既要考虑教育发展、教育公平和教育质量提升的要求，也要考虑财政供给可能。标准是动态的、逐步提高的。

义务教育建立基于生均拨款标准的财政投入机制，全面纳入公共财政保障范围。整合农村义务教育经费保障机制和城市义务教育奖补政策，建立统一的中央和地方分项目、按比例分担的城乡义务教育经费保障机制。

非义务教育建立基于生均拨款标准、教育专项经费和教育成本合理分担以及社会投入相结合的教育投入机制。学前教育建立健全基于生均拨款标准，鼓励社会投入，家长合理分担，以县主为、以财政投入为主，保安全、保工资、保运转、保发展的经费投入保障机制。普通高中实行基于生均拨款标准，以财政投入为主、其他渠道筹措经费为辅的机制。中等职业教育实行基于生均拨款标准，政府、行业、企业及其他社会力量依法筹集经费的机制。高等教育实行基于生均拨款标准和竞争性专项经费的以举办者投入为主、受教育者合理分担培养成本、学校设立基金接受社会捐赠等多元化筹措经费的机制。

第二，强化政府责任，落实“三个增长”。严格按照教育法律法规，年初预算和预算执行中的超收收入分配都要体现法定增长要求，保证教育财政拨款增长明显高于财政经常性收入增长，并使按在校学生人数平均的教育费用逐步增长，保证教师工资和学生人均公用经费逐步增长。明确规定教育财政支出应不低于地方财政支出的15%，并将其纳入教育法。研究制定各级政府教育投入监督检查办法，建立各级政府教育投入公告制度，建立政府教育拨款增长的考核监督和责任追究机制。

第三，加快制定民办教育分类标准，推动民办教育分类发展。加快制定民办学校分类标准和实施办法，实行营利性和非营利性民办教育机构的分类管理，对两类民办学校在财税、土地和闲置固定资产转让、金融等方面采取差别化的支持政策，将财政支持列入财政预算，从而鼓励社会力量投资办学和捐资办学，增加教育服务供给。

第四，完善投入监督机制，提高教育投入绩效和使用效率。进一步细化部门预算编制，编实项目经费支出，提高预算执行率。建立并不断完善教育经费基础信息库，提升经费管理信息化水平。坚持依法理财，严格执行国家财政资金管理法律和财经纪律。建立高等教育拨款评估咨询委员会，建立健全高校办学经费使用评价机制。坚持勤俭办学，严禁铺张浪费，建设节约型学校。加强教育专项经费投入的绩效评价，扩大财政专项资金绩效评价范围，健全绩效评价配套制度，确保财政资金使用安全、规范、有效。

案例六

关于进一步明确中央财政在义务教育方面财权事权与支出责任的建议（2018 年）

案由

本人自 2005 年 3 月起在全国“两会”上开始呼吁增加教育投入、建立长效保障机制，2012 年在十一届全国人大五次会议上提出《关于制定“教育投入法”的议案》，建议“根据财权、事权对等原则，根据央地税收比例来确定中央政府和地方政府教育上投入的比例，形成中央、省、市、县对教育财政投入的合理分担机制”。此后连续多年在全国“两会”期间以及各类智库论坛上呼吁“重新认识义务教育的全国性公共产品属性，据此重新调整和划分中央财政在义务教育方面的支出和事权关系”。2016 年 3 月在十二届全国人大四次会议小组讨论中进一步提出“重新调整和划分中央和地方在义务教育方面的事权与支出关系”的建议。2017 年 5 月将此建议以《长江教育研究院研究专报》的形式报送中央有关部门，获得时任教育部部长陈宝生的肯定和批示，并批转教育部财务司、综合改革司和教师司阅办。2018 年，国务院办公厅印发的《基本公共服务领域中央与地方共同财政事权和支出责任划分改革方案》（以下简称《方案》），明确将包括义务教育在内的 8 大类 18 项主要基本公共服务事项纳入中央与地方共同财政事权范围，具体明确地提出“义务教育，包括公用经费保障、免费提供教科书、家庭经济困难学生生活补助、贫困地区学生营养膳食补助4项”。连续多年有关义务教育作为全国性公共产品来由中央财政承担应有财政事权与支出责任的呼吁终于得到回应，本人倍感欢欣鼓舞。《方案》的出台明确将“义务教育”的多项支出明确为“主要公共服务领域”并由中央与地方共同负担，是推进教育事业发展的观念与政策的重大调整。但本人认为，应更进一步明确中央财政在义务教育不同类别不同层次的具体责任，建立起更加科学完善的制度保障，强化义务教育在整个教育阶段的基础地位。

案据

一、加大教育财政投入的力度，建立完备的教育投入保障机制，是实现教育现代化的基础

“十二五”期间，我国教育事业实现跨越式发展，总体发展水平进入世界中上行列，但义务教育发展不够均衡、高中教育发展不够普及、高等教育与需求脱节、教育创新能力有待提升、教师队伍整体素质有待提高、教育投入稳定增长的长效机制有待建立等问题依然存在。习近平总书记指出，教育的基础性、先导性、全局性地位和作用更加凸显。“两个一百年”奋斗目标的实现、中华民族伟大复兴中国梦的实现，归根到底靠人才、靠教育。教育的基础性、先导性、全局性地位和作用，使得我们需要“跳出教育来看教育”。而“跳出教育来看教育”的关键点在于创新教育发展改革的保障机制，特别是事关全局的宏观教育制度，需要协调国务院各部委统筹推进制度创新，真正发挥“以教育现代化支撑国家现代化”的作用。

二、区域经济发展程度造成教育资源不均衡、区域差异较大

近年来，我国教育投入获得了较快增长，2012年起实现了财政性教育经费占GDP4%的目标，为教育事业发展提供了坚实的保障。但从经济社会发展形势要求和教育改革发展实际来看，由于受到地方经济发达程度的制约，各地的教育投入差距较大，教育发展区域不均衡的现象没有得到改观。主要表现在：义务教育经费保障机制有待进一步完善，部分地方教育投入缺乏长效机制做保障，“三个增长”和“两个提高”未落实的情况还大量存在，农村中小学生均公用经费标准偏低，难以满足日益增长的办学需要；部分地区公

用经费政策执行不到位、不规范，公用经费被挤占、挪用来支付聘请代课教师和食堂从业人员等现象依然存在；农村中小学教师待遇普遍不高，津补贴不到位的现象时有发生，直接影响他们工作的积极性，等等。

三、义务教育作为全国性公共产品理应由中央财政统筹负责

如同国防、外交一样，义务教育也是全国性公共产品，而全国性公共产品理论上应由中央财政承担重要部分。但是，目前我国义务教育教师的工资发放仍沿袭“以县为主”的财政体制，由于多数县级政府，特别是中西部地区的县级政府财力薄弱，入不敷出，基本上成为“吃饭财政”。在这些地方，教师正常工资的发放让地方财政捉襟见肘，农村中小学教师待遇普遍不高是很自然的事情。应在国务院《方案》重新调整和划分中央财政在义务教育方面的支出和事权关系的基础上，进一步明确中央财政在义务教育各个类别各个层次的财政事权责任，切实保障义务教育发展获得充分的财政支出保障。

建议

第一，建议此建议由财政部受理。

第二，明确义务教育各类经费的财政支出责任。义务教育应由中央财政承担重要部分，建立政府间财权事权和支出责任相统一的义务教育投入机制。在由中央财政按比例承担公用经费保障、免费提供教科书、家庭经济困难学生生活补助、贫困地区学生营养膳食补助4项的基础上，增加教师工资、校舍建设、教师集体宿舍建设和危房改造4项涉及学校教育教学发展关键的项目支出。上述所列4项义务教育经费支出也应由中央财政按比例承担，并分类逐步实施。

第三，按照“国家办学，分类承担”的原则，建立中央地方分项目、按比例分担的义务教育教师工资支出责任分担机制。借鉴西方发达国家义务教育教师工资保障的基本经验，考虑到我国的具体国情，可以按照“国家办学，分类承担”的原则，建立中央地方分项目、按比例分担的义务教育教师工资支出责任分担机制，具体的方案为：一是将基础工资作为中央和地方财政分担的重点，奖励性绩效工资则由省级财政统筹解决；二是划分三类地区，分别确定中央和地方财政分担的原则和比例。可以根据区域经济发达程度和财政收入水平的不同，结合农村人口与教师的数量和比例，将我国31个省（自治区、直辖市）划分发达、中等和贫困地区，采取发达地区基础工资经费主要由地方自行负担，中等地区实行中央和地方按5：5共同负担，贫困地区以

中央为主、地方为辅，按 8∶2 比例分担的原则。基础工资落实的地方财政责任明确为：发达地区“省级统筹，省市县共担”；中等地区“中央与省为主，地方配套经费省级统筹、市县辅助”；贫困地区“中央为主，地方配套经费省级主要承担”。积极落实义务教育教师津补贴政策，坚持西部地区“以中央为主”、中部地区“以省为主”、东部地区“以县为主，省级统筹”的经费保障原则，保证已有的政策性补助如农村教师津贴、乡镇工作补贴和乡村教师生活补助等补贴政策项目不减少、标准不降低，并确保金额逐年递增，充分保障农村义务教育教师应有的权益。

第四，鉴于义务教育教师工资实行建立中央地方分项目、按比例分担的支出责任分担机制，借鉴国外义务教育事权和支出责任划分的典型经验，我国实行“以县为主”分项目、按比例的校舍维修和公用经费保障机制，即东部地区校舍维修资金和公用经费自行承担，中部地区校舍维修和公用经费中央和地方按照 2∶8 的比例分担，西部地区中央和地方则按照 4∶6 的比例分担。

第五，制订科学合理的实施计划，逐步实施到位。根据我国区域经济发展的差异，可分为东部发达地区、中部一般发达地区和西部欠发达地区。中央财政分别按照 5∶5，6∶4 和 8∶2 的比例承担财政支出责任。在实施步骤上可分阶段逐步实施，率先保障教师工资、生均经费、运转经费的央地按比例承担，到 2020 年实现校舍建设、教师集体宿舍建设和危房改造经费支出的全覆盖。

第六，及时调整超越发展阶段、违背教育规律的政策目标，进一步优化教育支出结构，更多向农村、边远、贫困、民族地区倾斜，向学前教育、义务教育和职业教育倾斜，向基层教师和困难学生倾斜，把钱花在刀刃上。要全面加强监管，加强绩效评价，做到花钱必问效、无效必问责。

案例七

关于落实基层中小学教师津贴、养老保险金、医疗保险金、住房公积金的建议（2018 年）

案由

2018 年，中共中央、国务院印发了《全面深化新时代教师队伍建设改革的意见》（以下简称《意见》），对如何培养高素质教师队伍、如何强化师德师风建设以及提高教师待遇和社会地位等作出顶层设计和明确要求。《意见》指出，要采取措施真正让教师成为令人羡慕的职业。

案据

近年来，国务院逐步出台政策实施农村义务教育保障机制，农村中小学在公用经费、免学杂费、免课本费以及寄宿生补助费、建立危房改造长效机制等方面，都建立起了责任明确的“中央和地方分项目、按比例分担的农村义务教育经费保障机制”。而对于农村中小学教师工资只是笼统地指出，中央继续按照现行体制，对中西部及东部部分地区农村中小学教师工资经费给予支持。省级人民政府要加大对本行政区域内财力薄弱地区的转移支付力度，确保农村中小学教师工资按照国家标准按时足额发放。

基层中小学教师是我国教师队伍建设和发展的重要组成部分，其工薪问题直接影响基层中小学教师队伍的稳定和职责功能的充分发挥。虽然国家颁布了教师工资标准，由于省级政府对于财力薄弱的地区如何进行财政转移支付、按照什么项目、什么标准保障农村中小学教师的工资并没有建立起明确的责任分担机制，以至于到了各地，特别是各县（市、区）能发多少就发多少，致使各地基层中小学教师工资待遇保障水平、保障力度差距很大。但由于各地经济发展水平不平衡，教师工资发放在各地市、县域内各乡镇、城乡之间都存在不同程度的差距，在实际执行过程中存在明显不一致，财政支付能力不足的县，农村教师的津补贴从绩效工资当中出，实际上降低了农村教师工资的总数，特别是地方补贴部分，各地差异显著。有的县（市、区）内教师工资执行多个标准，乡镇之间老师工资标准不统一，同工不同酬，严重影响基层中小学教师工作的积极性。有的地方教师工资发放项目不全，教师的养老保险金、医疗保险金、住房公积金没有保障。如公积金的发放，有的是按全年总收入的百分之十二缴纳，有的是按基本工资的百分之十二缴纳，造成差异较大。江西省九江市一名中学二级教师，岗位 11 级，每个月财政工资 2 976 元，住房公积金只能按基本工资的百分之十二缴纳，只有 434 元，每月收入支付高额房贷后，每个月生活不节衣缩食就很难维持下去，与中央提出的教师工资收入不得低于或略高于公务员的要求实际出入很大。城乡教师工资的差距被进一步拉大，这也使艰苦边远地区津贴分配没能体现对农村教师的补偿与激励，极易造成农村教师的不公平感，教师队伍流失严重，最终导致教育发展不均衡。尤其是教师教龄津贴问题比较典型。

为了提高教师的社会地位和物质待遇，鼓励教师终身从事教育工作，国家从 1986 年 7 月 1 日起，开始实行教龄津贴制度。中小学教师和职业学校教师享受教龄津贴和其他津贴，即根据教师从事教育事业的教龄的长短对教师进行工资外的补贴。具体办法由国务院教育行政部门会同有关部门制定。根据中共中央、国务院下达的《国家机关和事业单位工作人员工资制度改革方案》和国务院工资制度改革小组、劳动人事部《关于实施国家机关和事业单位工作人员工资制度改革方案若干问题的规定》（劳人薪〔1985〕40 号）有关条文，对教师教龄津贴的实施作了如下规定。

教师教龄津贴执行范围：中等专业学校、教师进修学校、技工学校、普通中学、职业中学、农业中学、工读学校、盲聋哑学校、小学、智力障碍儿童学校和幼儿园的公办教师，均可实行教龄津贴。从事教师工作满 20 年，因工作需要，经领导批准，调离教师工作岗位，仍在学校从事教育工作的人员，以及从事教师工作不满 20 年，调任学校行政工作并继续兼课的人员，也可以实行教龄津贴。

教龄津贴标准：教龄满 5 年不满 10 年的，每月 3 元；满 10 年不满 15 年的，每月 5 元；满 15 年不满 20 年的，每月 7 元；满 20 年以上的，每月 10 元。

教龄津贴制度实施以来，提高了教师的社会地位和物质待遇，对鼓励教师终身从事教育工作起到了很好的促进作用。但从 1986 年以来，全社会工资水平提高了几十倍甚至 100 多倍，但教龄津贴没有提高，已经完全丧失了制定的初衷，现阶段的教龄津贴在工资结构中失去了原有鼓励教师终身从教的作用，已经没有任何实际意义。

建议

第一，由国务院督促、检查各省义务教育经费保障体系落实情况。

第二，加强对义务教育经费保障，建立基于以地方为主的义务教育经费保障体系，各地财政实力发展不平衡，建议基层中小学教师工资不应与地方财政挂钩。明确由财政单列支出基层中小学教师津补贴。进一步明确津补贴政策的实施范围、实施对象、发放标准、类别与分档、经费来源与保障等实施细则，形成基层中小学教师津补贴政策的实施细则和相关配套措施，确保基层中小学教师津补贴足额发放。

第三，建议提高教龄津贴标准。中共中央、国务院《关于全面深化新时代教师队伍建设改革的意见》（以下简称《意见》）中的第一部分第三点“基本原则”明确指出“把提高教师地位待遇作为真招实招，增强教师职业吸引力”。“经过 5 年左右努力，教师培养培训体系基本健全，职业发展通道比较畅通，事权人权财权相统一的教师管理体制普遍建立，待遇提升保障机制更加完善，教师职业吸引力明显增强”。第五部分“不断提高地位待遇，真正让教师成为令人羡慕的职业”第21条明确要求，“完善中小学教师待遇保障机制。健全中小学教师工资长效联动机制，核定绩效工资总量时统筹考虑当地公务员实际收入水平，确保中小学教师平均工资收入水平不低于或高于当地公务员平均工资收入水平。完善教师收入分配激励机制，有效体现教师工作量和工作绩效，绩效工资分配向班主任和特殊教育教师倾斜。实行中小学校长职级制的地区，根据实际实施相应的校长收入分配办法”。根据《意见》精神，现阶段的教龄津贴在工资机构中失去了原有鼓励教师终身从教的作用，已经没有任何实际意义，为了鼓励优者从教，终身从教，建议提高教师的教龄津贴，将教龄津贴最高标准由每月10元提高到每月300元。

第四，实现工资明细、医疗保险明细及住房公积金明细可网络查询，保证基层中小学教师能实时查询自身工资及各项扣款明细。

媒体采访

人大代表周洪宇谈教育收费

百年大计，教育为本。教育的收费关系到人民群众的根本利益。3月7日，全国人大代表、华中师范大学教育科学学院副院长周洪宇做客中广网，就教育收费、保证农民工子女就学等问题接受了采访。

中国第一位在网上征集民意、了解民情的全国人大代表

周洪宇是中国第一位开设议政型个人网站的全国人大代表，在过去的一年，他通过自己的个人网站“洪宇在线”收集民意、了解民情。他说，网上征集民意、了解民情是从2003年当选全国人大代表后决定的，目的就是从网上向老百姓“借脑”和“借手”，听取老百姓的建议，把基层人民的所思所想带到人民代表大会上来，真正为了人民的利益建言献策。第十届全国人民代表大会第二次会议上，网民的意见就将借助周洪宇代表的提议登上中国最神圣的“国是殿堂”。

“在与全国网民的网上交流中，我常常被网友们那种对国家深沉的历史使命感和责任感所感动，同时也惊讶于他们建言献策的能力和创意。”周代表说。网民对他最大的帮助是给他提供了丰富多彩的观点和事例，其中不乏真知灼见，对他参政议政很有启发。2004 年他所带来的“关于鼓励和保护公民创制权的建议”，就是听取了网上朋友的意见，直接针对保护广大公民的参政权、调动广大公民的参政热情所提出的。

农村义务教育如何真正做到免费

到 2001 年，我国仍有 450 个县未实现九年义务教育，覆盖了数千万人口，全国义务教育的普及率虽然达到了 85%，但按时毕业率仅为 75%，每年约有 500 万学生因辍学等原因不能按时完成义务教育，约占当年小学新生入学人数的四分之一。

温家宝总理在 3 月 5 日的政府工作报告中提出“重点加强义务教育特别是农村教育”。这也是周洪宇代表在 2004 年的十届全国人大二次会议上最关注的问题。

发展农村教育，办好农村学校，是从根本上解决“三农”问题的关键所在。谈到 2003 年自己所提出的“农村义务教育如何真正做到免费”，周洪宇代表介绍说，2003 年国家明确表示今后新增的收入将投入农村、教育、卫生等领域。国务院也在 2003 年 9 月的全国农村教育工作会议上通过了《国务院关于进一步加强农村教育工作的决定》，明确提出：从 2004 年开始到 2007 年，我国农村贫困地区将逐步实现“两免一补”，即免杂费、免教科书费，补助寄宿生的生活费。

高等教育的收费应该提高到 6 000 元

教育收费的多少牵扯到千家万户的利益，周代表说：“高等教育是整个教育里的牛鼻子，是关键所在，只有抓住这个牛鼻子才能引导好、调控好基础教育的发展。”对于高等教育的收费，大部分人认为收费太高，周代表的观点独树一帜，“我认为，目前高等教育的收费还不高，我们现在的收费是 3 000 ～ 4 000 元，应该提到 6 000 元”。周代表进一步解释说，教育收费要分开说，义务教育必须由政府提供经费，非义务教育则应该由政府与个人合理分担经费。如果只是一味压低学费，就算是 2 000 元、3 000 元，贫困学生也进不来，反倒是那些有钱人占了便宜，可以交的也不需多交了。关键不在压低学费，而在建立完善的有差别的贷款还贷制度，使贫困家庭学生能够有机会读书、就业，有钱人家庭也交上该交的钱。

周代表的这个建议在网上引起较大的争论，有人提出，在扩大高等教育规模和推进高校收费改革的过程中，高校中经济困难学生的数量已经有所增加。据统计，2002 年普通高校经济困难学生约 182 万人，其中特别困难学生约 79 万人。而现行高等教育收费已经使很多贫困学生，特别是农村学生接受高等教育出现困难，如果再依据周洪宇代表的意见，提高高等教育收费，那么如何解决这些特困学生的上学问题势必成为一个社会难题，如果解决不好，很有可能成为一种社会不稳定因素。

周洪宇代表对此专门提出了具体建议，建立一个有差别的贷款还贷制度，由政府建立一个国家助学担保基金，鼓励学生去贷款，以支付高等教育所需费用，如果贫困学生毕业时回到贫困地区，或其他急需人才的地区及行业，则可以不由个人偿还助学贷款，由国家支付，就是说“贫困学生既上了大学，又可以不交钱”。而如果贫困学生毕业要留在经济发达地区，就由贫困学生自己进行相应的还贷。他表示建立这个“有差别的贷款还贷制度”，政府就可以一箭三雕，能够调节上大学难、就业分配难，以及人才流失问题，“第一，让贫困学生顺利地上了大学；第二，政府解决了城里的就业问题；第三，急需人才的地区有了高素质的建设者”。

要解决农民工子女就学问题，关键要修法明责

随着我国城市化进程和农村产业结构调整步伐的不断加快，进城务工人数剧增，据统计，全国 18 岁以下的流动人口达 1 982 万人，其中义务教育年龄的孩子有 9.3%处于失辍学阶段，农民工子女的就学问题日显突出。

针对这一问题，周代表表示，目前现行的义务教育法规定，农民工子女义务教育的管理和费用应该由户籍所在地的政府提供，而不是流入地政府，换句话说，流入地政府解决农民工子女义务教育，仅仅依靠政治责任感，并没有法律的支持，如果流入地政府不采取措施解决农民工子女的义务教育问题，也一样是合理合法的。所以要解决农民工子女就学问题，关键“要修法明责，要修改我们的义务教育法，要明确进城务工子女就学的责任是谁的，我想，可能要由我们现有户籍所在地管理为主，改为由流入地管理为主。这样才能在法律上保证它的合法性”。

周洪宇代表来自湖北省武汉市，2004 年武汉市的 313 所公办学校已经开始实行对进城务工子女免收借读费的政策，9 万多名农民工子女已经在武汉找到了自己的学校。希望全社会都看到，农民工子女的整体素质也是整个城市文明素质的一部分。

解决教育乱收费需要一个过程

据教育部统计，2003 年，全国共查出了教育行业违规、乱收费 8.53 亿元，清退违规收费 6.39 亿元，处理了 2 488 名有关的责任者，其中有 359 名校长被撤职。教育乱收费问题已经相当普遍，一向被视为道德净土的校园也笼罩在尖锐的质疑和批评之中。

“我这次针对教育乱收费问题提出了六点意见。”周洪宇代表说，“第一，目前政府投入不够，应该加大投入；第二，要改革现有的教育体制，大力发展民办教育，形成与公办教育并重、竞争的格局；第三，打破教育行业的垄断；第四，改变现有学校的评估办法；第五，加大薄弱学校的投入力度，使薄弱学校和重点学校之间的差距越来越小；第六，要严格依法治教、依法治校。”

据了解，全国治理教育乱收费部际联席会议已经确定了 2004 年治理工作的主要任务：全国义务教育阶段推行“一费制”收费办法；严格规范高校收费行为；坚决禁止基层政府有关部门或单位通过学校向学生搭车收取任何费用，或向学校进行各种形式的摊派。随着九年制义务教育的高标准普及，大量的资金投入迫在眉睫，现在教育经费的缺口依然很大。因此，防止教育乱收费现象重新抬头，在严加整治的同时，如何保证教育经费的投入，从源头上杜绝教育乱收费现象的滋生和蔓延，是目前摆在教育界面前的严峻课题。

（原载中广网 2004 年 3 月 9 日，记者伍刚等）

社会反响

为 4%目标实现制定“时间表”

全国人大代表、湖北省教育厅副厅长周洪宇在 2007 年“两会”提交全国人大的议案中为国家“财政性教育经费投入尽快达到 GDP 的 4%”的目标设计时间表。

教育部部长周济于 2006 年 3 月 1 日在国务院的新闻发布会上表示：一定在“十一五”期间，在本届政府任期内，逐步把中国财政性教育投入占 GDP 的比重提高到 4%的水平。因此，2010 年应该是实现财政性教育经费占 GDP 的 4%目标的最后期限。

周洪宇指出，从政府财政收入的增长趋势看，达到4%的目标是完全可行的。1999—2006年，我国经济总量翻了一番多。财政收入增长率更是高达20%以上，2006年，全国财政收入预期高达3.9万亿元，增幅达24%。财政收入在国内生产总值中的比例将保持稳步增长的势头。因此，国家完全具备在2010年实现4%目标的财力。我们可以用数据的实证分析来证明这一点。

为了在2010年达到4%的目标，我们可以设定，即使2006年的国家财政性教育经费投入占GDP的比例仍然保持2005年2.82%的水平，而后按照每年递增0.3个百分点左右的速度提高，由此制定4%目标实现的时间表，设定的各年度目标值。

建议自2007年起到2010年，中央本级财政支出中教育经费支出的比例，每年按同口径至少能比上一年增加一个百分点，到2010年时与2006年相比，争取至少共提高四个百分点左右。与此同时，省级政府本级财政支出中教育经费所占的比例，每年平均增长至少两个百分点；省以下各级政府（贫困地区除外）本级财政支出中教育经费所占的比例，每年也能平均增长至少两个百分点。

建议国家财政性教育经费投入占GDP的比例，按照每年递增不少于0.25个百分点，最好以0.3个百分点的速度提高，在2010年达到4%的目标，使我国的教育经费在现在每年5 000亿元左右的基础上翻一倍，达到10 000亿元左右。

此外，鉴于我国目前还处于社会主义初级阶段，还没有完全摆脱“穷国办大教育”的困境，完全靠国家出钱办教育既不应该也不可能，因此，在加大财政性教育经费投入的同时，还必须拓宽教育经费的来源，要尽快开征教育税、发行教育彩票和教育公债，鼓励和支持社会民间资本参与办教育。

（原载《人民政协报》2007年3月7日，作者贺春兰）

针对4%目标难兑现，人大代表周洪宇建议制定“教育预算法”保证教育投入

财政部副部长张少春日前接受媒体采访时说，达不到4%的目标，原因是地方政府对教育投入不够，与中央教育经费不配套。3月8日，全国人大代表周洪宇表示，政府公共教育投入占GDP比例长期达不到4%，不仅仅是地方财政投入不足。

明确各级政府教育投入责任

周洪宇在接受本报记者采访时说，我国公共教育投入比例偏低，既有地方投入不足的问题，也有中央投入不到位的问题。目前，中央在贫困地区加大教育投入力度还有空间，对中部地区和西部地区来说，教育投入还要加大。

具体而言，现有的592个国家级贫困县新增的教育费用，应由中央政府全部承担；对欠发达的西部地区（不包括国家级贫困县）则由中央和省共同负责，以中央为主；对于中部地区，实行以中央和省级政府作为教育投入的主体，建立“中央和省级财政共同分担，各占50%”的投入机制；对于发达地区，则实行以“省市为主”的教育经费投入体制，中央只适当予以资助。

“教育财政的实施，不仅取决于社会制度、国家教育发展政策，而且取决于利益集团之间和各级政府之间的博弈。”周洪宇认为，必须以法律形式明确各级政府间教育投入的责任，明确各自承担的比例。从国际上看，中央和地方政府教育财政投入分担比例一般为60∶40，而我国平均为37∶63。在小学义务教育投入方面，我国地方财政负担80%以上，中央投入比例不足20%。这种政府间财力与教育支出责任的非对称性，必然会造成教育发展不均衡。

周洪宇建议，在新增教育经费的总量上，应加大中央政府的投入比例，逐步使中央与地方政府承担比例达到60∶40，形成中央、省、市、县对教育财政投入的合理分担机制，在财力上形成财政性教育投入不断增加的有效保障机制。

对于地方教育投入不足的问题，周洪宇认为，主要表现在沿海发达地区地方政府对教育投入不足，这些地方在政府工作报告里根本不讲教育投入占GDP的比重，只讲占财政支出比例，讲与2006年相比增加了多少。

他建议各级政府提高认识，加大投入，分项承担，分类推进，切实把教育放到优先发展的地位。“我建议，各级财政性教育投入占本级财政收入的比例都要提高，中央每年至少要增加1个百分点，省本级增加2个百分点，以确保到2010年达到4%的目标。”

制定“教育预算法”

为实现4%的目标，周洪宇呼吁尽快制定“教育经费投入法”（或“教育预算法”），从法律层次上保证教育投入。在“教育经费投入法”中，一要将各级预算中教育经费支出单列，设置“教育经费类”级科目，列入各级政府预算。二要规定各级政府教育经费投入总量。预算安排时，要确保教育法中规定的“三个增长”（即各级人民政府教育财政拨款的增长应当高于财政经常性收入的增长，并使按在校学生人数平均的教育费用逐步增长，保证教师工资和学生人均公用经费逐年增长）的落实。

设教育经费拨款委员会

周洪宇还建议在各级人大下设教育经费拨款委员会，以加强各级人民代表大会对同级政府教育预算的审查监督。该委员会的主要职能是审核、批准本级教育财政预算方案，决定教育经费预算的经费项目、经费标准、教育经费在预算支出中的比例，以及教育经费在地区和学校之间的分配等重大事项；同时，明确教育经费的分配原则、执行、审计等环节。凡教育经费支出未达到整个财政支出比例指标的预算，均不予通过；凡教育经费支出占整个财政支出的比例数字，未能实现在上年基础上有所增长的预算，要推倒重来，从而加强教育预算的法制性、透明性和完整性，以改变教育支出在财政支出项目中处于相对“软”的地位，确保教育投入稳定增长。

（原载《燕赵都市报》2007 年 3 月 9 日，记者王小波）

启用“生均教育经费指数”考核政府教育投入

政府是教育发展的第一责任主体。全国人大代表、湖北省人大常委会副主任周洪宇建议，应当进一步推进义务教育财政管理体制改革，以“生均教育经费指数”指标强化地方政府投入责任，确保地方财政的投入到位。

《国家中长期教育改革和发展规划纲要（2010—2020 年）》要求，“提高国家财政性教育经费支出占国内生产总值比例，2012 年达到 4%”。周洪宇说：“4%的目标早在 1993 年就提出，是大家多年的期盼，相信这个目标今年一定可以实现。但是，鉴于各种现实的原因，也需要对如何实现 4%保持审慎的态度。”

周洪宇指出，目前特别需要关注的是，要建立财政性教育投入的统一统计口径，不允许随意扩大或减少统计内容，确保“货真价实”地实现目标，而不是做简单的数字游戏。“不是为了达标，各种投入都可以往这个‘篮子’里装的。”

周洪宇建议，应当启用“生均教育经费指数”（即生均教育经费与人均 GDP 之比）考核地方政府的投入行为，以此约束某些地区人均 GDP 大幅增长、排位靠前，但各级教育生均经费长期摆尾的现象。

经过对2009年各省（自治区、直辖市）数据的实测，周洪宇发现，有14个省份人均地区生产总值指标排位与生均财政性教育经费投入的位次严重错位，其中相差5位以上的有12个省份。若能在财政性教育经费投入中分离教育转移支付与本级教育投入，用来考核本级财政性生均教育经费与人均地区生产总值的差距，其激励效果必定更为显著。

周洪宇建议，地方政府应当进一步明确“三个增长”：保证县级以上人民政府用于实施义务教育财政拨款的增长比例应当高于本级财政经常性收入的增长比例；保证按照在校学生人数平均的义务教育费用逐步增长；保证教职工工资和学生人均公用经费逐步增长。

（原载新华网2012年3月4日，记者李鹏翔、皮曙初）

周洪宇教授的建议：重新调整中央财政义务教育支出财权事权被国家采纳

日前，国家颁布了《基本公共服务领域中央与地方共同财政事权和支出责任划分改革方案》（以下简称《方案》），充分体现了十九大报告的最新精神。《方案》回应并采纳了长江教育研究院院长周洪宇教授关于义务教育的全国性公共产品属性以及由此重新调整和划分中央财政在义务教育方面的支出和事权关系的建议。

中国教育学会副会长、中国教育发展战略学会副会长、长江教育研究院院长、华中师范大学教育学院教授周洪宇，近5年来一直在全国“两会”以及各类智库论坛上明确呼吁重新认识义务教育的全国性公共产品属性，重新调整和划分中央财政在义务教育方面的支出和事权关系。

周洪宇教授提出“如同国防、外交一样，义务教育也是全国性公共产品，而全国性公共产品理论上应由中央财政承担”。但是，目前我国义务教育教师的工资发放仍沿袭“以县为主”的财政体制，由于多数县级政府，特别是中西部地区的县级政府财力薄弱，入不敷出。在这些地方，教师正常工资的发放让地方财政捉襟见肘，农村中小学教师待遇普遍不高是很自然的事情。根据十八届三中全会关于深化财税体制改革、建立现代财政制度的要求，周洪宇教授建议应重新调整和划分中央财政在义务教育方面的支出和事权关系，“逐步建立政府间财权事权和支出责任相统一的义务教育投入机制，在实施步骤上，按保工资、保生均、保运转、保无危房等几步走策略来分步实现，即先由中央财政承担义务教育阶段公立学校教师的工资，津贴等由地方财政足额发放，再由中央财政承担生均经费和学校运转费等，尽快明确其任务书、时间表和路线图。义务教育的财政应逐步分类上交由中央财政负责，财权和事务责任应该统一”。此建议以长江教育研究院 2017 年第 4 期“研究专报”的形式报送中央有关部门。

国务院办公厅印发的《方案》，回应并采纳了周洪宇教授关于义务教育的全国性公共产品属性、重新调整和划分中央财政在义务教育方面的支出和事权关系的建议。

《方案》中明确将包括义务教育在内的 8 大类 18 项主要基本公共服务事项纳入中央与地方共同财政事权范围，具体明确地提出“义务教育，包括公用经费保障、免费提供教科书、家庭经济困难学生生活补助、贫困地区学生营养膳食补助 4 项”。这份中央文件有两点体现了周洪宇教授关于义务教育的全国性公共产品属性的分析与建议和中央政策的深刻意义与价值的一致性。一是这份中央文件是“首次明确以中央文件的形式将教育、卫生等主要基本公共服务领域确立为中央与地方共同财政事权，并合理划分支出责任”；二是“主要基本公共服务领域”的确立以及将义务教育纳入主要基本公共服务领域的基本依据是全国性公共产品属于中央财政事权与支出责任范围的理论，与周洪宇教授提出的“全国性公共产品理论上应由中央财政承担”相一致，事实上是认可了周洪宇教授关于义务教育的全国性公共产品属性的分析与建议。长期以来，国家有关部门一直将义务教育作为“地方性公共产品”来对待，强调“地方性公共产品属于地方政府的责任”，应由地方政府负责，不足部分虽可以以“中央财政转移支付”的方式来支持解决，但不能作为“全国性公共产品”认识与对待。

《方案》详细界定了义务教育领域中央与地方共同财政事权清单及基础标准、支出责任及分担方式。“义务教育公用经费保障等 6 个按比例分担、按项目分担或按标准定额补助的事项，暂按现行政策执行。”“义务教育公用经费保障，中央与地方按比例分担支出责任，第一档为 8∶2，第二档为 6∶4，其他为 5∶5。”《方案》分类别分层次重新划分中央与地方在义务教育经费投入上的责任是对周洪宇教授关于重新调整和划分中央财政在义务教育方面的支出和事权关系建议的回应与采纳，“义务教育的财政上交由中央财政负责，逐步建立政府间财权事权和支出责任相统一的义务教育投入机制”。

（原载中国社会科学网 2018 年 2 月 11 日，作者明海英、党波涛）

全国人大代表建议中央财政分担责任 提高农村中小学教师待遇

根据2018年国办印发的《基本公共服务领域中央与地方共同财政事权和支出责任划分改革方案》，义务教育被纳入中央与地方共同财政事权范围。具体来说，义务教育，包括公用经费保障、免费提供教科书、家庭经济困难学生生活补助、贫困地区学生营养膳食补助4项。

全国人大代表、华中师范大学教育学院教授周洪宇认为，应更进一步明确中央财政在义务教育不同类别不同层次的具体责任，建立起更加科学完善的制度保障，强化义务教育在整个教育阶段的基础地位。

周洪宇认为，义务教育应由中央财政承担重要部分，建立政府间财权事权和支出责任相统一的义务教育投入机制。在由中央财政按比例承担公用经费保障、免费提供教科书、家庭经济困难学生生活补助、贫困地区学生营养膳食补助4项的基础上，增加教师工资、校舍建设、教师集体宿舍建设和危房改造4项涉及学校教育教学发展关键的项目支出。上述所列4项义务教育经费支出也应由中央财政按比例承担，并分类逐步实施。

对于教师工资，周洪宇表示，目前我国义务教育教师的工资发放仍沿袭“以县为主”的财政体制，由于多数县级政府，特别是中西部地区的县级政府财力薄弱，入不敷出，基本上成为“吃饭财政”。在这些地方，教师正常工资的发放让地方财政捉襟见肘，农村中小学教师待遇普遍不高是很自然的事情。

他建议，借鉴西方发达国家义务教育教师工资保障的基本经验，考虑到我国的具体国情，可以按照“国家办学，分类承担”的原则，建立中央地方分项目、按比例分担的义务教育教师工资支出责任分担机制，具体的方案为：

一是将基础性绩效工资作为中央和地方财政分担的重点，奖励性绩效工资则由省级财政统筹解决；二是划分三类地区，分别确定中央和地方财政分担的原则和比例。可以根据区域经济发达程度和财政收入水平的不同，结合农村人口与教师的数量和比例，将我国31个省（自治区、直辖市）划分发达、中等和贫困地区，采取发达地区基础性绩效工资经费主要由地方自行负担，中等地区实行中央和地方按5：5共同负担，贫困地区以中央为主、地方为辅，按8：2比例分担的原则。

基础性绩效工资落实的地方财政责任明确为：发达地区“省级统筹，省市县共担”；中等地区“中央与省为主，地方配套经费省级统筹、市县辅助”；贫困地区“中央为主，地方配套经费省级主要承担”。

积极落实义务教育教师津补贴政策，坚持西部地区“以中央为主”、中部地区“以省为主”、东部地区“以县为主，省级统筹”的经费保障原则。保证已有的政策性补助如农村教师津贴、乡镇工作补贴和乡村教师生活补助等补贴政策项目不减少、标准不降低，并确保金额逐年递增，充分保障农村义务教育教师应有的权益。

鉴于义务教育教师工资实行建立中央地方分项目、按比例分担的支出责任分担机制，周洪宇建议借鉴国外义务教育事权和支出责任划分的典型经验，我国实行“以县为主”分项目、按比例的校舍维修和公用经费保障机制。即东部地区校舍维修资金和公用经费自行承担，中部地区校舍维修和公用经费中央和地方按照2∶8的比例分担，西部地区中央和地方则按照4∶6的比例分担。

周洪宇还建议制订科学合理的实施计划，逐步实施到位。根据我国区域经济发展的差异，可分为东部发达地区、中部一般发达地区和西部欠发达地区。中央财政分别按照5∶5，6∶4和8∶2的比例承担财政支出责任。在实施步骤上可分阶段逐步实施，率先保障教师工资、生均经费、运转经费的央地按比例承担，到2020年实现校舍建设、教师集体宿舍建设和危房改造经费支出的全覆盖。

最后，周洪宇表示，应及时调整超越发展阶段、违背教育规律的政策目标，进一步优化教育支出结构，更多向农村、边远、贫困、民族地区倾斜，向学前教育、义务教育和职业教育倾斜，向基层教师和困难学生倾斜，把钱花在刀刃上。要全面加强监管，加强绩效评价，做到花钱必问效、无效必问责。

（原载《21世纪经济报道》2018年3月6日，作者危昱萍）

专题三 促进中部崛起，加快区域经济协调发展的建议

提交背景、经过与效果

中部地区是中华文明的主要发源地之一，在国家经济、文化中一直处于重要地位。如何促进中部发展是当前我国区域经济发展战略的一项紧迫任务。

在改革开放初期，国家制定了向沿海地区倾斜的非均衡区域发展战略，实施以建立经济特区为核心的沿海发展战略，利用沿海对外开放的区位优势，优先发展沿海地区经济，沿海地区成为经济发展最快的区域，经济建设取得了巨大成就。长江三角洲地区也得到国家政策的扶持，区域经济迅速发展，与沿海地区一同成为我国改革开放的标志性成功区域。进入21世纪，国家实施西部大开发战略，加快中西部地区的发展。在国家西部开发战略的指引下，西部地区基础设施建设、生态环境保护和产业结构调整取得了显著成效，经济发展步伐明显加快，逐步缩小和中部地区的差距。2003年国家又提出了振兴东北老工业基地的重大战略部署。而中部地区在国家实施的多轮非均衡发展战略中，总处于非战略重点的不利地位，成为国家政策的“边缘地”、资金投入的“旱地”、资源流出和人才流失的“奉献地”。中部地区的发展速度减缓，进一步拉大与沿海地区和长江三角洲地区的差距，逐步被西部地区赶上。在东西夹击的情况下，有形成“中部塌陷”的趋势。中部地区是我国重要的粮食主产区，处于全国交通枢纽地带，具有经济纵深和战略纵深的重要意义。中部地区的发展可以为沿海地区经济发展提供强劲支撑，也可以与西部地区实现优势互补，整合资源优势，成为东西经济互动发展的最佳结合点。

通过对中部发展问题的探索和思考，我于2004年3月十届全国人大二次会议期间提出《关于国家实施“大三角”战略，促进中部大崛起的建议》，建议尽早进行政府层面的规划和合作，制定区域发展政策，协调区域发展规划的实施，建立广泛的合作机制。同时也要加强企业层面的经济合作和经济往来，加快中部经济“金三角”次级经济圈的建设，发展壮大郑州、武汉、合肥、长沙、南昌等中心城市圈或城市群。国家发改委在《对十届全国人大二次会议第4866号建议的答复》（发改办建议〔2004〕0492号·B·）中表示对“大三角”一体化发展的“四个通道”建设的肯定，“将在进行区域规范的工作中，对中部地区的‘大三角’区域予以认真研究”。但是在国家税制改革的情况下，“不宜对郑州、武汉、长沙、南昌和合肥这5城市实施新的税

收优惠政策，中部地区依托5城市实施‘大三角’战略时，有关加快基础设施建设、实行产业结构调整可统一执行国家现行的税收优惠政策”。

通过对中部地区经济发展存在的问题和与东西部地区对比优势的进一步思考，我在2005年3月十届全国人大三次会议上继续提出《关于促进中部崛起的若干建议》，建议成立国务院中部发展办公室，制定中部地区发展规划，强化中部崛起的政策扶持力度，并把武汉老工业基地改造作为实施中部崛起战略的重要切入点。国家发改委在《对十届全国人大三次会议第4249号、1559号、6884号、6883号、5969号、5901号建议的答复》（发改办建议〔2005〕0105号）中给出的回复是：将围绕促进中部地区进一步发挥综合优势来考虑促进中部崛起的政策，为促进中部崛起创造良好的体制环境和政策条件。2007年4月，国务院批准国家发改委正式成立促进中部崛起工作办公室，全面推进促进中部崛起工作。

中部地区有着自己的独特优势。中部五省人口众多，资源丰富，有着较好的工业基础；高校云集，有雄厚的科教实力和科研实力。中部地区整体教育的发展在全国处于领先水平，教育基础雄厚，教育质量甚高。但中部教育也存在城乡发展差距拉大、区域之间发展差距大、教育投入普遍不足的问题。其中的原因：一是中部地区的经济发展水平较低，没有足够的教育经费投入来提高办学条件、提高教师待遇、培养和留住高水平师资队伍；二是教育发展不平衡，教育资源过多地向优质学校和城镇学校倾斜，城乡教育水平差距拉大；三是中部教育自身不能适应社会主义市场经济改革的需要，突出地表现在高等学校科研实力不能为当地经济的发展提供科技技术支撑。基于此，我在2007年3月十届全国人大五次会议上提出《关于振兴中部教育、促进中部崛起的若干建议》，建议建立中部教育协调工作机制，加强各省之间交流与合作，深化中部教育改革，加大对中部教育发展的资金投入和政策支持，加大对中部地区师资队伍建设的扶持力度，以振兴中部教育，促进中部崛起和区域协调发展。教育部在《对十届全国人大五次会议第6576号建议的答复》（教建议〔2007〕第237号）中表示，“中央已批准成立‘国家促进中部地区崛起工作办公室’……国家将在中部六省开展教育协作、促进教育资源共享等方面给予积极支持和指导”。“贯彻落实《国家教育事业发展“十一五”规划纲要》，积极推动中部地区教育事业发展……促进教育公平”。中央编办在《对周洪宇代表关于教育工作问题建议的答复意见》函件中对《关于制定中小学教职工编制标准的意见》（国办发〔2001〕74号）（简称《意见》）文件进行了说明：“对现阶段部分地区出现的农村中小学教职工编制偏紧的问题，可由地方根据《意见》的规定，在核定的编制总量范围内，内部调剂解决。如仍有困难，也可由地方政府根据《意见》精神，结合本地实际情况，在现有编制标准的基础上，适当增加人员编制。”

中部地区的发展，离不开国家的重视和支持。2006 年 4 月，中共中央、国务院出台了《关于促进中部地区崛起的若干意见》，中央各部委也相继出台了一系列促进中部崛起的政策措施，这些不仅为中部崛起指明了发展方向，也为中部起飞创造了条件。2007 年 4 月 10 日，千呼万唤的“国家促进中部地区崛起工作办公室”（以下简称“中部办”）在国家发改委设立，但值得注意的是，与此前成立的国务院西部开发办公室和国务院振兴东北办公室属于设立于发改委的副部级机构不同，新成立的“中部办”仅仅设置于发改委地区经济司，在地区经济司增设中部地区发展处、中部地区政策体制处。据此，我在 2008 年 3 月十一届全国人大一次会议上提出《关于合并“西部办”“东北办”与“中部办”，设立国务院区域发展协调委员会的建议》，以有利于区域协调发展，缩小中部与东部的发展差距、与西部和东北的政策差距，实现均衡发展，有效遏制“中部塌陷”。

在我国现阶段区域发展严重不平衡的情况下，中部的发展，更应注意补齐短板，实现整体发展。基于此，在 2011 年 3 月十一届全国人大四次会议上我提出了《关于将大别山、武陵山经济社会试验区纳入国家战略的建议》。2012 年 3 月，在十一届全国人大五次会议上，我又提出《关于将湖北江汉平原“三农”建设综改试验区上升为国家发展战略的建议》，国家发改委在《对十一届全国人大五次会议第 3732 号建议的答复》中表示：“将按照党中央、国务院的部署和要求，积极指导湖北省推进江汉平原地区改革发展工作，会同有关方面深入研究设立‘三农’建设综合改革试验区事宜，并鼓励和支持湖北省将现有的国家综合配套改革试验区已经探索形成的好做法、好经验与江汉平原地区的发展改革工作实际有效衔接，进一步推动这一地区的改革创新工作再上新台阶。”

中部地区的发展，在注重补齐短板，实现均衡发展的同时，更应打破区域行政区划限制，资源共享，优势互补，实现规模效益和整体发展。因此，在 2012 年 3 月十一届全国人大五次会议上我提出了《关于加快构建长江中游城市集群的建议》，2013 年我又再次提出《关于中央进一步支持鄂湘赣皖发展，加快建设长江中游城市集群的建议》。建议国家发改委将构建长江中游城市集群纳入国家发展战略，组织启动长江中游城市集群总体规划编制工作，并牵头建立长江中游城市集群合作协调机制。国家发改委在《对十一届全国人大五次会议第 5485 号、第 2766 号、第 2745 号建议的答复》中表示："湖北、湖南、江西三省应加强统筹协调，深化对三大城市群一体化发展重大问题的研究，选准其对国家发展总体布局和贯彻实施区域发展总体战略具有重要影响的研究，进一步明确发展主线、完善发展思路，联合做好长江中游城市群发展规划前期研究等工作，在此基础上，再统筹研究考虑列入国家发展战略问题。"

目前，在我国的北部地区，国家提出"京津冀"协同发展战略；在东部地区，2019 年的政府工作报告明确提出"将长三角区域一体化发展上升为国家战略"；在南部地区，粤港澳大湾区建设已经全面启动。由此可见，四大经济增长级中有三个已经上升为国家发展战略。在国家推进的长江经济带东中西三大区域建设重点版图中唯独缺失中部。如果作为长江经济带中部区域的"长江中游城市群"不能上升为区域建设重点，不利于长江经济带的顺利实施。为此，我在 2019 年提出《关于将"中三角"区域一体化发展上升为国家战略的建议》，2020 年、2021 年、2022 年又分别提出《关于将"长江中游城市群"一体化上升为国家发展战略的建议》《关于将长江中游城市群一体化发展上升为国家发展战略，打造中国经济增长第四极的建议》《关于加快推进长江中游城市群协同发展的建议》。建议国家发改委将长江中游城市群一体化发展纳入国家"十四五"规划，建立高规格的长江中游城市群建设实施推进机制，促进要素流通，深化合作共赢模式，推动经济增长空间从沿海向沿江内陆拓展，优化我国区域发展格局，打造我国经济增长的第四极。

此外，当前"长江中游城市群"一体化发展还存在一些困难，武汉、长沙、南昌等中心城市辐射带动能力还不够，产业结构和空间布局不尽合理，环境污染问题依然存在，城乡区域发展不够平衡，人与自然和谐发展任重道远。但是，我们可以看到，长江中游城市群一体化发展具有良好的基础和条件，在鄂湘赣三省的积极推动下也取得了不少合作体制机制的重大突破。2021 年，我在全国"两会"上提出了"关于创建长江中游城市群生态文化旅游协作区的建议""关于创建长江中游城市群红色文化旅游协作区"的建议，促进鄂湘赣在文化交流、旅游合作等领域加强资源整合联动，进一步探索经济文化合作的运行模式，从量变开始积累，最终形成全方位合作一体化发展的质变。2022 年 3 月十三届全国人大五次会议上，我还特别提出《关于支持建设武汉国家科技创新中心和湖北东湖综合性国家科学中心的建议》《关于支持在湖北布局建设全国一体化算力网络国家枢纽节点的建议》，也都得到国家发改委、科技部、工信部等部门的采纳。

系列建议案

案例一

关于国家实施“大三角”战略，促进中部大崛起的建议（2004年）

案由

如何促进中部（注：指中部五省，河南、安徽、湖北、湖南、江西）发展是当前我国区域经济发展战略的一项紧迫任务。在经济全球化和区域经济一体化的趋势下，实行区域经济圈发展战略是中部发展的必由之路。中部五省经济发展有一定的差异性，具备了实行区域经济一体化的条件。此外，从地理位置上看，中部五省的省会城市（郑州、武汉、合肥、长沙、南昌）呈两个“大三角”分布（“郑州—武汉—合肥”和“武汉—长沙—南昌”），经济发展比较突出，聚散能力和辐射能力较强，适合于充当区域经济发展中的中心城市。为此，本人建议，为促进中部经济的崛起，应在中央指导和支持下，聚中部五省之力，谋划建设“郑州—武汉—合肥”和“武汉—长沙—南昌”两个“大三角”经济圈，通过国家实施中部“大三角”战略，促进中部大崛起。

案据

一、实施地区经济协调发展战略，对地区经济结构进行战略性调整，是我国经济进入新的发展阶段和全面建设小康社会战略目标的客观要求

在东部发展、西部大开发以及东北大振兴的态势下，统筹区域经济发展，通过国家实施中部“大三角”战略，促进中部大崛起具有重要性、必要性和紧迫性。

在20世纪80年代和90年代，国家制定了向沿海地区倾斜的非均衡区域发展战略，实施以建立经济特区为核心的沿海发展战略，利用沿海对外开放的区位优势，优先发展沿海地区经济。珠江三角洲地区加快对外开放，率先成为中国经济的增长极。实施以开发浦东为龙头的长江开发战略，长江三角洲地区得以加速发展。实施沿海发展战略，通过鼓励一部分地区优先发展，提高了资源配置的整体效率，发展了社会生产力，增强了综合国力。首先开发开放沿海，渐次向中西部推进的区域梯度发展战略，取得了较好的宏观经济效益。从绝对意义上讲，我国各地区经济都出现了较快的增长。

在21世纪初，国家实施西部大开发战略，加快中西部地区的发展。3年多来，西部地区基础设施建设、生态环境保护和产业结构调整取得了显著成效，经济发展步伐明显加快。西部地区的发展，有力地促进了东部与西部地区之间的经济合作，使全国经济社会发展的整体格局发生了可喜的变化，对巩固全国改革发展稳定的大局发挥了重要作用。

2003年，新一届中央领导集体审时度势、谋划全局，提出了振兴东北地区等老工业基地的重大战略部署，是继实施沿海发展战略、西部大开发战略后的又一重大战略决策。振兴东北作为一项新战略，已经开始让人憧憬东北将成为继珠江三角洲、长江三角洲和京津唐地区之后的重要经济增长极，并将开创一个“新东北时代”。

20世纪80年代，沿海战略的实施，使我国东部地区快速崛起的同时，也拉大了东部地区与中西部地区的差距。20世纪90年代，党的十四大提出了“以上海浦东开发开放为龙头，进一步开放长江沿岸城市，尽快把上海建成国际经济、金融、贸易中心之一，带动长江三角洲和整个长江流域地区经济的新飞跃”的重大战略决策，中部地区的一些城市被列为沿江开放城市，获得了发展的一次良机，加快了经济发展的步伐，进入经济发展良性循环的边缘。但由于长江流域横贯东、中、西部数千里，上海的龙头作用一时对沿江中上游地区的带动作用不大。沿江战略又忽视了武汉这个长江次龙头城市的作用，影响到沿江战略的整体实施。至今，长江经济带的整体开发开放还没有成型，长江经济带未能形成联动态势，整体优势不能发挥。武汉所在的长江中游地区对外开放条件不及沿海便利，政策不及沿海优惠，对外资的吸引力还很有限，先天不足加后天失调，发展的步伐依然沉重。

进入新世纪，国家区域政策的重点跃过中部，实施了西部大开发战略，党中央明确指出：“实施西部地区大开发战略，加快中西部地区的发展，是党中央贯彻邓小平关于我国现代化建设‘两个大局’战略思想，面向新世纪所作出的重大决策。”以加强基础设施建设和生态环境建设为核心，以促进西部地区科技、教育的大发展为依托，国家制定了西部地区大开发的优惠政策，全面促进西部地区的大发展。从区域开发的规律性来看，西部开发离不开中部地区，因为它既产生内部性作用，也产生外部性作用，中部地区紧靠西部地区，西部大开发也会给中部地区的发展带来难得的历史机遇。但从西部大开发战略的实践效果来看，西部开发的资源倾斜和政策优惠仅涉及西部省市区。而东部沿海地区经过改革开放以来的大发展，已基本具备了自主发展能力，其开放水平、产业结构水平、体制因素和人才因素等方面，大大领先于中西部，其发展的潜力和空间以及发展的后劲依然很大。总的来说，中部地区已形成“东西夹击”的被动局面。

在中国加入WTO、加速社会主义市场经济建设、全面建设小康社会的今天，我国实施了振兴东北老工业基地的区域发展战略。东北三省是我国对东北亚地区开放的窗口，振兴东北，对进一步扩大开放，加深与周边国家的交流和联系，完善和发展我国全球战略具有重要意义。加大对东北老工业基地改造的支持，从工业化进程来看，对老工业基地的振兴与发展，对促进东北重工业装备领域的发展具有重大意义，对缩小东北地区与沿海地区的发展差距也具有重要意义。

但是，对中部地区武汉等其他老工业基地来说，振兴东北老工业基地的区域发展政策使它们面临着新一轮的政策差异，挑战大于机遇，竞争大于合作。振兴东北老工业基地这一区域经济发展政策，与沿海发展战略和西部大开发战略的功能定位有较大区别。沿海战略对我国改革开放基本国策的实施起到了启动、促进和带动的巨大作用，不仅促进了沿海地区的改革开放和经济的快速发展，也带动了全国其他地区的改革开放和经济的快速发展，其宏观效益是巨大的。西部大开发主要是以基础设施建设和生态环境的改善为重点，为落后的西部打好发展的基础，还历史旧账，为国家的可持续发展提供支持。东北老工业基地改造的目的在于通过对东北地区进行脱胎换骨式的改造，重点提高其经济增长质量和产业竞争力，促进产业升级，增强发展后劲。然而东北老工业基地与其他老工业基地在经济发展方面是一种相互竞争、互相促进的关系，国家确定东北为区域发展重点，若以项目和投资来支持其发展，对其他老工业基地相同产业的发展在竞争力方面有一定影响，但还不是很大。若是以大量的财税优惠政策来促进其发展，对竞争力的影响将是很大的，在全国市场竞争“一盘棋”的发展过程中，形成了不同政策环境的发展竞争，将会影响与其同样性质的其他老工业基地的发展，在客观上对其他老工业基地来说，与其说是机遇，不如说是挑战，这种发展模式能否像建立深圳特区和开发上海浦东那样在全国起到示范和带动作用，还有一些不确定因素。

中部五省人口众多，资源丰富，工农业基础较好，曾经在我国经济发展中起着举足轻重的作用，但是在当前中部地区逐渐落后了。在东部要率先实现现代化、西部大开发、东北大振兴的全国大发展的态势下，中部不能不有沦为“洼地”的忧虑。尽快由国家实施中部发展战略，促进中部大崛起是当前统筹我国区域经济发展的重要任务。

二、区域经济圈的兴起是改革开放以来我国区域发展的重要趋势

我国区域经济发展的趋势，中部的区位优势、科教实力、产业基础、城市经济圈的发展等是实施中部“大三角”战略的现实支撑条件，实施中部“大三角”战略，促进中部大崛起具有现实可行性。

区域经济一体化是世界经济发展的重要趋势，体现之一就是经济圈的兴起。所谓经济圈，简言之就是一些具有资源、环境、区位等优势的城市比较集中，工业化程度和区域经济一体化程度较高的地区。我国已基本形成了以广州为中心的珠江三角洲经济区（“珠三角”）、以上海为中心的长江三角洲地区（“长三角”）、环渤海等区域经济圈，西部的“成（都）渝（重庆）经济带”正在谋划。目前这三大经济圈仍在深入发展。“长三角”不仅将浙江、江苏、安徽、江西、山东等整体或部分纳入，还沿长江向西已直逼江西九江；珠江三角洲经济圈也正在积极扩张，有福建、江西、广西、海南、湖南、四川、云南、贵州及广东 9 省参与的“泛珠三角”概念影响深远，其由南向北的辐射范围已直达湖南岳阳。另外一方面，全国区域经济显现出由东向西、南北呼应的两个互动发展的局面。

在全国区域经济发展的态势下，我们应当认识到，一方面，在东南西北四面区域经济圈方兴未艾的同时，中部应增强危机感，不能置身于区域经济圈的发展之外，应顺应区域经济发展的趋势，谋划中部区域经济圈的发展。另一方面，由于全国区域经济由东向西、南北呼应的互动发展，由东向西的辐射力度在逐步加大，南北呼应的发展势头在逐步加强，随着沿江开放战略和西部大开发战略的深入实施，随着全国经济重心由南向北逐步推移预期的加强，中部地区的区位优势在其实现东中西部优势互补、南北经济互动发展最佳结合点方面的巨大潜力必将逐步显现出来。这为中部区域经济圈的兴起和发展提供了重大机遇。中部地区在我国区域经济发展格局中，处于承东启西、接南引北的战略地位。长江中游地区是我国区域经济多极化发展中的重要一极，学术界一直对把以武汉为核心的长江中游地区建设成为继长三角、珠三角和环渤海之后的全国第四增长极寄予厚望，长江中游及中部地区在积极接受沿海地区辐射的同时，若能够对内部力量加以积极的整合，加快产业整合的力度，实施城市功能的重新定位，加大体制创新和产业创新的力度，加大共同发展的力度，必将成为我国经济多极化发展中的重要一极。

三、中部区域经济圈兴起的现实支撑条件

中部地区具有不可替代的区位优势。在由西中东经济发展水平逐步走高和资源分布逐步走低的反向梯度中，中部得国内市场之利的优势明显。在东西互动、南北互动的大趋势中，四面八方的辐射特别是来自东南方的辐射汇集中部，随着全国交通网、信息网的建成和完善，加上内需的不断扩大，中部地处国内市场中心区位的“含金量”越来越高，有利于进一步促进中部自身的发展。

中部的科教实力居全国前列，大专院校、大院大所集中，各类专业技术人员荟萃，科技成果丰富。虽然改革的滞后使中部地区的科教资源仍未完全融于经济社会发展，但随着市场经济体制的进一步完善和科技体制改革的不断深入，中部的科技优势所形成的巨大发展潜力必将逐步发挥出来。

中部有较为雄厚的产业基础。一是20世纪五六十年代建立起来的一批国有大中型工商企业，其中一部分在市场经济的洗礼中得到发展和壮大。二是改革开放以来集聚的一批现代制造业，如以武汉神龙为代表的汽车产业、以武汉长飞和邮科院为代表的光电子产业等。三是近年来快速扩张和集聚的一批有“总部经济”特征的大中型企业，例如武汉东风总部、新武烟、武汉中百、火箭股份等。与国内发达地区比较，目前中部的产业整体优势还没有形成，但钢铁、造船、商贸、交通等行业的传统优势正在形成。随着现代制造业基地和现代服务业中心建设力度的加大，中部的产业发展进入加速阶段，将更有力地支撑中部经济圈的发展。

建议

第一，尽早进行政府层面的规划和合作。中部经济“大三角”的建设，首先有赖于政府推动。建议由中央政府牵头，中部五省政府就建设中部经济“大三角”加强高层领导的协商和协调，制定一套制度化的议事和决策机制，定期召开高层论坛会议，为协调促进各个地区和城市的经济发展提供必要和经常性机制，及早出台和签署中部五省建设经济“大三角”的合作文件、协议等，并争取中央政府支持；建立区域经济发展协调委员会和必要的专业委员会，适时通报、交换相关信息，制定区域经济发展的有关政策，协调区域经济发展和产业结构调整的重大事宜，协调区域发展规划的实施，研究城市化进程中的重大问题；认定开发建设的重大项目，确保区域性工程的实施；组织科研联合与协作，不定期举行区域合作与发展论坛，对区域联合协作发展中的相关重大问题进行深入研究，为决策提供依据；有关省市政府之间还

应建立合作机制，在基础设施建设、产业结构调整、市场建设等方面通力合作，实现资源共享、利益共有。

在区域市场尚未建立的条件下，共同编制区域发展规划是促进中部地区加强合作、协调发展的有效手段。编制本地区发展规划，可以加深对区情、省情和各自市情的认识，科学地确定各地的发展目标、产业特色和功能定位。应在区域合作组织的统一领导下制定区域发展规划，重点是基础设施的统一建设和产业布局的协调衔接。应从发挥区域整体优势出发，对重大基础设施统一规划，合理布局，联合投资，共同受益。要根据各地的地域条件、资源禀赋、产业基础、经济社会发展水平等因素，将各地区、各城市之间的产业链加以整合，既发挥各自比较优势，又进行产业的合理分工。

第二，加强企业层面的经济合作和经济往来。中部经济“大三角”的建设，根本上要靠市场的资源配置机制和企业的自组织机制，政府的作用主要是搞好服务，即为市场的形成和企业的活动提供良好的硬环境和软环境，如基础设施建设、规章制度建设等。因此应切实把握加入 WTO 的机遇，进一步加大政府职能转变的力度，建设有限政府、责任政府和服务政府；以现代企业制度为标准，对大中型国有企业进行改制和改造，建立以现代产权制度为核心的新型企业；打破省、地区、行业、部门、所有制的界限，通过以强并弱、强强联合的形式，组建一批在国内外有实力和竞争力的股份制企业集团；取消对民营企业的投资限制，放手扶持壮大民营企业；制定优惠政策，鼓励本地企业走出去，积极参与国内区域经济合作。

第三，拓宽“大三角”合作通道。拓宽四大通道：一是基础设施建设，国内三大城市经济圈的发展均有重大基础设施项目的加速推进，长三角的“引擎”是世博会项目和上海国际性大都市建设以及杭州湾大桥、洋山港建设；珠三角的“引擎”是香港与内地的 CEPA 协定和珠港澳大桥的建设；环渤海的“引擎”是奥运会项目和东北老工业基地改造。中部“大三角”经济圈建设基础条件相对较差，来自经济自身的发展动力不足，需要突出大项目推进，中部五省应加大投入，同时争取中央的支持，加强交通等基础设施重大项目的建设。二是产业通道，在中央主持下，中部五省加强协调，各省市依据自身优势，以区域产业政策为导向，选准选好一批重大项目，做好前期准备工作，努力争取国家财政专款、转移支付和贴息资金，重点发展一批产业，增强产业的差异性和互补性，积极发展武汉的“总部经济”，逐步形成企业总部在武汉、原料基地和生产基地在周边的合理格局。三是物流通道，大力发展现代物流业，不断降低区域物流成本，变区域优势为市场优势，高标准、高起点地建设一批专业性大市场。四是金融通道，我国已有的上海和深圳两大金融中心都在东部沿海，建议加快建设地区金融中心，以适应和促进中西部经济发展的需要。为扶持和促进中部经济发展，争取发行区域性项目债券、企业债券和区域建设政府债券，规范和推动信托融资渠道。鼓励国内外企业、金融机构设立基础产业投资基金、高科技产业投资基金、风险投资基金、支柱产业投资基金等产业发展基金，通过这些基金的高效运作，进一步推动投资环境建设和创业投资的发展。建议提升武汉区域性资本市场的功能，将综合条件较好的武汉建设成为中国第三个金融中心。

第四，加快中部经济"大三角"次级经济圈的建设，发展壮大郑州、武汉、合肥、长沙、南昌等中心城市经济圈或城市群。中部经济"大三角"的五个顶点城市（郑州、武汉、合肥、长沙、南昌）是中部的特大或大城市，分别是本省的中心城市，经济实力和综合竞争力较强，聚散能力和辐射能力较强，且正在和即将形成各自实力不俗的经济发展带，如河南以郑州为中心的"中原城市群隆起经济带"，安徽靠近合肥的"马（鞍山）铜（陵）芜（湖）经济圈"、湖北以武汉为中心的"武汉城市圈"、湖南的"长（沙）株（洲）（湘）潭经济带"、江西的"（南）昌九（江）经济走廊"。这些城市群、城市圈的发展壮大为中部经济"金三角"的建设奠定了坚实的基础。

中部五省应充分发挥省级政府的功能，尽快解决因行政区划造成的利益分割，加快顶点城市经济圈的形成。建议中央政府针对中部五省大城市国有经济比重大，老工业基地调整改造的任务艰巨的现状，将郑州、武汉、长沙、南昌、合肥五省中心城市列于东北地区等老工业基地振兴战略的实施范围，予以政策扶持；将五城市纳入全国社会保障体系试点范围；将五城市符合破产条件的企业优先纳入全国企业兼并破产工作计划；中央对五城市财政税收政策适当支持；对五城市符合条件的企业给予减轻负担的政策；中央适当对五城市实施税收优惠政策；请求国家有关部门简化五城市调整改造项目审批程序，对有关调整改造工业项目给予国债或专项资金支持。

案例二

关于促进中部崛起的若干建议（2005年）

案由

中部地区，通常包括江西、湖南、湖北、河南、安徽五省，总人口3.24

亿人、面积84万平方千米，地区生产总值为2.15万亿元人民币。这五省为全国提供了70%以上的农产品，是我国重要的粮食主产区，并处于全国交通枢纽地带，重化工业比重较高，是我国重要的老工业基地，战略地位重要。

但是改革开放以来，在国家实施的多轮非均衡发展战略中，中部总处于非战略重点的不利地位，总是与政策机遇擦肩而过，成为国家政策的“边缘地”、资金投入的“旱地”、资源流出和人才流失的“奉献地”，经济社会发展的矛盾不断向深层次发展；老工业基地振兴乏力，“三农”问题日益突出，所有制结构、经济结构、产业结构转换困难等，明显制约了中部的发展，使中部与东部沿海地区的发展差距不断拉大，与西部地区的发展差距不断缩小，形成了较为明显的“中部塌陷”现象。

案据

国家促进中部崛起的战略决策，是统筹区域协调发展，缩小中部与东部的发展差距、与西部和东北的政策差距，实现均衡发展的重大战略决策。对于充分利用中部地区在区位、资源和发展时机方面的后发优势，有效遏制“中部塌陷”，促进我国宏观区域经济格局形成以东部升级、西部开发、东北振兴、中部崛起等协调发展为主要特征的“四大区域板块”，具有特别重要的现实意义和推动作用。这一战略决策的实施，将使中部地区与东部地区、西部地区、东北地区处于相对公平的政策条件，有利于充分发挥中部地区的综合优势，积极向国家争取相关政策的实质性支持，进一步加快中部地区经济社会的全面、协调和可持续发展。

建议

第一，成立国务院中部发展办公室。负责指导制定中部地区经济社会发展规划，拟定中部地区经济社会一体化联动发展政策，协调中部地区与其他区域发展、中部地区内部发展的重大事项，协调将中部崛起战略纳入国家“十一五”发展规划，组织实施中部“大三角”战略。

第二，尽早进行政府层面的规划和合作。中部发展，首先有赖于政府推动。建议中部五省政府加强高层领导的协商和协调，制定一套制度化的议事和决策机制，定期召开高层论坛会议，为协调促进各个地区和城市的经济发展并达成共识提供必要和经常性机制，及早出台和签署中部五省协作发展的协议、文件等，并争取中央政府支持，制定区域经济发展的有关政策，协调区域经济发展和产业结构调整的重大事宜，协调区域发展规划的实施。

第三，制定中部地区发展规划。编制本地区发展规划，可以加深对区情、省情和各自市情的认识，科学确定各地的发展目标、产业特色和功能定位。区域发展规划重点是基础设施的统一建设和产业布局的协调衔接，应从发挥区域整体优势出发，对重大基础设施统一规划，合理布局，联合投资，共同受益，既发挥各自比较优势，又进行产业的合理分工。

第四，加强企业层面的经济合作和经济往来。中部发展，根本上要靠市场的资源配置机制和企业的自组织机制，要以现代企业制度为标准，对大中型国有企业进行改制和改造，建立以现代产权制度为核心的新型企业；打破省、地区、行业、部门、所有制的界限，通过以强并弱、强强联合的形式，组建一批在国内外有实力和竞争力的股份制企业集团；取消对民营企业的投资限制，放手扶持壮大民营企业；制定优惠政策，鼓励本地企业走出去，积极参与国内区域经济合作。

第五，拓宽中部地区合作四大通道。一是基础设施建设，中部地区基础条件相对较差，来自经济自身的发展动力不足，更要突出大项目推进，中部五省应加大投入，同时争取中央的支持，加强交通等基础设施重大项目的建设。二是产业通道，在中央主持下，中部五省加强协调，各省市依据自身优势，以区域产业政策为导向，选准选好一批重大项目，做好前期准备工作，努力争取国家财政专款、转移支付和贴息资金，重点发展一批产业，增强产业的差异性和互补性，积极发展武汉的“总部经济”，逐步形成企业总部在武汉、生产基地和原料基地在周边的合理格局。三是物流通道，大力发展现代物流业，不断降低区域物流成本，变区位优势为市场优势，高标准、高起点地建设一批专业性大市场。四是金融通道，建议加快建设中部地区金融中心，鼓励中部地区进行金融创新，争取发行区域性项目债券、企业债券和区域建设政府债券，规范和推动信托融资、私募基金融资，鼓励国内外企业、金融机构设立基础产业、高科技产业、支柱产业、风险投资产业等产业发展投资基金，建议提升武汉区域性资本市场的功能，将各方面条件较好的武汉建设为中国第三个金融中心。

第六，强化中部崛起的政策扶持力度。一是针对中部五省大城市国有经济比重大，老工业基地调整改造任务艰巨的现状，将武汉、郑州、长沙、南昌、合肥等城市列入老工业基地振兴战略的实施范围；二是加大财政转移支付力度，在财政扶贫资金和农业、社保、教育、科技等专项资金补助的安排上向中部地区倾斜，实施对中部地区“三农”扶持政策，增加中央“三农”补助资金对中部地区的投入；三是将中部地区中心城市纳入全国社会保障体系试点范围；四是加大对中部崛起建设资金的投入力度，中央筹集中部崛起专项开发资金，提高中央财政资金、国债资金、国家政策性银行贷款、国际金融组织和外国政府优惠贷款用于中部地区的比例，优先安排中部地区基础设施建设、特色农业发展、生态环境建设等领域的建设项目。

第七，为构筑中部崛起的战略支点，武汉急需国家给予以下支持。

(1) 将武汉老工业基地改造作为实施中部崛起战略的重要切入点。充分发挥武汉资产存量巨大、科教实力雄厚等优势，加快武汉老工业基地改造，增强武汉在中部地区经济发展中的传导、辐射、带动作用，促进中部与东西部地区的协调发展。建议中央将武汉老工业基地改造纳入中部崛起战略实施范围，给予武汉市相应的政策扶持。

(2) 调减武汉市财政定额上解基数。改革开放之初，武汉市财政留成比例只有17%，上解中央比例达83%，形成了较高的上解基数（28.35亿元）。而同期沿海开放城市则实行了“五年不上缴”“基数包干”或“递增包干”等特殊政策。分税制财政体制后，除按分税制财政体制执行外，上解基数一直维持未变，增加了武汉市财政压力。为此，恳请中央将武汉市原体制上解基数调减一半。同时请求中央将武汉市列为增值税转型试点城市。

(3) 加大财政转移和专项资金补助力度。参照国家在东北进行的社会保障体系试点政策，将武汉市纳入全国社会保障体系改革试点城市。在保证当期支付的同时，继续给予并加大财政专项转移支付，解决武汉目前已出再就业中心但由于企业无力支付补偿金，未与企业解除劳动关系的5万国有企业职工补偿资金缺口问题，支持武汉逐步填实个人账户，并尽快启动中央在汉企业的分离办社会职能试点工作。同时，在教育、科技、文化等中央专项资金补助上，加大对武汉的倾斜，进一步增强武汉在这些方面的比较优势。

(4) 在重要产业项目布局及国债资金支持上给予倾斜。充分考虑武汉的区位优势及现有产业基础，在重大产业项目布局和产业政策上向武汉倾斜：加大对武钢精品钢生产基地和东风公司汽车基地建设的支持力度，在武汉建设东风—雷诺、武汉石化和“3G”移动通信等生产项目。按照东北老工业基地改造的政策，加大对武汉工业结构调整项目国债资金支持力度。

(5) 支持武汉市进行开发性金融创新试点工作。一是中央设立中部开发银行和专项开发基金，由中部六省和武汉等中部中心城市参股，并将管理总部设立在武汉。二是在武汉选择一些收益稳定的基础设施项目进行试点，公开发行项目债券，以其稳定、可靠的收益率吸引民间资金流入市政建设、公共事业建设和能源建设。三是结合公司法修改，在武汉进行非国有企业发行公司债券试点。四是支持武汉市对国有商业银行在武汉市国有及国有控股企业中的不良贷款进行集中整体处置，按贷款本金加表内利息的一定比例，由武汉市统一收购，并对武汉市收购不良资产给予一定的资金支持。

（6）支持武汉进一步扩大开放。一是支持武汉加大天河机场、京广高速客运专线、沿江高速客运专线等重大枢纽性交通基础设施建设力度，批准武汉成为拥有第五航权的航空枢纽城市。二是整合武汉比较优越的交通、仓储、物资等物流资源，批准武汉设立物流保税中心，增强武汉现代物流中心的集散功能。

案例三

关于合并“西部办”“东北办”与“中部办”，设立国务院区域发展协调委员会的建议（2008 年）

案由

改革开放以来，在国家实施的多轮非均衡发展战略中，中部总处于非战略重点的不利地位，总是与政策机遇擦肩而过，成为国家政策的“边缘地”、资金投入的“旱地”、资源流出和人才流失的“奉献地”，经济社会发展的矛盾不断向深层次发展：老工业基地振兴乏力，“三农”问题日益突出，所有制结构、经济结构、产业结构转换困难等，明显制约了中部的发展，使中部与东部沿海地区的发展差距不断拉大，与西部地区的发展差距不断缩小，形成了较为明显的“中部塌陷”现象。这也引起了中央的高度关注。2004 年 3 月，温家宝总理在政府工作报告中，首次明确提出促进中部地区崛起。2004 年 12 月，中央经济工作会议再次提到促进中部地区崛起。2005 年 3 月，温家宝总理在政府工作报告中提出：抓紧研究制定促进中部地区崛起的规划和措施。2006 年 2 月 15 日，温家宝总理主持召开国务院常务会议，研究促进中部地区崛起问题，同年 4 月，中共中央、国务院出台了《关于促进中部地区崛起的若干意见》，中央各部委也相继出台了一系列促进中部崛起的政策措施，这些不仅为中部崛起指明了发展方向，也为中部起飞创造了条件。

案据

2007 年 4 月 10 日，千呼万唤的“国家促进中部地区崛起工作办公室”（以下简称“中部办”）在国家发改委设立，但值得注意的是，与此前成立的国务院西部开发办公室和国务院振兴东北办公室属于设立于国家发改委的副部级机构不同，新成立的“中部办”仅仅设置于国家发改委地区经济司，在地区经济司增设中部地区发展处、中部地区政策体制处。这种设置，不由得让人们对国家区域规划产生联想。为什么“中部办”获得的“待遇”与“西部办”和“东北办”不同？与西部、东北老工业基地相比，中部的地位一直比较尴尬。东西部发展的巨大落差让西部大开发的重要性显得顺理成章，而振兴东北老工业基地除了地区经济方面的考虑外，也是国家政治经济战略的需要。而中部地区并没有上述鲜明的特点，其“不东不西”的地理位置被人笑称为“不是东西”。这种设置，也难免在一定程度上会影响中部地区与西部、东北等地区的协调发展，也不利于中部地区各省之间的统一协调发展。2007 年 10 月 15 日，胡锦涛总书记在党的十七大报告中提到“大力促进中部地区崛起”，不仅再次强调了促进中部崛起的战略目标，也提出了更多的具体措施。为了更好地落实这些要求，提高管理效率，降低行政成本，统筹协调区域发展中出现的问题，有必要对现在的“中部办”这一机构设置作出一定的调整。

建议

把“中部办”与“西部办”“东北办”这两个副部级机构一起归并成立一个“国务院区域发展协调委员会”，这个机构相当于副部级，可以挂在国家发改委，也可以直属国务院，由国务院副总理担任委员会主任。设立这样一个综合统筹协调机构，不但有利于区域协调发展，缩小中部与东部的发展差距、与西部和东北的政策差距，实现均衡发展，有效遏制“中部塌陷”，促进我国宏观区域经济格局形成以东部升级、西部开发、东北振兴、中部崛起等协调发展为主要特征的“四大区域板块”，而且可以精简政府机构，减少各办之间的职能交叉和权限冲突，简化公务手续，减少横向协调困难，有利于建立统一、精简、高效的符合市场经济和民主法治要求的现代化政府体制，这也与当前国家所考虑的以“精简机构、提高效率、强化服务”等为改革宗旨的“大部制”行政管理体制改革目标相适应。

案例四

关于加快构建长江中游城市集群的建议（2012 年）

案由

长江中游城市集群地处我国中部，人口众多，资源富集，经济基础良好，是国家主体功能区规划确定的重点开发地区。随着三峡工程建成和后续工作规划启动、长江"黄金水道"加速开发建设、沿江立体交通网络的逐步形成以及沿江城镇和产业布局的展开，特别是随着国家"十二五"区域发展战略规划的纵深推进，长江中游城市集群迎来了千载难逢的发展机遇。在我国区域经济发展新的历史起点上，从国家战略层面统筹谋划长江中游城市集群的发展，对于加速中部崛起进程，进而促进国家区域经济的协调和可持续发展，具有重要的现实意义和深远的历史影响。

建议

第一，请求国家发改委将构建长江中游城市集群纳入国家发展战略。建议在国家重大区域发展战略规划布局中，将长江中游城市集群作为优先考虑地区予以重点关切。在研究起草新时期促进中部地区崛起政策文件中，将长江中游城市集群作为一体化的重点发展区域，予以重点支持，出台更有针对性的政策措施，引领和推动长江中游城市集群区域合作，加快一体化进程。

第二，请求国家发改委组织启动长江中游城市集群总体规划编制工作。比照"长三角"、成渝经济区等跨省域的规划编制模式，尽快启动编制长江中游城市集群总体规划。建议近期启动前期研究工作，探索跨省域重点开发地区的发展模式。在前期调研的基础上，由国家发改委牵头组成工作专班，着手启动编制长江中游城市集群总体规划，引领城市集群快速健康发展。

第三，请求国家发改委牵头建立长江中游城市集群合作协调机制。建议由国家发改委牵头组建长江中游城市集群推进工作专班，负责组织协调三省建立和完善协调合作机制，建立联席会议制度和多层次协调机制，定期研究协商重大问题，及时通报工作进展情况。

案例五

关于中央进一步支持鄂湘赣皖发展，加快建设长江中游城市集群的建议（2013年）

案由

长江中游城市集群通常称"中三角"，是以武汉、长沙、南昌三个中心城市为核心，以武汉城市圈、长株潭城市群、环鄱阳湖城市群等中部经济发展地区，以浙赣线、长江中游交通走廊为主轴，呼应长江三角洲和珠江三角洲，打造的国家规划重点地区和全国区域发展新的增长极。“中三角”包括湖北武汉城市圈（武汉、黄石、黄冈、鄂州、孝感、咸宁、仙桃、天门、潜江）、湖南长株潭城市群（长沙、株洲、湘潭、岳阳、益阳、常德、娄底、衡阳）和江西环鄱阳湖城市群（南昌、九江、景德镇、鹰潭、上饶、新余、抚州、宜春、吉安）。

目前区域内部已形成一定的经济联系，随着武汉市综合经济实力的增强，区域内的经济联系将更加紧密。武汉号称“九省通衢”，东西有长江黄金水道，南北有京广铁路，经济实力和辐射影响力都很强。长沙是千万级航空俱乐部之一，弥补长江中下游其他城市的劣势，文化、动漫、重工比较发达，交通运输有京广高铁，沪昆高铁。长江中游城市群将是我国具有优越的区位条件、交通发达、产业具有相当基础、科技教育资源丰富的城市群之一，在我国未来空间开发格局中，具有举足轻重的战略地位和意义。

案据

一、长江中游城市集群的发展态势需要进一步加强联合，共同发展

2012 年 2 月 10 日，长江中游城市集群三省会商会在武汉东湖国际会议中心举行。来自中国工程院、中国社会科学院、国家发改委、国务院发展研究中心等国家部委和科研院所的领导和学者，以及由湖北、湖南、江西三省省委、省政府主要领导率领的代表团参加了会议，就共同推进长江中游城市集群建设进行深入探讨，并达成高度共识。这标志着长江中游城市集群从构想、探索，进入全面启动和具体实践新阶段。

继珠三角、长三角、环渤海三大城市群之后，长江中游城市集群已成为我国经济发展的又一重要引擎。

二、长江中游城市集群扩容，安徽加入“中三角”发展，是长江中游城市集群发展到一定程度后的必然要求

中部地区，包括江西、湖南、湖北、河南、安徽、山西六省，总人口 3.59 亿人、面积 102 万平方千米，占全国总面积的 10%。这六省为全国提供了 70%以上的农产品，是我国重要的粮食主产区，并处于全国交通枢纽地带，重化工业比重较高，也是我国重要的老工业基地，战略地位重要。由于中部各省份跨度很大，难以像长三角、珠三角、东北那样整体合作，只能是近距离地合作。因此，2006 年 4 月实施中部崛起战略以来，中部地区客观上形成了“两大两小”城市圈共同发展的格局：两大——中原城市群、长江中游城市集群；两小——皖江城市带、太原都市圈。

改革开放以来，在国家实施的多轮非均衡发展战略中，中部总处于非战略重点的不利地位，总是与政策机遇擦肩而过，成为国家政策的“边缘地”、资金投入的“旱地”、资源流出和人才流失的“奉献地”。国家经过30年的发展，沿海城市发展已取得重大成就，经济政策也应该逐步从沿海转向内陆，要以长江沿岸为锁链，逐步推动城镇化，且中部各省大城市实力过分集中，中小城市发展滞后，所以，中部地区应在整合现有资源的基础上，消除区域间的壁垒，将现有长江中游城市群“扩容”。即在鄂湘赣三省的基础上，加入安徽，把属于长江中游的多个城市吸纳进去，“扩容”后整合成更大的长江中游城市集群，由“中三角”蜕变为“大四角”。安徽一直是长三角产业转移腹地，核心区域，为长三角提供劳动力等资源，加入中部城市群，有利于产业上下游整合发展。

从地理上讲，安徽是华中地区和华东地区过渡地带，也属于中部范畴。但从历史上讲，明朝时江苏和安徽是一个省，加之中国近30年是外向型经济，是向东发展，所以安徽和上海联系紧密。它加入长江中游城市群，是找回了地理本位。

2012年底，国务院副总理李克强在江西和湖北调研时提出希望把安徽纳入长江中游城市群的发展范畴，他指出：“缩小区域差距，要做好中西部开发开放这篇大文章。中部地区、长江流域是缩小区域差距的突破之地，就像下围棋，既要抢金角银边，又要在中间谋势布局。”安徽省本身对加入长江中游城市集群发展也非常迫切，2013年合肥市“两会”首先提出“大四角”概念，合肥市市长张庆军指出，“安徽、湖南、湖北、江西四省均已有自己的城市圈，四省省会连接，正好呈四边形”。2013年安徽省政府工作报告提出：“要加强与长江中游城市集群协同发展。”2013年鄂湘赣地方“两会”，三省的政府工作报告都不约而同地提到了联合推进长江中游城市集群建设问题。至此，四省联手崛起，势成必然。

三、长江中游城市群在世界城市群中的地位日益凸显，需要长江中游城市群加快发展，形成中国经济主轴的新亮点

在世界的维度上，城市群的崛起已深刻改变世界经济格局。以纽约为中心的大西洋沿岸城市群、以东京为中心的太平洋沿岸城市群、以巴黎为中心的欧洲西部城市群等世界五大城市群领跑全球。在中国的坐标上，我国正处

于城市群主导区域经济发展的时代，在长三角、珠三角、环渤海三大城市群成为我国经济发展的三大增长极后，我国沿江发展由长三角地区向整个长江流域推进，区域开放开发由“沿海先行”进入“沿江沿海并重”时期，长江中游城市群有条件成为中国经济主轴的新亮点。

建议

为进一步发挥中部地区资源优势，促进区域经济发展，加速推进中部崛起，使长江中游城市集群引擎动力快速达到最高功率，鄂湘赣皖四省要统筹规划，加强协调，做到“全面合作，统一行动，优势互补，良性竞争”，将长江中游城市集群在区位、资源和发展时机方面的优势充分利用，形成“四省如一省”的合力。为此，特建议：

第一，国家将“大四角”发展纳入国家发展战略，避免中部四省在发展长江中游城市集群的过程中，出现各自为政，流于形式的情况。首先，国务院要尽快成立长江中游城市群发展办公室，负责顶层设计，指导制定中部四省经济社会发展规划，拟订中部四省经济社会一体化联动发展政策，协调中部四省与其他区域发展，组织实施中部“大四角”战略。

第二，中部四省省级政府应联合成立常设办事联络机构，如成立中部四省发展合作办事处或长江中游城市群联盟，每年四省轮值牵头负责具体事务，协调处设在武汉，定期在四省轮流召开高层论坛会议。

第三，尽快制定中部四省发展规划。编制四省发展规划，可以加深对省情和各自市情的认识，科学确定各地的发展目标、产业特色和功能定位。区域发展规划重点是基础设施的统一建设和产业布局的协调衔接，应从发挥区域整体优势出发，对重大基础设施统一规划，合理布局，联合投资，共同受益，既发挥各自比较优势，又进行产业的合理分工。

第四，设立跨省合作区，实施融合发展，如将江西九江、湖北黄梅、安徽安庆设成鄂赣皖合作区，把湖北赤壁和湖南临湘设成鄂湘合作区等。及早出台和签署中部四省协作发展的协议文件等，并争取中央支持，制定区域经济发展的有关政策，协调区域经济发展和产业结构调整的重大事宜，协调区域发展规划的实施。

第五，中部四省加速推进交通基础建设，联手打造中部航运中心，使四省会城市间形成环状快速铁路和高速公路网。一是应充分发挥长江黄金水道的作用，武汉、荆州、宜昌、九江、安庆等城市均在长江边，应建立综合交通枢纽，推进湘江、赣江、汉江、巢湖流域等航道整治，联合争取开辟国际航空客货运航线和直达欧洲铁路货运专线，形成长江中游港口群，打造中部的航运中心。同时，依托长江黄金水道推进中部城镇一体化，以港招商，以港兴产，以港促城。二是将长江中游大中城市城际铁路进行无缝对接，使四省会城市间形成环状快速铁路网，建成四省会城市互达 2 小时经济圈。改善投资软硬环境，加快贸易物流发展，形成四省资源、信息的互通优势。三是加快中部四省高速公路基础设施建设，建设连接四省的高速公路，将麻武高速、武英高速、黄黄高速、杭瑞高速连接起来，规划岳阳—南昌、咸宁—南昌、九江—长沙高速公路，加快建成新余—武汉高速公路，结合九江—长沙铁路规划，完善中部四省经济圈腹地快速交通网络，努力争取路桥通行优惠政策，并在四省高速公路实现“一卡通”结算费用。

第六，加快建设中部地区金融中心。鼓励中部四省进行金融创新，争取发行区域性项目债券、企业债券和区域建设政府债券，规范和推动信托融资、私募基金融资、建立沿江开发基金，鼓励国内外企业、金融机构设立基础产业、高科技产业、支柱产业、风险投资等产业发展投资基金。共同推进市场全面开放，建立公平、开放、有序的市场环境，相互在经贸、会展等方面提供支持和便利。同时，建议提升武汉区域性资本市场的功能，将各方面条件较好的武汉建设为中国第三个金融中心。

第七，加强文化、旅游交流合作。以文化繁荣促进旅游发展，以旅游发展加深文化内涵，重点打造长江沿岸文化旅游品牌。建议中部四省文化部门合作，建立长江中游城市群城市演艺联盟，将长江文化、水文化、民族文化和“中国梦”进行结合，举办文化节、文艺会演，拍摄纪录片、电影等，利用多种形式增强中部四省文化认同感，传播正能量。中部四省还要大力加强旅游资源整合编排跨区域旅游产品；共同开发国内外旅游市场，推广旅游“一卡通”；推进旅游企业的重组和规模扩张，不断壮大旅游市场；打造入境和出境旅游通道，着力培育长江中游的旅游口岸城市。

第八，加强中部四省跨区域农民专业合作经济组织发展，在财政、税收、信贷技术支持等方面出台一揽子更加优惠的政策支持体系，并采取切实的保障措施，积极鼓励各地区大力支持跨区域农民专业合作经济组织发展。此举可为解决“三农”问题，维护农民利益作出重大贡献，而且会加快促进转变地方政府职能。

第九，共同开展跨界生态环境治理，推进生态文明建设，加强“三江四湖”水环境和流域生态保护合作。加大环境保护体制机制创新合作与交流，共同争取国家关于环境税、排污权及碳交易等环境经济政策支持。联合争取国家有关部委向四省省会城市引进国际环保合作项目。共同争取国家组织启动编制长江中下游水环境保护总体规划，共同争取开展环境税、节能量、碳排放权、排污权、水权交易等试点。同时，以地表水环境和大气环境保护为重点，加大环保科技交流力度。联合开展水生态修复、PM2.5 防治、机动车排气污染防治等城市环境保护重大项目科研合作。促进市场开放和产业协作，组成环保产业联盟。围绕沿长江、环洞庭湖、环鄱阳湖、环巢湖等重点区域的农业和资源环境，积极开展绿色食品、绿色建筑、绿色照明、绿色公交以及江河、湖泊水污染治理、工业脱硫脱硝等技术的联合攻关与协作，为长江中游城市集群"天更蓝、水更绿"提供科技支撑。

第十，加强中部四省部属、省属和市属大中专院校在重点学科专业、科学研究、实验室建设、毕业生就业等方面合作，鼓励学校之间的联合办学。采取访问学者、客座教授、优秀教师讲师团、学术报告等形式开展干部教师队伍交流。定期互派一批优秀中青年干部教师挂职锻炼，相互学习交流。举办"教育改革发展论坛"。针对当前教育改革和发展中的全局性、前瞻性、瓶颈性问题，共同进行研究，开展论坛讲座和沙龙活动。

第十一，率先实行中部四省医保"一卡通"，为国家逐步在全国推进医保"一卡通"积累经验，提供参考。中部四省加快推进四省医保就医"一卡通"网络平台和相关数据库建设，实现跨区域跨机构就医数据交换和费用结算，简化医保报销程序，搭建异地就医结算平台，实现城市群内参保农村居民异地就诊，跨市农民工患者异地刷卡就医、异地报销结算。四省共同建设重病急救转运系统，组建城市群卫生应急和重点疾病防控专家库。

案例六

关于将"中三角"区域一体化发展上升为国家战略的建议（2019 年）

案由

"中三角"区域位于我国中部地区，以长江中游为广阔发展腹地，在"一带一路"建设中具有重要地位，这一区域主要是指长江中游城市群区域，包括武汉城市圈、长株潭城市群、环鄱阳湖城市群，具体范围包括：湖北省武汉市、黄石市、鄂州市、黄冈市、孝感市、咸宁市、仙桃市、潜江市、天门市、襄阳市、宜昌市、荆州市、荆门市，湖南省长沙市、株洲市、湘潭市、岳阳市、益阳市、常德市、衡阳市、娄底市，江西省南昌市、九江市、景德镇市、鹰潭市、新余市、宜春市、萍乡市、上饶市及抚州市、吉安市的部分县（区），面积约31.7万平方千米，2017年，该区域总人口1.25亿人，地区生产总值7.9万亿元，以全国3.4%的土地面积和9.0%的人口数量创造了9.6%的经济总量。“中三角”区域承东启西、连南接北、带动中部、辐射全国，是长江经济带的重要组成部分，也是实施促进中部地区崛起战略、全方位深化改革开放和推进新型城镇化的重点区域，在我国区域发展格局中占有重要地位。

在经济全球化和区域经济一体化加速发展、我国发展进入新常态、改革进入攻坚期和深水区的背景下，推进“中三角”区域一体化发展，有利于跨区域整合优化资源要素，探索区域合作发展的新路径和新模式，培育形成全国重要的经济增长极，引领和带动中部地区加快发展；有利于深化长江流域经济合作和开放开发，形成良性互动、合作共赢的发展格局，协同打造中国经济新的支撑带；有利于共同保护长江水资源水环境，促进绿色发展，引领全国资源节约型和环境友好型社会建设；有利于推进城乡区域协调发展与社会和谐进步，使城乡居民共享现代化建设成果。

案据

20世纪90年代以来，我国逐步形成了以北京、天津为龙头的“环渤海湾”经济增长极，以上海为龙头的“长三角”经济增长极，以广州、深圳为龙头的“珠三角”经济增长极，以及以武汉为中心的长江中游经济增长极。随着国家深入实施区域发展总体战略，全面深化改革开放，积极谋划区域发展新棋局，目前，在我国的北部地区，国家提出“京津冀”协同发展战略；在东部地区，2019年的政府工作报告明确提出“将长三角区域一体化发展上升为国家战略”；在南部地区，粤港澳大湾区建设已经全面启动。由此可见，四大经济增长级中有三个已经上升为国家发展战略，因此，在中部地区亟须将2015年国家提出的长江中游城市群发展规划上升为“中三角”区域一体化发展国家战略，以推动经济增长空间从沿海向沿江内陆拓展，优化我国区域发展格局。同时，为“中三角”区域全面提高城镇化质量、推动城乡区域协调发展、加快转变经济发展方式提供强大动力与有力保障，也为“中三角”区域提升开发开放水平、增强整体实力和竞争力创造良好条件，充分发挥“中三角”区域的比较优势和内需潜力，进一步凸显“中三角”区域在全国发展中的地位作用。另一方面，也要看到，“中三角”区域一体化发展机制有待建立完善，武汉、长沙、南昌等中心城市辐射带动能力还不强，产业结构和空间布局不尽合理，环境污染问题依然存在，城乡区域发展不够平衡，人与自然和谐发展任重道远。因此，加快推进“中三角”区域一体化发展十分必要。同时，推进“中三角”区域一体化发展具有良好的基础条件和政策支撑，具体有以下两个方面：

第一，“中三角”区域一体化发展具有良好的基础条件。一是历史渊源深厚。长江中游城市群山水相连、人文相亲，自古以来就有着特殊的文化渊源，经贸往来非常密切，具有发展成为跨区域特大型城市群的深厚基础。二是交通条件优越。该城市群临江达海，经济腹地广阔，拥有一批现代化港口群、区域枢纽机场以及铁路、公路交通干线，基本形成了密集的立体化交通网络，综合交通枢纽建设取得积极进展，在全国综合交通网络中具有重要的战略地位。三是经济实力较强。该城市群人口众多、资源丰富，农业特别是粮食生产优势明显，工业门类较为齐全，形成了以装备制造、汽车及交通运输设备制造、航空、冶金、石油化工、家电等为主导的现代产业体系，战略性新兴产业和服务业发展迅速。四是城镇化基础良好。以武汉、长沙、南昌为中心的武汉城市圈、长株潭城市群、环鄱阳湖城市群发展迅速，形成了一批各具特色的中小城市和小城镇，生态环境容量较大，城乡区域发展趋于协调，常住人口城镇化率超过55%。五是合作交流密切。目前区域内跨省交流合作平台已达30多个，自2012年初签订长江中游城市群战略合作框架协议以来，基础设施、产业、市场、社会事业等重点领域合作迅速展开，各省会城市先后签署了《武汉共识》《长沙宣言》等协议，咸（宁）岳（阳）九（江）小三角、九江与黄冈跨江跨区合作开发、新（余）宜（春）萍（乡）与长株潭合作等重点地区一体化发展积极推进。

第二，“中三角”区域一体化发展具有较好的政策支撑。2006年4月，中共中央、国务院《关于促进中部地区崛起的若干意见》出台。此后，湖北武汉城市圈、湖南长株潭城市群获批全国“两型社会”建设综合配套改革试验区；江西《鄱阳湖生态经济区规划》获国务院批复。2012年8月，《国务院关于大力实施促进中部地区崛起战略的若干意见》明确提出，“鼓励和支持武汉城市圈、长株潭城市群和环鄱阳湖城市群开展战略合作，促进长江中游城市群一体化发展”。2013年3月，湖北等省人民政府向国务院报送了《关于加快推进长江中游城市群一体化发展的请示》。2015年3月26日，国务院发布《国务院关于长江中游城市群发展规划的批复》，范围涵盖湖北、湖南、江西三省，长江中游城市群“中三角”格局正式得到国家批复。2016年12月20日，经国务院同意，国家发改委正式印发《促进中部地区崛起“十三五”规划》，明确要求发展壮大长江中游城市群，推动武汉城市圈、长株潭城市群、环鄱阳湖城市群大力实施创新驱动发展战略，加快建立现代产业体系，提升城市群综合实力和竞争力，建设具有全球影响力的现代产业基地和全国重要创新基地，打造生态文明和绿色城镇化样板。2017 年 4 月，长江中游城市群省会城市第五届会商会在武汉召开，武汉、长沙、合肥、南昌四市共同签署《长江中游城市群省会城市合作行动计划（2017—2020）》，进一步深化细化交流合作，联手推动长江中游城市群成为中国经济新增长极。2018 年 11 月 18 日，《中共中央国务院关于建立更加有效的区域协调发展新机制的意见》明确要求，以武汉为中心引领长江中游城市群发展。由此可见，从国家层面看，将长江中游城市群发展规划上升为“中三角”区域一体化发展国家战略已经有良好的政策基础。

建议

建议国务院尽快将“中三角”区域一体化发展上升为国家战略，并由国家发改委牵头编制实施《“中三角”区域一体化发展规划》，与京津冀、粤港澳大湾区、长三角区域协同发展这三大国家战略同步推进，打造我国经济增长第四极。

案例七

关于将“长江中游城市群”一体化上升为国家发展战略的建议（2020 年）

案由

“长江中游城市群”位于我国中部地区，承东启西、南引北联，是长江经济带的重要组成部分，也是实施促进中部地区崛起战略、全方位深化改革开放的重点区域。这一区域主要是指长江中游城市群区域，包括武汉城市圈、长株潭城市群、环鄱阳湖城市群，具体范围包括：湖北省武汉市、黄石市、鄂州市、黄冈市、孝感市、咸宁市、仙桃市、潜江市、天门市、襄阳市、宜昌市、荆州市、荆门市，湖南省长沙市、株洲市、湘潭市、岳阳市、益阳市、常德市、衡阳市、娄底市，江西省南昌市、九江市、景德镇市、鹰潭市、新余市、宜春市、萍乡市、上饶市及抚州市、吉安市的部分县（区）。该区域面积约 31.7 万平方千米，人口超过 1.2 亿人，分别约占全国的 3.3%、8.8%，在“一带一路”建设和我国区域发展格局中具有重要地位。

在经济全球化和区域经济一体化加速发展、我国发展进入新常态、改革进入攻坚期和深水区的背景下，推进“长江中游城市群”一体化发展，有利于提升长江经济带在世界经济格局中的能级和水平，引领我国参与全球合作和竞争；有利于跨区域整合优化资源要素，探索区域一体化发展的新路径和新模式，培育形成全国重要的经济增长极，引领和带动中部地区加快发展；有利于深化长江流域经济合作和开放开发，形成良性互动、合作共赢的发展格局，协同打造中国经济新的支撑带；有利于共同保护长江水资源水环境，促进绿色发展，引领全国资源节约型和环境友好型社会建设；有利于充分发挥区域内各地区的比较优势，提升区域整体综合实力，在全面建设社会主义现代化国家新征程中贡献力量。此外，对于增强“长江中游城市群”区域创新能力和竞争能力，提高经济集聚度、区域连接性和政策协同效率，引领全国高质量发展、建设现代化经济体系意义重大。

案据

改革开放以来，我国区域发展战略经历了一个不断发展完善的过程。改革开放之初，主要推进沿海地区优先发展战略，实现了沿海地区率先发展；2000 年后，主要推进西部大开发、中部崛起、东北振兴等区域发展战略，但都面临区域发展不平衡等问题。党的十八大以来，国家先后实施京津冀协同发展、长江经济带发展、粤港澳大湾区建设、长三角区域一体化发展战略，丰富了我国区域经济发展总体战略布局。2015 年 6 月 9 日，中共中央、国务院印发《京津冀协同发展规划纲要》，国家提出“京津冀”协同发展战略。2016 年 3 月 25 日，中共中央政治局审议通过《长江经济带发展规划纲要》，国家提出长江经济带发展战略。2019 年 2 月 18 日，中共中央、国务院印发《粤港澳大湾区发展规划纲要》，国家提出粤港澳大湾区发展战略。2019 年 3 月李克强总理在政府工作报告中明确提出“将长三角区域一体化发展上升为国家战略”，12 月 1 日，中共中央、国务院印发《长江三角洲区域一体化发展规划纲要》，国家提出长三角区域一体化发展国家战略。截至目前，我国已形成京津冀协同发展、长江经济带发展、粤港澳大湾区建设、长江三角洲区域一体化的四大跨区域协调发展的区域发展总体格局。

诚然，2014 年 9 月，国家就提出建设长江经济带。2016 年 6 月，国家印发《长江经济带发展规划纲要》。国务院也发布《关于依托黄金水道推动长江经济带发展的指导意见》（以下简称《意见》）。《意见》提出，以沿江综合运输大通道为轴线，以长江三角洲、长江中游和成渝三大跨区域城市群为主体，以黔中和滇中两大区域性城市群为补充，以沿江大中小城市和小城镇为依托，促进城市群之间、城市群内部的分工协作，强化基础设施建设和联通，优化空间布局，推动产城融合，引导人口集聚，形成集约高效、绿色低碳的新型城镇化发展格局。然而，长江经济带横跨中国东中西三大区域，范围覆盖上海、江苏、浙江、安徽、江西、湖北、湖南、重庆、四川、云南、贵州11个省市，面积约206万平方千米，占全国陆地面积的21.4%，人口和国民生产总值均超过全国的40%。鉴于范围太广，长江经济带从西至东又可划分为三个区域：上游包括重庆、四川、云南、贵州4个省市，中游包括江西、湖北、湖南3个省，下游包括上海、江苏、浙江、安徽4个省市。

从目前国家战略来看，国家在提出长江经济带发展战略的基础上，又提出长江三角洲区域一体化发展战略，范围包括下游地区的上海、江苏、浙江、安徽4个省市。2019年8月16日，国家发改委新闻发言人孟玮在宏观经济运行情况新闻发布会上表示，加快推进京津冀协同发展、粤港澳大湾区建设、长三角区域一体化发展等重大国家战略的实施；研究提出加快成渝城市群一体化发展的政策举措，有序推动哈长、长江中游、北部湾、中原、关中平原、兰州—西宁、呼包鄂榆等城市群发展规划实施，建立健全城市群协调协商机制，指导省内城市群有序发展。2016年4月12日，国务院印发《关于成渝城市群发展规划的批复》（国函〔2016〕68号），批复同意《成渝城市群发展规划》。2020年1月3日，中央财经委员会第六次会议决定大力推动成渝地区双城经济圈建设，进一步丰富和发展了我国区域协调发展战略布局，有利于发挥比较优势，在西部形成高质量发展的重要增长极，打造内陆开放战略高地，对于推进"一带一路"建设、长江经济带发展和新时代西部大开发形成新格局具有重要支撑作用。显而易见，成渝地区双城经济圈建设已经上升为国家区域建设重点。

综上所述，在长江经济带的上游，国家提出成渝地区双城经济圈建设，在长江经济带的下游，国家提出长江三角洲区域一体化发展战略。从目前来看，国家推进的长江经济带东中西三大区域建设重点版图中唯独缺失中部。如果作为长江经济带中部区域的"长江中游城市群"不能上升为区域建设重点，不利于长江经济带的顺利实施。因此，在中部地区亟须将2015年国家提出的长江中游城市群发展规划上升为"长江中游城市群"一体化发展国家发展战略，以托起长江经济带的"龙身"，支撑长江经济带的发展，推动经济增长空间从沿海向沿江内陆拓展，优化我国区域发展格局。

当前“长江中游城市群”一体化发展还存在一些困难，武汉、长沙、南昌等中心城市辐射带动能力还不够，产业结构和空间布局不尽合理，环境污染问题依然存在，城乡区域发展不够平衡，人与自然和谐发展任重道远。但是，从优化我国区域发展格局的高度看，“长江中游城市群”一体化发展十分必要，而且“长江中游城市群”一体化发展具有良好的基础条件和政策支撑。

从发展基础看，“长江中游城市群”区域建设发展具有良好的基础条件。一是历史渊源深厚。长江中游城市群山水相连、人文相亲，自古以来就有着特殊的文化渊源，经贸往来非常密切，具有发展成为跨区域特大型城市群的深厚基础。二是交通条件优越。该城市群临江达海，经济腹地广阔，拥有一批现代化港口群、区域枢纽机场以及铁路、公路交通干线，基本形成了密集的立体化交通网络，综合交通枢纽建设取得积极进展，在全国综合交通网络中具有重要的战略地位。三是经济实力较强。该城市群人口众多、资源丰富，农业特别是粮食生产优势明显，工业门类较为齐全，形成了以装备制造、汽车及交通运输设备制造、航空、冶金、石油化工、家电等为主导的现代产业体系，战略性新兴产业和服务业发展迅速。四是城镇化基础良好。以武汉、长沙、南昌为中心的武汉城市圈、长株潭城市群、环鄱阳湖城市群发展迅速，形成了一批各具特色的中小城市和小城镇，生态环境容量较大，城乡区域发展趋于协调，常住人口城镇化率超过55%。五是合作交流密切。目前区域内跨省交流合作平台已达30多个，自2012年初签订长江中游城市群战略合作框架协议以来，基础设施、产业、市场、社会事业等重点领域合作迅速展开，各省会城市先后签署了《武汉共识》《长沙宣言》《南昌行动》等合作协议，咸（宁）岳（阳）九（江）小三角、九江与黄冈跨江跨区合作开发、新（余）宜（春）萍（乡）与长株潭合作等重点地区一体化发展积极推进。

从政策基础看，“长江中游城市群”一体化发展具有较好的政策支撑。2006年4月，中共中央、国务院《关于促进中部地区崛起的若干意见》出台。此后，湖北武汉城市圈、湖南长株潭城市群获批全国“两型社会”建设综合配套改革试验区；江西《鄱阳湖生态经济区规划》获国务院批复。2012年8月，《国务院关于大力实施促进中部地区崛起战略的若干意见》明确提出，“鼓励和支持武汉城市圈、长株潭城市群和环鄱阳湖城市群开展战略合作，促进长江中游城市群一体化发展”。2013年3月，湖北等省人民政府向国务院报送了《关于加快推进长江中游城市群一体化发展的请示》。2015年3月26日，国务院发布《国务院关于长江中游城市群发展规划的批复》，范围涵盖湖北、湖南、江西三省，长江中游城市群发展正式得到国家支持。2016

年12月20日，经国务院同意，国家发改委正式印发《促进中部地区崛起“十三五”规划》，明确要求发展壮大长江中游城市群，推动武汉城市圈、长株潭城市群、环鄱阳湖城市群大力实施创新驱动发展战略，加快建立现代产业体系，提升城市群综合实力和竞争力，建设具有全球影响力的现代产业基地和全国重要创新基地，打造生态文明和绿色城镇化样板。2017年4月，长江中游城市群省会城市第五届会商会在武汉召开，武汉、长沙、合肥、南昌四市共同签署《长江中游城市群省会城市合作行动计划（2017—2020）》，进一步深化细化交流合作，联手推动长江中游城市群成为中国经济新增长极。2018年11月18日，《中共中央国务院关于建立更加有效的区域协调发展新机制的意见》明确要求，以武汉为中心引领长江中游城市群发展。党的十九大报告指出，“实施区域协调发展战略”。这是改革开放以来我国区域发展战略的重大提升，是中国特色社会主义新时代必须坚持的重大战略。由此可见，从国家层面看，将长江中游城市群一体化发展规划上升为“中三角”国家战略已经有良好的政策基础。

建议

在中国特色社会主义新时代，实施什么样的区域发展战略，事关全面建设小康社会全局，事关中华民族伟大复兴战略全局。为此，建议国家尽快将“长江中游城市群”一体化发展上升为国家发展战略，并由国家发改委牵头编制实施《“长江中游城市群”一体化发展规划》，落实新时代新发展理念，构建现代化经济体系，推进更高起点的深化改革和更高层次的对外开放，同“一带一路”建设、京津冀协同发展、长江经济带发展、长江三角洲区域一体化发展、粤港澳大湾区发展战略相互配合，进一步完善我国空间布局。

案例八

关于加快推进长江中游城市群协同发展的建议（2022年）

案由

长江中游城市群作为我国面积最大、中部地区最重要的城市群，在面积、人口、经济总量等方面有明显优势：涵盖湖北、湖南、江西3省31个城市（地级及以上城市28个，省辖县级市3个），区域面积约31.7万平方千米，占全国约3.86%；常住人口超过1.3亿人，占全国约9.4%；2020年地区生产总值约 9. 39 万亿元，占全国约 9. 3%，人均地区生产总值约 7. 19 万元，略高于全国平均水平。

加快推进长江中游城市群协同发展，有利于推动中部地区加快服务和融入新发展格局，实现中部崛起；有利于加快推进长江经济带生态环境保护和全面绿色转型，挺起长江经济带“脊梁”；有利于更好维护国家粮食安全、生态安全、能源安全、产业安全，夯实国家安全战略支撑，拓展经济发展新空间。

案据

2015 年国务院批复实施《长江中游城市群发展规划》以来，长江中游城市群省际协商合作机制、省会城市会商机制不断健全，产业协作、污染共治、公共服务共享等取得积极进展，城市群经济增速位居全国前列，发展动能持续增强，综合实力显著提升。

第一，跨省合作工作有基础。多年来，湘赣鄂三省省际协商合作突破一系列行政壁垒，先后建成跨省合作交流平台 30 多个，连续召开省会城市协商会 7 届，达成一系列框架协议和具体合作协议。特别是 2021 年三省党政主要负责同志带队互访后，三省合作驶入“快车道”，召开长江中游三省协同推动高质量发展座谈会，共商三省合作大事，签署“1+6”合作文件，建立了长江中游三省省际合作机制，组建协同发展联合办公室并集中办公。G241 两省连接通道、安九高铁庐山至黄梅段等重大合作项目取得实质性进展，三省旅游一卡通即将发行。

第二，空间格局逐步优化。武汉、长沙、南昌等城市综合实力和发展能级不断提升，都市圈形态初步显现，武汉都市圈同城化发展格局加快形成，同城化发展办公室挂牌运行，“九城变一城”；长株潭都市圈同城化建设加快推进；南昌都市圈加快培育，在生态环保、现代农业、有色金属等领域形成全国影响力。

第三，产业基础不断夯实。城市群初步形成了以电子信息、汽车航空、装备制造、有色冶金、石油化工、生物医药为主的六大万亿级产业集群。截至 2020 年末，拥有国家战略性新兴产业集群 9 家，国家先进制造业集群 2 家，国家创新型产业集群 10 家，拥有武汉东湖、长沙、南昌等国家级高新技术产业开发区 20 家，在全国占比 11. 9%；拥有武汉经开、长沙经开、南昌经开等国家级经济技术开发区 20 家，在全国占比近 9. 1%；拥有国家农业科技园区 24 家（湖北 10 家、湖南 7 家、江西 7 家），在全国占比 8. 5%。

第四，科创实力显著增强。武汉、长沙、南昌科教资源丰富、基础研究能力强，集聚了一批国家级创新平台、重大科技基础设施、产业联盟、创新研究院等创新要素。建成信息光电子、数字化设计与制造、先进轨道交通装备 3 个国家级制造业创新中心。

第五，交通枢纽地位更加突出。综合立体交通运输网基本形成，城市群铁路网总规模突破 1 万千米，建成以武汉、长沙、南昌为中心的“三角形、放射状”城际交通网络，实现省会城市之间 2 小时、省会城市与周边城市之间 1～2 小时通达。高速公路网主骨架全面形成，省际公路联网工程稳步实施，长江中游三省公路总里程超过 73 万千米。三省合计港口吞吐量近 7 亿吨，武汉长江中游航运中心建设取得积极进展，一批航道整治工程加快推进。亚洲最大的货运机场鄂州花湖机场即将建成运营。

第六，绿色发展起势见效。长江协同治理、国家生态文明试验区和“两型”社会建设取得明显成效，环境基础设施逐步完善，污水处理厂集中处理率、生活垃圾无害化处理率高于长江经济带平均水平，单位 GDP 用电量低于长江经济带平均水平，生态环境质量总体改善。三省政府共同签署长江中游湖泊湿地保护与生态修复联合宣言，合力抓好湖泊湿地管理保护、生态修复和科学利用。

建议

目前，新一轮《长江中游城市群“十四五”实施方案》由国家发改委牵头起草，已报国务院审议，预计将于近期印发实施。因此，恳请国家发改委、住建部、交通部、生态环保部、科技部、商务部、教育部等部门加快推进长江中游城市群协同发展，建议从以下方面予以支持。

第一，推进空间布局和城镇协同发展。突出中心城市带动功能，促进大中小城市协同发展，创新驱动长江中游城市群多层级联动发展。推动省会中心城市向高端化、服务化方向发展，逐步转移扩散部分功能、产业和生产环节，支持中小城市和小城镇向专业化、特色化方向迈进，促进大中小城市和小城镇合理分工，健全城镇体系。

第二，推进交通协同发展。重点深化武汉港、宜昌港、岳阳港、长沙港、南昌港、九江港等主要港口之间的合作，构建功能完善、布局合理、层次分明、紧密协作的长江中游港口群。

第三，推进产业协同发展。建立健全产业转移推进机制和利益协调机制，搭建示范区产业合作平台。合理布局工业产业、农产品加工业和高新技术产业，把握各类产业发展趋势，构建区域绿色产业联动发展。

第四，推进绿色协同发展。探索拓展生态补偿范围，将耕地保护和空气污染治理纳入生态补偿范畴。可以将生态补偿问题和大气污染治理结合起来，考虑建立区域内部和区际相结合的补偿机制。

第五，推进创新驱动协同发展。联合建设资源共享的高水平前沿技术研究基地，实现科技创新资源共享，促进城市群科技信息服务一体化，建立城市群协同创新联盟。

第六，推进教育协同发展。积极推进长江中游城市群教育深度合作交流、人才培养及产教融合发展，建设长江教育创新带。

第七，推进对外开放协同发展。发挥湖北自贸区优势，联手推进中欧班列常态化，共同打造万里茶道经济带，共建境外经贸合作区，特别是可以联合开展对外承包工程。

案例九

关于支持长江中游城市群教育协同发展的建议（2022年）

案由

2015年3月，国务院正式批复《长江中游城市群发展规划》，提出“努力将长江中游城市群建设成为长江经济带重要支撑、全国经济新增长极和具有一定国际影响的城市群”，要求“国务院有关部门要按照职能分工，在规划编制、政策实施、项目安排、体制创新等方面给予积极支持”。2021年3月，《中华人民共和国国民经济和社会发展第十四个五年规划和2035年远景目标纲要》提出“推动长江中游城市群协同发展，加快武汉、长株潭都市圈建设，打造全国重要增长极”。

案据

长江中游城市群是以武汉城市圈、长株潭城市群、环鄱阳湖城市群为主体形成的特大型城市群，区域面积约为31.7万平方千米。长江中游城市群承东启西、连南接北，是长江经济带的重要组成部分，也是实施促进中部地区崛起战略、全方位深化改革开放和推进新型城镇化的重点区域，在我国区域发展格局中占有重要地位。

“十四五”时期，是我国由全面建成小康社会向基本实现社会主义现代化迈进的关键时期。与此同时，全球治理变革正处在历史转折点，不确定性不稳定性因素增多，在此大背景下，推进长江中游城市群发展，有利于跨区域整合优化资源要素，探索城市群合作发展的新路径和新模式，培育形成全国重要的经济增长极，引领和带动中部地区高质量发展。当前，长江中游城市群科教资源丰富，现有普通本科高校 136 所（部委属高校 10 所），专科院校 170 所，人才资源富集。从教育资源禀赋、综合发展实力出发，将推动长江中游城市群教育协同发展纳入长江中游城市群发展和国家教育现代化全局，统筹谋划、率先行动，既有助于整体提升区域教育服务支撑能力，从而将区域科教资源优势转化为地区创新优势、人才优势、发展优势，也有助于构建多层次、多样化教育资源共享和协同创新格局，为区域教育协调发展探索可复制经验。

建议

第一，构建成熟高效的跨区域教育协调合作机制。建议由教育部牵头组织成立长江中游城市群教育合作组织机构，湖北、湖南、江西三省教育厅为机构成员。通过联合组织召开研讨会、座谈会、现场会、专题会议，联合举办学术交流、发展论坛等形式，就长江中游城市群教育协同发展开展理论研究、政策酝酿和重大项目谋划，推动长江中游城市群教育协同发展落地见效。

第二，建立部委属高校与省属重点建设高校对口支援机制。建议教育部协调位于长江中游城市群内有关部委属高校与湖北、湖南、江西三省省属重点建设高校，采取校对校、院包院的方式，定点支持帮扶，共建学科学院，加速提升地方省属重点建设高校学科建设水平和办学实力。

第三，成立长江中游城市群高校联盟。建议教育部协调组织位于长江中游城市群内有关部委属高校与地方省属高校成立长江中游城市群高校联盟，鼓励联盟内开展联合办学、学术交流、课程互选、学分互认、教师互聘、学生访学、学科共建等多种形式的校际交流与合作，实现长江中游城市群高等教育联动发展。

第四，设置推动长江中游城市群教育协同发展相关项目。建议国家发改委、财政部、教育部、人社部、科技部等有关部委在国家级重大科研平台和基地实施布局、产教融合实习实训基地共建共享、教育信息化平台互联互通、师资培训基地共建共享等方面设置一批推动长江中游城市群教育协同发展有关项目。

案例十

关于支持建设武汉国家科技创新中心和湖北东湖综合性国家科学中心的建议（2022 年）

案由

党的十九届五中全会提出，坚持创新在国家现代化建设全局中的核心地位，把科技自立自强作为国家发展的战略支撑。近年来，湖北省委、省政府深入贯彻落实习近平总书记科技创新重要论述和十八大以来四次视察湖北重要讲话精神，按照总书记对湖北“要注重创新驱动发展，紧紧扭住创新这个牛鼻子，强化创新体系和创新能力建设，推动科技创新和经济社会发展深度融合，塑造更多依靠创新驱动、更多发挥先发优势的引领型发展”有关指示精神，坚持把创新摆在事关全局发展的核心位置，将加快推进“两个中心”建设纳入湖北“十四五”规划和 2035 年远景目标重大战略进行系统谋划部署，立足于强化国家战略使命担当，为国家战略科技布局贡献出湖北力量。

习近平总书记在 2021 年“科技三会”上明确要求，各地区要立足自身优势，结合产业发展需求，科学合理布局科技创新；支持有条件的地方建设综合性国家科学中心或区域科技创新中心，使之成为世界科学前沿领域和新兴产业技术创新、全球科技创新要素的汇聚地。湖北省是我国重要的经济大省、科教大省、生态大省、农业大省，在承接国家重大战略中具有重要地位。武汉市是国家中心城市、国家创新型城市、中部唯一的副省级城市和长江中游城市群核心城市，承担着“立足中游、引领中部、服务全国、链接全球”的区域功能。发挥湖北武汉比较优势，创建武汉具有全国影响力的科技创新中心，对于完善国家科技创新空间布局、引领示范我国区域科技创新中心建设具有重要战略意义和实践价值。在国家“十四五”的发展蓝图中，湖北是共建“一带一路”和全面推动长江经济带发展、促进中部地区加快崛起、长江中游城市群协同发展等国家重大战略的重要交互点和承载地。创建“两个中心”，有利于引领武汉成为中部地区崛起的科技创新支点，成为长江中游城市群协同创新辐射中心，有利于湖北成为创新型国家和世界科技强国建设的重要力量，争创全球创新网络重要节点，为强化国家战略科技力量、实现科技自立自强、迈进创新型国家前列作出湖北贡献。

案据

武汉是国家中心城市、长江经济带核心城市，在科教资源、枢纽地位、城市能级、产业发展等方面形成了坚实基础和独特优势，具备建设综合性国家科学中心的基础条件。一是国家重大科技基础设施集群效应凸显。湖北已建立3个国家重大科技基础设施，脉冲强磁场国家重大科技基础设施获得2019年国家科技进步一等奖，极低频探地设施顺利投入运行，精密重力测量国家重大科技基础设施已完工。目前湖北正全力推进脉冲强磁场设施优化提升、作物表型组学、深部岩土工程扰动模拟设施以及高端生物医学成像重大科技基础设施建设，重大科技基础设施将在东湖科学城集中布局形成集群效应。二是得天独厚的科教资源。湖北是科教大省，高校林立、人文荟萃，81位院士，129所高校，近160万在校大学生蕴藏巨大创新潜力，武汉是中国在校大学生最多的城市，29个国家重点实验室、7家湖北实验室、3 600多家科研机构搭建起高水平科创平台，在光通信、天地测绘、生物工程、激光、微电子技术和新型材料、农药学、地质以及物质科学、低频测地等领域，科技开发实力处于全国领先地位。拥有701所、719所等中船重工集团在汉研究所及中国航天科工集团四院、海军工程大学等承担“国之重器”的优势单位。三是初步形成了具有国际竞争力的创新产业集群。湖北工业先发、产业完备，是中国近代工业文明发祥地，汽车制造、电子信息、生物医药等17个千亿产业蓬勃发展，“光芯屏端网”等新兴产业集群积厚成势，其中光电子信息已是世界级产业集群。东湖自主创新示范区已成为我国最具科技创新活力、产业影响力的发展区域之一。

湖北将聚焦中部区域产业转型升级需求，以武汉（城市圈）为主阵地，建设具有全国影响力的科技创新中心和湖北东湖综合性国家科学中心，加强与长沙、南昌等长江经济带（中部城市群）一体化部署，坚持面向世界科技前沿、面向经济主战场、面向国家重大需求、面向人民生命健康，聚焦物质科学、信息科学、生命科学、能源科学和工程科学等领域，以世界一流重大科技基础设施群为基础，布局一批前沿交叉研究平台与重大产业技术开发平台，建设一批“双一流”大学与顶尖科研机构，集聚一流创新人才和团队，力争取得一批重大原始创新成果和关键核心技术突破，产生一批服务国家安全的大国重器与战略性产品，形成一批战略性新兴产业集群，将武汉打造成为世界级区域创新高地，推动武汉建设成为全国有影响力的科技创新中心，促进湖北（武汉）成为国内大循环的重要节点和国内国际双循环的战略链接，为我国实现科技自立自强、强化国家战略科技力量，迈进创新型国家前列作出湖北贡献。

第一，创建科技创新中心是完善国家创新体系布局的迫切需要。随着世界百年未有之大变局深度演进，新一轮科技革命和产业变革快速推进，科技前沿竞争日趋激烈，以经济和科技实力为基础的综合国力较量全面展开，国际分工体系面临系统性调整，我国经济已由高速增长阶段转向高质量发展阶段，供给侧结构性改革稳步推进，国内国际双循环相互促进的新发展格局加快构建。为推动中部地区在全面建设社会主义现代化国家新征程中作出更大贡献，需要进一步强化科技创新支撑，提升具有综合优势的中心城市科技创新能级和引领辐射功能，打造支撑中部地区崛起的科技创新支点、长江经济带发展的区域创新枢纽、“一带一路”创新网络的核心节点。

第二，武汉具备建设科技创新中心的基础条件。武汉在国家中心城市、副省级城市、中部省会城市中，创新资源和创新实力均排名前列，在首次国家创新型城市评价中排名全国第五，在2020年全球城市科研指数排名中位列全球第十三、全国第四，在中国社科院发布的国家中心城市指数报告中位列国家科技中心城市第三。作为长江经济带的中游增长极，中部崛起和长江经济带两大国家战略的核心交汇点，在城市能级、枢纽地位、科教资源、产业发展等方面形成了坚实基础和独特优势，拥有充足的智力资源、丰富的创新平台、优良的研发能力和规模化的产业创新集群，取得了一大批具有国际水平的研究成果。

第三，创建武汉具有全国影响力的科技创新中心意义重大。创建武汉具有全国影响力的科技创新中心，将进一步释放湖北科技创新潜能，促进武汉科技与产业协同创新发展，进一步增强武汉国际化大都市和国际交往中心创新能级，强化武汉在全球创新网络中的节点链接功能，有利于以武汉为中心推进长江治理与保护科技创新，将构建形成我国沿长江经济带上中下游科技创新中心横向布局，促进我国东、中、西部创新互动，推动解决“中部塌陷”“南北差距”问题，促进我国区域均衡发展，将向世界进一步展示中国特色社会主义制度在以科技为武器战胜疫情中的突出优势和历史成就，打造我国以科技自立自强改善人民生活品质、提高民生福祉水平的重要典范。

建议

恳请国家发改委、科技部等有关部委支持在湖北布局建设武汉具有全国影响力的科技创新中心和湖北东湖综合性国家科学中心。

第一，支持创建武汉具有全国影响力的科技创新中心。目前，湖北省已研究编制《武汉具有全国影响力的科技创新中心建设总体规划（2021—2035年）》，并启动以东湖科学城为核心的光谷科技创新大走廊建设，推进重大科技基础设施、高水平实验室和世界一流高校院所集中布局。恳请支持将创建武汉具有全国影响力的科技创新中心纳入区域布局，加快推进启动实施。

第二，支持湖北创建国家实验室。2021 年以来，湖北聚焦国家和全省经济社会发展重大战略需求，结合优势学科领域和重点产业，在光电科学、空天科技、生物安全、生物育种等领域，组建了光谷实验室、珞珈实验室、江夏实验室、洪山实验室、江城实验室、东湖实验室、九峰山实验室、隆中实验室、三峡实验室 9 家湖北实验室。恳请支持具有优势条件的湖北实验室创建国家实验室或国家实验室在鄂重要基地。

第三，支持湖北创建国家级重大科技创新平台。支持湖北依托已建的重大科技创新平台，承担重大科研项目，提升建设水平。支持湖北发挥自身优势，建设国家产业创新中心、国家技术创新中心、国家制造业创新中心、国家临床医学研究中心等更多国家级重大科技创新平台，服务国家高水平科技自立自强。

第四，支持湖北举办东湖创新论坛。目前，北京中关村论坛、上海浦江创新论坛已成为我国科技创新领域重要信号释放地、重要话题引领地。为更好服务国家创新驱动发展战略和中部崛起战略，促进中部地区加强科技交流合作、链接国内国际科技创新资源，推动中部地区更好地服务和融入新发展格局，湖北省拟举办东湖创新论坛，打造集学术研讨、人才交流、成果展示、技术交易于一体的国际性、综合性科技创新品牌活动和交流合作平台。恳请支持湖北创设并举办东湖创新论坛。

案例十一

关于支持在湖北布局建设全国一体化算力网络国家枢纽节点的建议（2022 年）

案由

2021 年 5 月，国家发改委、中央网信办、工业和信息化部、国家能源局联合印发《全国一体化大数据中心协同创新体系算力枢纽实施方案》，明确在京津冀、长三角、贵州等 8 个地区布局建设全国一体化算力网络国家枢纽节点，提出后续将根据发展需要，适时增加国家枢纽节点。

案据

湖北省委、省政府高度重视国家枢纽节点创建工作，正在举全省之力积极推动创建工作。湖北承建全国一体化算力网络国家枢纽节点有条件、有优势，能够为完善全国一体化大数据中心协同创新体系提供有力支撑。主要有以下六大优势。

第一，区位优势。湖北是中部地区和长江经济带的中心地区，也是数字中国建设的地理中心和网络中心，在湖北布局枢纽节点，有利于完善“东数西算”梯级算力调度体系，为中部地区高质量发展和长江经济带绿色发展提供有力的新基建支撑。

第二，数字经济发展优势。湖北2020年数字经济增加值达到1.75万亿元，占地区生产总值的40.2%，位居中部第一、全国第八，以“光芯屏端网”为重点的新一代信息技术万亿级支柱产业正在加快形成，产业数字化加速推进，在大数据产业基础设施层、数据管理层和应用层集聚了一批创新能力强的企业，对融入和服务全国一体化大数据中心协同创新体系有刚性需求。

第三，基础设施优势。目前湖北在用数据中心超过80个，机架服务器超过12万架，数据中心总体利用率、网络质量、能效水平稳步提升。武汉是工业互联网标识解析国家顶级节点所在地之一，标识注册量达到20亿，在全国五大顶级节点中排名第三。

第四，建设运营主体优势。三峡集团已和湖北建立合作关系，并积极承接湖北国家枢纽节点建设运营任务，充分发挥资金、土地、电价、绿色能源等优势，在宜昌高水平建设数据中心集群。

第五，科教人才资源充裕。湖北拥有武汉大学、华中科技大学等7所“双一流”高校，在鄂两院院士81名，建有27个国家级重点实验室、225家省级工程研究中心（工程实验室）、528家省级企业技术中心，其中在北斗技术、光通信、信息软件、芯片设计、数字建筑等领域具有一批领军人才与团队，武汉大学、华中科技大学等高校在可信计算、密码应用、分布式计算存储等数据技术方面具备较强科研能力。

第六，顶层设计优势。湖北省政府已发布《关于全面推进数字湖北建设的意见》《湖北省数字经济发展“十四五”规划》，全省上下正在根据意见、规划，积极推动大数据等产业和基础设施高质量发展。

2019年底，湖北就启动开展了全国一体化算力网络国家枢纽节点建设前期研究，并形成了研究成果。湖北和三峡集团委托国家级研究机构正在编制《全国一体化算力网络国家枢纽节点（湖北）建设方案（初稿）》，于2021年底形成送审稿报国家发改委审定。

建议

建议国家发改委、中央网信办、工业和信息化部、国家能源局等部门指导湖北开展枢纽节点创建工作，待湖北建设方案成熟后尽快启动评审，在湖北布局建设全国一体化算力网络国家枢纽节点。

媒体采访

“大三角”战略促中部崛起

在东部大发展、西部大开发以及东北振兴的态势下，中部五省即河南、安徽、湖北、湖南、江西应如何走好发展之路？全国人大代表、湖北武汉市教育局副局长周洪宇在接受记者采访时建议，中部地区应谋划建议“郑州—武汉—合肥”和“武汉—长沙—南昌”两个“大三角”经济圈，促进中部经济大崛起。

周洪宇认为，实施“大三角”战略，促进中部大崛起，首先要尽早进行政府层面的规划和合作。其次要加强企业层面的经济合作和经济往来。再次要拓宽“大三角”合作通道。

要加快中部经济“大三角”次级经济圈的建设，发展壮大郑州、武汉、合肥、长沙、南昌等中心城市经济圈或城市群。周洪宇说，中部“大三角”的五个顶点城市分别是五省的省会城市，经济实力和综合竞争力、聚散能力和辐射能力都较强，且正在和即将形成各自实力不俗的经济发展带。中部五省应充分发挥省级政府的协调功能，尽快解决因行政区划造成的利益分割，加快顶点城市经济圈的形成。

（原载《中国改革报》2004年3月13日，作者夏世勇、张前进）

谁来勾勒中部崛起的轮廓

全国人大代表周洪宇联系中部省份的人大代表，准备提交一份有关中部崛起的议案。代表们认为，在珠三角、长三角以及西部大开发、东北振兴等掀起一波又一波发展浪潮之后，现在该轮到长期以来“不东不西”的中部地区发力了。温家宝总理在2004年的政府工作报告中首次明确提出“促进中部地区崛起”；在2005年的中央经济工作会议上，这八个字又首次被列为2005年中国经济发展的重点之一。

在正举行的十届全国人大三次会议和全国政协十届三次会议上，中部崛起成了热点话题。

一位全国人大代表的建议

“中部地区人口众多、资源丰富、工农业基础较好，曾经在我国经济发展中举足轻重，但是在当前逐渐落后了。在东部要率先实现现代化、西部大开发、东北振兴的全国大发展态势下，中部有着沦为‘洼地’的忧虑。”全国人大代表、华中师范大学教授周洪宇在接受记者专访时说。

一直以来，“中部塌陷”显得默默无闻而又孤独难耐。有关统计数据显示：从1996年到2002年，我国东部地区在全国GDP中所占的比重上升了1.1%、环渤海地区上升了0.83%、珠三角地区上升了0.3%，唯独中部地区下降了1.01%。

这种鲜明的对比，让中部地区找到了惊呼“中部正在塌陷”、呼吁中部崛起的理由。

“尽快由国家实施中部发展战略，促进中部大崛起是当前统筹我国区域经济发展的重要任务。”刚刚向全国人大提交了《关于促进中部崛起的若干建议》的周洪宇代表说，“2004年我就提交了一个关于中部崛起的建议。”

让周洪宇颇为自豪的是，自己“中部崛起”的提法与温总理2004年的政府工作报告不谋而合。“在2003年底时，温总理的政府工作报告只发到省一级征求意见、建议，可以说是保密的，我根本不可能看到。在几个月之后的全国人大二次会议上，我才知道温总理的政府工作报告中也有类似提法。”

但是，周洪宇并没有就此自称为“提‘中部崛起’第一人”。他说：“前些年，湖北就已经提出了‘中部崛起’的口号。”武汉大学长江发展研究院伍新木院长再一次证实了周洪宇的这个说法：“如果进行文献检索的话，最开始提出‘中部崛起’口号的是湖北。”

据介绍，在1988年前后，当时的省委书记关广富在省委的一次会议上正式提出“在中部崛起”，并写入了省委的红头文件，作为动员湖北的一个口号。但后来由于种种原因，失去了一次极好的发展机会，“崛起”一说成了空谈。

“首先，湖北省以前就有‘中部崛起’这个概念。另外，对比西部大开发和东北振兴，‘中部塌陷’问题越来越突出，从区域经济协调发展来说，没有中部的发展，是不可能实现和谐发展的。”这就是当初触动周洪宇代表针对中部地区提出建议的原因。

周洪宇认为：“我们现在讲和谐社会，也应该包括区域的协调发展，不管是东部、中部还是西部，这些区域都发展好了，肯定有利于促进和谐社会的构建。”

“中部地区”如何划界

“当时，湖北省认为自己就是‘中部’。”周洪宇代表说，“在2004年和2005年的议案中，我重新阐释了‘中部’的内涵和外延。”

记者注意到，周代表2005年提交的《关于促进中部崛起的若干建议》中有这样的描述文字：“中部地区，通常包括江西、湖南、湖北、河南、安徽五省。”此外，在周代表2004年的《关于国家实施“大三角”战略，促进中部大崛起的建议》中，“中部”也指的是这五省。

2004年全国“两会”之后，“五省”开始纷纷筹划自己的“崛起”构想。2004年6月11日，温家宝总理在湖北召开安徽、江西、湖南、湖北、河南五省负责同志的座谈会，研究、分析了中部地区发展问题。“这让我们五省大受鼓舞。”河南省一位全国人大代表说。

但是，记者在采访中发现，目前大家还没有就“中部地区”到底该包括哪些省份达成一致意见。周洪宇代表说：“现在有两种比较流行的版本：一是说有5个省，即湖北、河南、安徽、湖南、江西；二是说有6个省，就是这5个省再加上山西省。”

国务院发展研究中心社会发展部苏杨对记者解释，事实上，“中部”通常还包括黑龙江、吉林，只是在“东北振兴”后才局限在了中部六省。其中，山西的自然条件和产业结构与另外五省有很大差距（五省是粮食主产区，而山西是矿产问题突出的省，自然条件近似于西北），所以在研究问题时又常常分开讨论。

“当初，国家没有把山西纳入西部大开发的省份中，而山西又不属于东部。总之，也属于‘不东不西’。”周洪宇代表分析说，这次国家提出要促进中部地区崛起，山西似乎从中嗅出了发展的机遇。所以，山西也把自己纳入“中部地区”的范畴。

2004年底、2005年初以来，山西省频频参加了“五省”的一些会议、学术研究等活动。2005年1月8日至9日，促进中部地区崛起联合研讨活动商讨会在郑州召开，来自河南、山西、安徽、江西、湖北、湖南六省的政协副主席参加了会议。

此外，在2005年的全国政协十届三次会议上，来自湖北、河南、山西、安徽、湖南、江西中部六省的全国政协委员，共同提交了《关于促进中部地区崛起，实现区域经济协调发展的提案》。据悉，2005年“两会”之后，这6个省的政协委员还将就该提案开展调研。

5个省还是6个省？究竟谁来界定“中部地区”的范畴？周洪宇代表认为，应该由国家来界定，也应该由国家来实施中部崛起战略，“中部地区不是靠中部几个省自己联合就能崛起的”。

武汉市经济研究所研究员袁云光分析说：“国家促进中部崛起的战略决策，是统筹区域协调发展，缩小中部与东部的发展差距、与西部和东北的政策差距，实现均衡发展的重大战略决策。”

不过苏杨认为：“由于中部崛起只是在发展速度受限情况下的一种自觉、自发的战略目标，所以从国家层面不应有总体的统一部署。”

中部崛起需不需要“龙头”

自2004年提出“中部崛起”建议至今，周洪宇注意到了一个现象：一些省会城市在竞相争夺中部崛起的“龙头”。首先是湖北率先发出要做中部领头羊的口号，此后河南、湖南等省份也先后宣扬自己的地区优势，希望能谋得“龙头”地位。

“现在河南、湖北都想当龙头，特别是湖北。”作为来自武汉的全国人大代表，周洪宇有着自己的考虑。在2004年的十届全国人大二次会议上，武汉市市长李宪生提交了一份主题为《遏止“中部塌陷”武汉应该有所作为》的报告，提出“政策边缘化地区论”。之后，武汉对于中部崛起的愿望越来越强烈。由于围绕它的周围形成了一个经济城市圈，其天生的影响力也让它一直拥有东山再起的“野心”。所以，当中央经济工作会议提出“中部崛起”之后，很多人把目光投向了武汉，看好这个“年老”却又拥有无限潜力的城市。

但中部毕竟不属于湖北一家独有，除了武汉，还有许多后起之秀、实力超群的城市，这些城市都希望能领衔中部而成为“龙头老大”。

其中，最具竞争力的当属河南省。就在2005年的中央经济工作会议结束不久，河南媒体就迫不及待地向外界表达了河南“鼎立中部”的想法，并认为郑州城市群是引领中部的最佳选择。

虽然湖北、河南雄心勃勃地面对中部的“老大”位置，但其他几个省份也不会轻易地拱手相让。毕竟，谁能当上“龙头”，谁就有机会在区域内获得更多的话语权、谋求率先进行中部突破的主动先机。

中部崛起到底需不需要“龙头”？国务院发展研究中心社会发展部苏杨分析指出，正像西部大开发通常提西北龙头是陕西、西南龙头是重庆一样，中部肯定也必须要有多个龙头。鉴于中部的人口密度和产业状况，事实上中部各省都在强调省会带动战略，湖北的“大武汉”战略、湖南的“长株潭一体化”战略、郑州和开封的一体化战略都是各省为了使自己再上台阶而提出的发展思路。

“无论中部的中心城市或者城市集群中心最终会圈定为谁，中部要突破都必须尽快建立起一个类似于东部的地区中心。”苏杨说。

“需不需要龙头，是要在实践中来证明的。”周洪宇认为，就目前而言，中部地区应该考虑如何进行协调，做到“一个声音说话”。“要充分发挥省级政府的协调功能，尽快解决因行政区划而造成的利益分割。在区域市场尚未建立的情况下共同编制区域发展规划，是促进中部地区加强合作、协调发展的有效手段。”

但现在的情况是，中部各省不仅没有出现协调、整合的迹象，反而是各奔东西：河南致力于“中原崛起”；安徽、江西、湖南争相融入“长三角”、“泛珠三角”；湖北独撑华中大旗，但却又势孤力单；山西在自家的地盘上拥煤自重。

中部崛起是“各自为政”还是应该“统一战略”？周洪宇认为，“应该是统一战略”。其他接受记者采访的相关人士也表达了类似观点。

周洪宇建议，应该尽早进行政府层面的规划与合作，加强高层领导的协商与协调，制定一套制度化的议事和决策机制，定期召开高层论坛会议，为协调、促进各个地区与城市的经济发展并达成共识提供必要和经常性的机制。

中部城市能得到多少优惠政策

在提交中部崛起的建议之前，作为全国人大代表，周洪宇接触了不少地方政府官员：“关于中部崛起，他们希望中央采取切切实实的措施，希望有关部门积极配合落实。”

“现在，政策是大家最关心的。”周洪宇说。20 世纪 70 年代末中央重点发展珠江三角洲，80 年代末倾力打造长江三角洲，90 年代中期重点建设京津唐及渤海三角地带，90 年代末实施西部大开发，2003 年又提出了振兴东北老工业基地。“中部总处于非战略重点的不利地位，总是与政策机遇擦肩而过，成为国家政策的‘边缘地’、资金投入的‘旱地’、资源流出和人才流失的‘奉献地’。”

按照往常的惯例，西部大开发和振兴东北都是第一年提出、第二年就要给予实际的政策。但是，寄希望于中部崛起的省份，到目前为止仍然没有拿到具体的政策。周洪宇也注意到了这一点。

在实施西部大开发和振兴东北的过程中，国家都成立了专门的办公室，如挂靠在国家发改委的西部办、东北办等。顺着这样的逻辑思考下去，针对中部崛起，国家是否也应该成立办公室?

“应该成立国务院中部发展办公室。”周洪宇介绍说，这个办公室“负责指导制定中部地区经济社会发展规划，拟定中部地区经济社会一体化联动发展政策，协调中部地区与其他区域发展、中部地区内部发展的重大事项，协调将中部崛起战略纳入国家‘十一五’发展规划等”。

但是，也有专家指出，如果都设立办公室就等于没有了。此外，国家再像西部大开发和东北振兴那样大面积地搞一个中部区域政策的难度是很大的，“如果都给优惠政策，就等于没有政策了”。有专家把这种矛盾称为“政策悖论”。

“毕竟现在是市场经济社会，不能谁落后谁就要优惠。”国务院发展研究中心社会发展部苏杨分析指出，与必须要缩小地区差距的西部和主要是体制问题的东北不一样，中部必须依靠自身力量来发展，而且从资源禀赋、产业基础等方面来看，中部至少在发展速度上应该强于有国家政策倾斜支持的西部。

“中部现在应该对自身的历史定位非常明确。在战略上，只有与国家的发展相统一，中部自身的发展才有方向。”不过，苏杨也指出，相对于作为粮食主产区的中部加速工业化的需要，中部应该在土地、财税政策上向中央申请特殊政策。国家在完善宏观调控政策中，对中部地区的土地政策应尽量满足中部地区的工业化、城镇化发展的合理需要；重点引导中部地区农业改造、工业升级、现代服务业以及基础设施的建设，增加对能源、交通、通信、水利、城乡公用设施、环境内外保护等方面的投资。

中部某省有关人士对记者表达了这样一个观点：“地区的特殊政策只能是要来的，而不是等来的。”

“建议中央政府将郑州、武汉、长沙、南昌、合肥五省中心城市列入东北地区等老工业基地振兴战略的实施范围，予以政策扶持；对五大城市的财政税收政策适当给予支持；中央要适当对五大城市实施税收优惠政策。”周洪宇等25位全国人大代表在2004年全国“两会”上也有过这样的建议。

而国家发改委是这样答复周洪宇的：“不宜对郑州、武汉、长沙、南昌、合肥5城市实施新的税收优惠政策。”

但是，记者注意到，2005年中央政府投资的五个重点投向，是包括“支持中部崛起重点项目”的。

（原载《新闻周刊》2005年3月8日，作者杨宏生）

全国人大代表周洪宇：将“中三角”区域一体化发展上升为国家战略

2019年的政府工作报告明确提出“将长三角区域一体化发展上升为国家战略”。这是继2月份中共中央、国务院印发《粤港澳大湾区发展规划纲要》之后又一个区域发展的新棋局。继北部、南部之后，东部长三角区域一体化，也排上议事日程。那么，位于经济腹地的中部，也自然有了期待。此次“两会”期间，全国人大代表、湖北省人大常委会副主任、华中师范大学教授周洪宇建议国务院尽快将“中三角”区域一体化发展上升为国家战略，并由国家发改委牵头编制实施《“中三角”区域一体化发展规划》，与京津冀、粤港澳大湾区、长三角区域协同发展这三大国家战略同步推进，打造我国经济增长第四极。

中部不应缺席

周洪宇在建议中认为，随着国家深入实施区域发展总体战略，全面深化改革开放，积极谋划区域发展新棋局，目前，在我国的北部地区，国家提出“京津冀”协同发展战略；在东部地区，2019年的政府工作报告明确提出“将长三角区域一体化发展上升为国家战略”；在南部地区，粤港澳大湾区建设已经全面启动。由此可见，四大经济增长极中有三个已经上升为国家发展战略，因此，在中部地区亟须将2015年国家提出的长江中游城市群发展规划上升为“中三角”区域一体化发展国家战略，以推动经济增长空间从沿海向沿江内陆拓展，优化我国区域发展格局。

周洪宇解读认为，“中三角”区域位于中部地区并以长江中游为广阔发展腹地，这一区域主要是指长江中游城市群区域，包括武汉城市圈、长株潭城市群、环鄱阳湖城市群。目前，“中三角”区域一体化发展机制有待建立完善，武汉、长沙、南昌等中心城市辐射带动能力还不强，产业结构和空间布局不尽合理，环境污染问题依然存在，城乡区域发展不够平衡，人与自然和谐发展任重道远。因此，加快推进“中三角”区域一体化发展十分必要。

那么，“中三角”在什么背景下提出？有什么发展优势和亟待解决的问题？如何加快推进“中三角”区域一体化发展？《经济观察报》就这些问题专访了建议提出者——全国人大代表、湖北省人大常委会副主任、华中师范大学教授周洪宇。

《经济观察报》：“中三角”的概念其实提出来很早了，但似乎仅仅停留在概念上。据您观察，“中三角”概念的提出，有什么背景和历史渊源？

周洪宇：其实比“中三角”概念更早的，还有个“金三角”的概念。当时的背景，是促进中国中部地区的崛起，当时的金三角是两个金三角，一个金三角是指武汉、郑州和合肥，这是上金三角；另一个是武汉、长沙和南昌，这是下金三角。当初提这两个金三角的初衷，就是把中部联合起来，形成一个国家战略。这样，在东部先行一步，西部大开发和东北老工业基地振兴这样的区域整体战略格局中，这个概念的提出，是为了避免“中部塌陷”。

2005 年，中央出台了促进中部崛起的政策，但是这个政策基本上只有这几个字，当时我们看到政策出来后，感觉既振奋又有点小失落，因为它跟别的那几个区域发展战略比起来，含金量没有那么大。

随着国家区域发展战略的演变，湖北、湖南和江西这三个省，其实都在各自研究，能不能搞一个长江中游城市集群，把三个省经济最活跃的城市群凝聚起来，而不是涵盖三省的全域，这样更有可操作性。

2012 年 2 月，三省会商会议在武汉召开，《加快构建长江中游城市集群战略合作框架协议》正式签署，一起向中央呼吁，呼吁的结果就是中央支持这三个省份的城市集群发展。但是虽然表态支持，却仍有个大缺陷，因为并没有一个明确的联络机制，中央也没有发挥协调作用，也没有特殊的政策，对三省的一体化来说，仍然还是不解渴。

因此，到现在为止，三省之间的一体化如何进一步深化，仍然需要突破。

《经济观察报》：在这个时候要提出“中三角”区域一体化，有什么重要的价值？

周：目前，在北部地区，国家提出“京津冀”协同发展战略；在东部地区，2019 年的政府工作报告明确提出“将长三角区域一体化发展上升为国家战略”；在南部地区，粤港澳大湾区建设已经全面启动。由此可见，我们说四大经济增长极中有三个已经上升为国家发展战略。

2005年中央就出台了促进中部崛起的政策，之后我们提出三个省（湖南省、湖北省、江西省）在原有的一些城市群的城市圈的基础上提出一个长江中游城市群，并得到了中央支持的声音，现在更希望中央有个明确的联络机制，这样可以顺利地协调城市圈的互联合作，顶层设计的政策倾斜才能真正“解渴”。

应加速推进一体化

《经济观察报》：您认为，现在“中三角”最迫切需要的政策是什么？

周：我认为最迫切的政策，主要还是促进一体化的政策，可以参考长三角和粤港澳大湾区，包括京津冀一体化，如基础设施、通信、交通、医疗、教育、科教资源、工业体系、卫生、文化……中部地区的基础很好，面积约31.7万平方千米，2017年，该区域总人口1.25亿人，地区生产总值7.9万亿元，以全国3.4%的土地面积和9.0%的人口数量创造了9.6%的经济总量。

“中三角”虽然和其他三个经济增长极有不同特点，但是本质上是国家战略规划，是可以起到促进区域协同发展作用的。而且三个省份之间有共识：只有抱团发展，统一做规划，统一设施，打消壁垒，包括各个市场壁垒、物流的壁垒，才能共同发展。

《经济观察报》：一般来说，其他的城市群或者是区域发展的国家战略，通常城市之间有很明显的一个龙头，起辐射带动作用。而“中三角”三个城市分别是三个省的省会，这样的格局有什么优势和劣势？

周：“中三角”也有行政边界，武汉的城市群和后来的扩大的城市群形成了长江城市群、环鄱阳湖城市群，它的城市都比原来的本省的那个范围要稍微大一些，但是至少是三个省最精华的地方。

另一方面，这三个大的城市圈，互补性还是很大的，在产业方面，湖北的国有企业很强大，湖南的民企特别多，经济企业的性质类别上还是有差异的。从工业产业结构来看，互补性也很强，湖北的文化产业不及湖南，湖南的文化产业非常发达。汽车毫无疑问湖北是最强的，汽车，大桥制造，钢铁制造，科技的整体研发实力，高校的大学生，高校大学生在教育上面湖北跟湖南都很强。江西的经济增长速度现在全国第一，所以三个省份之间互补性还是很强的。

再次，优越的自然经济地理条件，我们说城市可以建成环境友好型，作为生态和环境友好型的一个典范，绿色发展，沿江发展，这个资源其他省份都没有。

《经济观察报》：我们谈区域一体化，往往交通上的一体化是基础，在这方面，三省之间处于什么状况？

周：一体化涵盖方方面面，包括通信、金融、医疗等，交通一体化是基础。以往，湖北和湖南两省之间，有很多断头路，往北往南都有，其实也就是那么几里路，因为打通之后，你作为外省，可能对我的市场造成冲击。

所以，如果是“中三角”做统一规划的话，就可以规避这样的弊病，在这个基础上共同发展，把蛋糕做大，要比自己切蛋糕好。其实，有了三省的联席会议机制之后，交通断头路的状况，已经很大程度上改善了。但在其他领域，还有打通的空间。

《经济观察报》：“中三角”这个区域，在全国来看有什么独特的优势？

周：这个区域的发展基础很好。目前“中三角”跨省交流合作平台已达30多个，自2012年初签订长江中游城市群战略合作框架协议以来，基础设施、产业、市场、社会事业等重点领域合作迅速展开，各省会城市先后签署了《武汉共识》《长沙宣言》等协议，咸（宁）岳（阳）九（江）小三角、九江与黄冈跨江跨区合作开发、新（余）宜（春）萍（乡）与长株潭合作等重点地区一体化发展积极推进。

另一方面，“中三角”区域一体化发展机制急需建立完善，武汉、长沙、南昌等中心城市辐射带动能力还不强，产业结构和空间布局不尽合理，环境污染问题依然存在，城乡区域发展不够平衡等。

“中三角”区域承东启西、连南接北、带动中部、辐射全国，是长江经济带的重要组成部分，也是实施促进中部地区崛起战略、全方位深化改革开放和推进新型城镇化的重点区域，是我国区域发展的第四极。

（经济观察网2019年3月13日，记者宋馥李、程海瑞）

社会反响

期待中部崛起

《人民政协报》、人民政协网和和讯网联合展开问卷调查，十一届全国人大代表，华中师范大学教授、博士生导师周洪宇表示正思考“中部崛起”问题，他的思索更多地聚焦在政府层面上。

周洪宇代表认为，西部大开发，国家成立了国务院西部地区开发领导小组办公室。振兴东北老工业基地，成立了国务院振兴东北领导小组办公室，这两家单位都是国务院打头，副部级，设在国家发改委。

而对于中部崛起政策，国家从机构设置层面的事实是，在2007年4月中央编制办批准成立国家促进中部地区崛起工作办公室（以下简称“中部办”），中部办在国家发改委正式挂牌之前，一直没有一个明确的机构协调中部地区发展崛起的事宜。而与振兴东北办以及西部开发办不同的是，中部办虽然也挂靠在国家发改委，却并非与前两者一样是一个独立的部门，而是挂靠在国家发改委地区经济司，是隶属地区经济司的一个机构，只是一个处级单位。

周洪宇代表认为，这样的机构设置就导致了一个问题，由于级别上的不对等，导致了中部办在地位上和前两个办公室的不对等，因此在制定中部地区重大决策、决定经费和项目安排上，话语权和政策力度较小，影响了对中部地区的政策支持力度。

那么需要升格中部办吗？周洪宇代表认为在目前中央政府大力推进大部制改革，精简机构，进一步整合资源的情况下，单独将中部办升格显然不符合中央的大政方针，如果能够适时地将中部办、西部办、东北办整合成一个统一的区域发展协调委员会，也许不失为一个解决之道。

周洪宇代表介绍说，目前中部地区很期待国家能够像支持西部大开发一样，对中部地区多给些普惠性质的优惠政策，另外对中部地区的大项目建设也要加强支持力度。

针对雪灾后湖北省的恢复情况，周洪宇代表风趣地说：“昨天我还去了菜市场买菜，感觉菜价和肉价都在回落，回落非常明显。”

对于湖北省未来的发展，周洪宇代表很乐观：“湖北省集科教优势、水资源优势、区位优势以及产业优势于一身，未来发展趋势会非常好。”

他进一步介绍说，科教优势，是湖北省未来发展之源泉，之根本；水资源优势，一方面湖北号称“千湖之省”，长江汉江贯穿全省，水资源丰沛，为工农业生产提供了源源不断的资源支持，另一方面水利资源丰富，水电资源打造了湖北省的能源优势；区位优势，九省通衢，集京广线、长江航运、航空于一身，必将通过强大的物流优势成为中国的经济地理中心；产业优势，雪铁龙、日产、丰田、本田纷纷落户武汉，武汉未来将成为年生产汽车100万辆的名副其实的“车都”。

谈到对中国宏观趋势的看法，周洪宇代表很谦逊地说：“我不是宏观经济学方面的专家，我就从普通百姓的角度谈些感受吧，我觉得仍会很好。”

而对于新一届政府，周洪宇代表充满了期望，“新人新观念”。接着他解释道，对于新观念，我们要正确地理解，坚持拓展原来的正确观念也是一种新观念，他希望本届政府亲民、务实、高效、创新的做法会持续下去。

（原载人民政协网 2008 年 2 月 28 日）

中国谋划新的城市集群　寻找新的经济增长极

“随着城镇化进程的推进，在中国大地上三个大的城市群是不够的，特别是沿海地区进入经济下行周期，需要寻找新的经济增长极。”全国“两会”上，全国人大常委会委员、著名经济学家辜胜阻说，中部地区正在积极谋划的经济一体化城市群，或将成为继长三角、珠三角和京津冀三大城市群之后，中国未来新的增长极。

此前不久，中部地区湖北、湖南、江西三省政府已共同签署《加快构建长江中游城市集群战略合作框架协议》，将以武汉、长沙、南昌为核心，组合沿长江、环洞庭湖、环鄱阳湖的若干城市，通过整体规划和集成，形成跨省域的经济一体化城市集群。

正在北京召开的全国“两会”上，作为促进区域经济协调发展的一个新概念，中部经济一体化城市集群引起多位代表委员的热议。

全国人大代表、湖北省人大常委会副主任周洪宇说，早在 2004 年十届全国人大二次会议上，他就提交了关于实施“大三角”战略促进中部地区崛起的建议，当时所说的“大三角”战略，其中就包括武汉、长沙、南昌，最近几年，湘鄂赣三省已经明确形成了长江中游城市集群的概念，大家共同倡导应将其纳入国家战略。

他说：“相信在中央的支持及三省的积极努力之下，一个充满生机与活力，可以与珠三角、长三角、京津冀三大经济增长极相媲美的又一增长极在不久的将来成为现实。”

城市群是城市化高级阶段的高级形态，随着世界经济增长重心向亚太地区转移，中国的长三角、珠三角、京津冀三大城市群脱颖而出，成为经济大引擎。

辜胜阻说，改革开放以来，中国选择了区域发展战略，出台系列优惠政策，鼓励东部沿海地区对外开放率先发展，而随着世界经济格局进入深度调整期，不确定性因素增多，中国也正在进行经济结构战略性调整，经济从高速增长向稳步发展转型，特别是 2011 年以来，上海、北京等地区经济增速放缓，迫切需要构建新的“增长极”，实现区域经济协调发展和国民经济可持续发展。

“如果把中国比作一架飞机，长三角、珠三角、环渤海是三个强力引擎，但是飞机要想飞得稳，引擎的分布还要合理。”全国人大代表、武汉大学党委书记李健认为，应该在广阔的内陆地区，打造动力强劲的新引擎。

他说，由沿长江呈“品”字形分布的武汉城市圈、长株潭城市群、环鄱阳湖城市群构成的长江中游城市集群，是湘鄂赣三省乃至中国中部地区经济最发达、城市化水平最高的地区，目前经济总量已接近“珠三角”城市群。

因此他建议，由国家发改委牵头，组织有关部门和湘鄂赣三省政府，着手编制《长江中游城市集群发展规划》，并将其纳入国家总体战略规划。

目前，武汉城市圈、长株潭城市群正在进行国家资源节约和环境友好型社会建设综合配套改革试验，鄱阳湖地区正在建设国家生态经济区，三省共同站在中国新一轮改革开放前沿，共同担负着促进中部崛起的重任。

随着（南）昌九（江）城际铁路的通车、杭南长（杭州、南昌、长沙）高铁即将运营和武（汉）广（州）高铁的通车，未来几年，武汉、长沙和南昌 3 个中心城市之间可形成一个“1 小时城市圈”，三个城市群联系由此将更为紧密，最终形成一个充满活力的经济区。

2011 年江西省经济总量迈过万亿元大台阶，而湖南、湖北都已逼近 2 万亿元。全国人大代表、江西财经大学党委书记廖进球说，三省共同打造“第四增长极”的目标可以实现。“当然，融合不是三家坐下来谈谈、形成一些共识那么简单，而是以资本和市场为纽带，将区域全面开放，使资本、技术、人才自由流动，形成不同特点，展示各自优势，发掘潜能，实现互补共赢。”

（原载新华网 2012 年 3 月 10 日，记者皮曙初等）

全国人大代表、华中师范大学教授周洪宇：建议将“中三角”一体化上升为国家战略

周洪宇认为，从国家层面看，将长江中游城市群发展规划上升为“中三角”区域一体化发展国家战略，已经有良好的政策基础。

在京津冀、粤港澳大湾区、长三角之外，中三角有望成为经济增长第四极吗？

《21 世纪经济报道》记者了解到，中三角“第四极”的呼声，在“两会”期间再起。全国人大常委会委员、全国人大代表、华中师范大学教授周洪宇

建议，国务院尽快将“中三角”区域一体化发展上升为国家战略，并由国家发改委牵头编制实施《“中三角”区域一体化发展规划》，与京津冀、粤港澳大湾区、长三角区域协同发展这三大国家战略同步推进，打造我国经济增长第四极。

3月中旬，周洪宇接受《21世纪经济报道》记者采访时表示，中三角还缺国家层面的协调机制和机构。

事实上，“中三角”区域一体化已呼吁多年，至今长江中游城市群四省会联席会议已召开六次，每年武汉、长沙、合肥、南昌四地省会城市一把手在会上聚齐，共商中部城市群互联互通事宜。

周洪宇认为，从国家层面看，将长江中游城市群发展规划上升为“中三角”区域一体化发展国家战略，已经有良好的政策基础。

“中三角”一体化推进

中部地区再度按捺不住“抱团取暖”的冲动，“中三角”一体化再次被提起。

“中三角”区域位于我国中部地区，以长江中游为广阔发展腹地，主要是指长江中游城市群区域。2012年2月，湘鄂赣三省负责人签署《加快构建长江中游城市集群战略合作框架协议》，并提出“中三角”的概念。2013年前后，已被列入长三角的合肥市，也加入“中三角”。

2013年，当时的合肥市长在接受《21世纪经济报道》记者采访时称：合肥是中部的成员，也是长三角的成员，合肥将在中部城市集群中发挥特殊的作用，即发挥连接东部和西部的桥梁纽带作用。

周洪宇接受《21世纪经济报道》记者采访时认为，2018年长三角区域协同发展的战略落地，2019年2月粤港澳大湾区发展规划发布，而京津冀协同发展已经实践满五周年，“该轮到中三角了”。

在他看来，长三角、粤港澳和京津冀都有事实意义上的龙头城市，而中三角没有，所以尤其需要国家层面的协调和统筹。

2019年“两会”，周洪宇提出建议，由国家发改委牵头编制实施《“中三角”区域一体化发展规划》，与京津冀、粤港澳大湾区、长三角区域协同发展这三大国家战略同步推进，打造我国经济增长第四极。这份建议中没有再提及合肥以及皖江城市群。

周洪宇表示，截至目前，中三角区域内跨省交流合作平台已达30多个，自2012年初签订《加快构建长江中游城市集群战略合作框架协议》以来，基础设施、产业、市场、社会事业等重点领域的合作迅速展开，各省会城市先后签署了《武汉共识》《长沙宣言》等协议，咸（宁）岳（阳）九（江）小三角、九江与黄冈跨江跨区合作开发、新（余）宜（春）萍（乡）与长株潭合作等重点地区一体化发展在积极推进。

3月18日，湖北省“一带一路”研究院院长秦尊文接受本报记者采访时表示，目前国家发展战略主要在东部沿海发达地区布局，“中三角”地区一体化发展概念提出后，国务院2015年3月批复了《长江中游城市群发展规划》，这一区域作为长江经济带建设的重要组成部分，如果上升为国家发展战略，对于推动长江中游地区经济发展，打造新的经济增长极有积极意义。

内部差异难整合

2013年，武汉、长沙、合肥、南昌四市在全国“两会”上分别提交了关于大力推进长江中游城市群建设的建议。四城希望通过抱团合作的概念，争取中央各方面关注，同时在全球范围内争取各方资源。

然而，《21世纪经济报道》记者在连续三年参加长江中游城市群的四省会联席会议后注意到，中三角的呼声在2013年达到最高潮以后，近两年相关议题讨论明显在变少，至少湖南和江西官方层面较少提及。

对此，秦尊文表示一体化建设对各省都有好处，但与粤港澳大湾区建设不同，一方面粤港澳大湾区经济发展较均衡，另一方面又处于同一文化圈，鄂湘赣三省分属不同文化圈，为进一步整合带来困难。

他告诉《21世纪经济报道》记者，未来，中三角地区一体化发展应该从交通基础设施一体化、区域市场一体化、公共服务一体化三方面着手。

3月18日，江西省社科院专家麻智辉表示，从人口数量、产业发展水平的角度讲，“中三角”地区与湾区还有差距，另外“中三角”涉及多个省份，整合难度更大，未来也有上升到国家战略的可能，因为之前也有过“中部崛起”的提法。

“关键在于国家对长江经济带的定位，中三角与长三角尚存差距，未来能否列为国家战略尚待观察。”麻智辉说。

他认为，从中部地区来看，内部差异较大，中部城市武汉经济体量最大，也比较积极。江西方面在融入“中三角”的进程中也采取了一些举措，包括城市职能一体化、南昌都市圈建设等。

不过麻智辉也认为，如果“中三角”一体化进一步推进，对于加速长江中游地区城镇化、促进招商引资、促进区域人才流动、生态环境保护都有积极意义。

（原载《21世纪经济报道》2019年3月19日，记者周慧、赵炜）

周洪宇：建议将“长江中游城市群”一体化上升为国家发展战略

以武汉为中心的“长江中游城市群”的发展在疫情之下尤其受关注。

全国“两会”召开在即，澎湃新闻记者5月14日从全国人大代表、湖北省人大常委会副主任、华中师范大学教育学院教授、长江教育研究院院长周洪宇处获悉，2020年他将在全国“两会”上提交《关于将“长江中游城市群”一体化上升为国家发展战略的建议》。

2015年3月26日，国务院发布《国务院关于长江中游城市群发展规划的批复》，范围涵盖湖北、湖南、江西三省，长江中游城市群发展正式得到国家支持。2018年11月18日，《中共中央国务院关于建立更加有效的区域协调发展新机制的意见》明确要求，以武汉为中心引领长江中游城市群发展。

“长江中游城市群”位于我国中部地区，承东启西、南引北联，是长江经济带的重要组成部分，也是实施促进中部地区崛起战略、全方位深化改革开放的重点区域。这一区域主要是指长江中游城市群区域，包括武汉城市圈、长株潭城市群、环鄱阳湖城市群，具体范围包括：湖北省武汉市、黄石市、鄂州市、黄冈市、孝感市、咸宁市、仙桃市、潜江市、天门市、襄阳市、宜昌市、荆州市、荆门市，湖南省长沙市、株洲市、湘潭市、岳阳市、益阳市、常德市、衡阳市、娄底市，江西省南昌市、九江市、景德镇市、鹰潭市、新余市、宜春市、萍乡市、上饶市及抚州市、吉安市的部分县（区）。

该区域面积约31.7万平方千米，人口超过1.2亿人，分别约占全国的3.3%、8.8%，在“一带一路”建设和我国区域发展格局中具有重要地位。

周洪宇认为，2014年9月，国家就提出建设长江经济带，从目前国家战略来看，国家在提出长江经济带发展战略的基础上，又提出长江三角洲区域一体化发展战略，范围包括下游地区的上海、江苏、浙江、安徽四个省市。2016年4月12日，国务院印发《关于成渝城市群发展规划的批复》（国函〔2016〕68号），批复同意《成渝城市群发展规划》。在长江经济带的上游，国家提出成渝地区双城经济圈建设，在长江经济带的下游，国家提出长江三角洲区域一体化发展战略。从目前来看，国家推进的长江经济带东中西三大区域建设重点版图中唯独缺失中部。

“如果作为长江经济带中部区域的‘长江中游城市群’不能上升为区域建

设重点，不利于长江经济带的顺利实施。因此，在中部地区亟须将2015年国家提出的长江中游城市群发展规划上升为‘长江中游城市群’一体化国家发展战略，以托起长江经济带的‘龙身’，支撑长江经济带的发展，推动经济增长空间从沿海向沿江内陆拓展，优化我国区域发展格局。”周洪宇说。

周洪宇指出，当前“长江中游城市群”一体化发展还存在一些困难，武汉、长沙、南昌等中心城市辐射带动能力还不够，产业结构和空间布局不尽合理，环境污染问题依然存在，城乡区域发展不够平衡，人与自然和谐发展任重道远。但是，从优化我国区域发展格局的高度看，“长江中游城市群”一体化发展十分必要，而且“长江中游城市群”一体化发展具有良好的基础条件和政策支撑。

周洪宇代表建议，国家尽快将“长江中游城市群”一体化发展上升为国家发展战略，并由国家发改委牵头编制实施《“长江中游城市群”一体化发展规划》，落实新时代新发展理念，构建现代化经济体系，推进更高起点的深化改革和更高层次的对外开放，同“一带一路”建设、京津冀协同发展、长江经济带发展、长江三角洲区域一体化发展、粤港澳大湾区发展战略相互配合，进一步完善我国空间布局。

其实，这已是周洪宇代表连续数年提出将以武汉为中心的“中三角”的发展上升为国家发展战略。

“我去年3月在‘两会’上就提出‘关于将中三角发展战略上升为国家发展战略’的建议，是沿着我2004年在全国人代会上提‘关于实施大三角战略，推进中部崛起的建议’的思路而来的。今年提‘关于将长江中游城市群一体化发展上升为国家发展战略的建议’，比去年提得更精准，论证更全面，改用‘长江中游城市群’一体化发展，更符合中央文件表述用词，也是更精准的提法。”周洪宇对澎湃新闻说。

（原载澎湃新闻2020年5月14日，记者邓雅菲）

全国人大代表周洪宇：“长江中游城市群”一体化旅游先行

全国“两会”期间，全国人大代表，华中师范大学教育学院教授、长江教育研究院院长周洪宇带来“关于将‘长江中游城市群’一体化上升为国家发展战略的建议”。他在接受《中国旅游报》记者采访时表示，在“长江中游城市群”一体化过程中，“旅游业完全可以优先一体化”。

周洪宇介绍，“长江中游城市群”又称“中三角”，位于我国中部地区，包含湖北、湖南、江西三省，是以武汉城市圈、长株潭城市群、环鄱阳湖城市群为主体形成的特大型国家级城市群。“2016 年，《长江经济带发展规划纲要》印发。近年来，在长江经济带上游，国家提出建设成渝地区双城经济圈；在长江经济带的下游，国家提出长江三角洲区域一体化发展战略。从目前来看，国家推进的长江经济带东中西三大区域建设重点版图中唯独缺失中部。”周洪宇认为，在中部地区亟须将 2015 年国家提出的长江中游城市群发展规划上升为“长江中游城市群”一体化国家发展战略，进而托起长江经济带的“龙身”，支撑长江经济带的发展，推动经济增长空间从沿海向沿江内陆拓展，优化我国区域发展格局。

“长江中游城市群山水相连、人文相亲，自古以来就有着特殊的文化渊源。”周洪宇说，“长江中游城市群”基本上属于距今 3000 多年前最强盛的楚国范围，这些地方在历史上、文化上、风俗上、语言文字上都有很多的共同点，尤其是湖北与湖南，更是如此。

在周洪宇看来，正是基于这样的地域、文化等背景，加强湖北、湖南、江西三省以及所辖城市之间的旅游业交流合作是完全有基础的。“事实上，三地的文化和旅游部门已经开始推进‘一体化’工作了。特别是新冠肺炎疫情发生以来，三地开始探讨如何通过旅游业的一体化来继续扩大合作，同谋发展。”

（原载《中国旅游报》2020 年 5 月 28 日，记者王洋）

全国人大代表周洪宇：创建长江中游城市群生态文化旅游协作区

2021 年全国“两会”期间，全国人大代表、湖北省人大常委会副主任、华中师范大学国家教育治理研究院兼长江教育研究院院长周洪宇提出，构建新发展格局的关键在于经济循环的畅通无阻，要建立起扩大内需的有效制度。中部地区要实现中部区域市场的优化发展，就必然要建立更加有效的区域协调发展新机制。湖北、湖南、江西三省自古以来山水相依、地缘相近、联系紧密，以长江为纽带串联起的城市群，生态条件优良、旅游资源丰富、文化底蕴深厚，具备良好的协作基础与优势，为此，建议国家创建长江中游城市群生态文化旅游协作区。

周洪宇建议，该协作区应涵盖武汉城市群、宜昌襄阳城市群、长株潭城市群、环洞庭湖城市群、大别山沿江城市群等，应同时包含国家中心城市和经济相对落后地区，地理范围广、典型示范意义较强。通过环境共治、资源共享、设施共建，打造美丽富饶的“大花园”，建设世界一流生态旅游目的地，推动长江中游城市群实现高质量发展，可为国内市场循环协调发展提供示范样板，也可为长江经济带的生态保护贡献更多文化和旅游力量。

周洪宇还建议，国家发改委、文化和旅游部将创建长江中游城市群生态文化旅游协作区纳入“十四五”规划，尽快启动制定长江中游城市群生态文化旅游协作区总体方案；建立部级统筹协调机制；支持打造2小时跨省城际轨道交通圈，落实旅游差别化用地政策，加大中央财政转移支付力度，鼓励三省研究建立国家生态旅游协作区产业投资基金；推进“三个平台和三个网络”建设，即统一的政策推进平台、统一的规划实施平台、统一的生态文化保护平台、统一的便捷交通网络、统一的标准化服务网络、统一的宣传营销网络。

（原载《中国旅游报》2021年3月10日，记者李志刚）

附　录

附录1　周洪宇代表2003—2022年议案建议要目

2003年

1. 关于实行农村九年义务教育完全免费制的建议
2. 关于农村九年义务教育应免费的建议
3. 关于完全免费制应自农村始的建议
4. 关于建立高中教育（含中等职业教育）贫困生资助体系的建议
5. 关于实行农民工子女义务教育经费“教育支票制”的建议
6. 关于实行教师入职宣誓仪式的建议
7. 关于提高教师职业法律素质的建议
8. 关于修改《小学生守则》和《小学生日常行为规范》的建议
9. 关于将“建设学习化社会”写入宪法的建议
10. 关于制定“终身教育法”的议案
11. 关于落实民办教育促进法的建议
12. 关于将“保护私有财产”写入宪法，促进民营经济发展的议案
13. 关于全面推广电子身份证的建议
14. 关于加快无障碍设施建设、方便残疾人出行的建议
15. 关于设立“科技节”的建议
16. 关于实行司法人员入职宣誓仪式的建议
17. 关于实行检察官入职宣誓仪式的建议
18. 关于实行法官入职宣誓仪式及修改法官法的建议
19. 关于实行律师入职宣誓仪式的建议

2004年

20. 关于农村教育工作的十点建议
21. 关于建立国家政策性助学贷款担保基金制度的建议
22. 关于建立大学生医疗保障体系的建议

23. 关于加强和改善人大对同级政府落实教育经费“三个增长”法律监督的建议

24. 关于治理教育乱收费问题的建议

25. 关于改进和完善中小学国旗升旗、宣誓仪式的建议

26. 关于更新设计中小学课桌椅的建议

27. 关于改革高校考试录取、招生、收费、贷款还贷、就业与评估制度的建议

28. 关于解决高校扩招后就业难问题的建议

29. 关于尽快制定“国家统一纲领”或“国家统一法”，遏制“台独”势力分裂中国企图的建议

30. 关于尽快制定“反歧视法”的议案

31. 关于落实中小企业促进法的议案

32. 关于在我国宪法中恢复公民享有迁徙自由权的建议

33. 关于修改《互联网上网服务营业场所管理条例》的建议

34. 关于修改、完善代表法的议案

35. 关于国家实施“大三角”战略，促进中部大崛起的建议

36. 关于颁行公用设施、公共交通国际通用标准的建议

37. 关于规范使用国际通用公共标识的建议

38. 关于鼓励和保护公民行使创制权的建议

39. 关于禁止火车进城鸣笛扰民的建议

40. 关于铁道部门取消火车站验票制度的建议

41. 关于提倡在领导干部中实行引咎辞职制度的建议

42. 关于改革我国现行信访制度的建议

43. 关于完善人大代表制度的建议

44. 关于在全国和地方各级人大中设人权委员会的建议

45. 关于建立违宪审查专门机构和制度的建议

46. 关于将“计划生育”改为“科学生育”的建议

2005 年

47. 关于农村九年义务教育应免费的再建议

48. 关于建立大学生医疗保障体系的再建议

49. 关于对“教育费附加”征收和使用情况的质询的建议

50. 关于尽快解决国有企业办技校教师待遇问题的建议

51. 关于实现教育公平、促进和谐社会建设的建议
52. 关于制定“特殊教育法”的议案
53. 关于制定“校园安全法”的议案
54. 关于制定“未成年人网络保护条例”的议案
55. 关于制定“对台工作第三个白皮书”的议案
56. 关于审议《反分裂国家法》的建议
57. 关于制定“乙肝携带者权益保护法”的议案
58. 关于尽快制定“反就业歧视法”的议案
59. 关于尽快制定“村民委员会选举法”的议案
60. 关于制定“宣誓法”、健全完善宣誓制度的议案
61. 关于制定“反腐败法”的议案
62. 关于促进中部崛起的若干建议
63. 关于开发境外就业市场、实现劳动力跨国流动的建议
64. 关于将免费婚检纳入公共卫生体系的建议
65. 关于编辑、出版全国统一的“量刑手册”的建议

2006 年

66. 关于“十一五”期间全国实行义务教育全免费的建议
67. 关于在中小学实行教科书循环使用的建议
68. 关于治理教育乱收费的再建议
69. 关于尽快解决国有企业办技校教师待遇问题的再建议
70. 关于实行教师定期轮换流动制度的建议
71. 关于实施三个“百万教师工程”，加强农村教师队伍建设，提高农村教育质量的建议
72. 关于改进我国重点高校录取名额投放方法的建议
73. 关于制定“反就业与职业歧视法”的议案
74. 关于规范乙肝标志物检测、保护乙肝病原携带者权益的建议
75. 关于制定“乙肝病原携带者权益保护条例”的议案
76. 关于禁止网络虚拟财物与现实货币交易，尽快为网络游戏立法的建议
77. 关于制定“失地农民社会保障法”的议案
78. 关于制定“大量裁员保护法”的议案
79. 关于制定“大江大河法”的议案
80. 关于制定“动物福利保护法”的议案

81. 关于修改或废止有关征收个体工商户管理费的法规、文件，取消个体工商户管理费的建议

82. 关于编辑、出版、普及全国统一的“量刑手册”的再建议

83. 关于重新设计规范性婚检制度，将免费婚检纳入公共卫生管理体系的建议

84. 关于调整和完善国家法定节假日制度的建议

85. 关于加快推进问责制的建议

2007 年

86. 关于进一步推进义务教育全免费的建议

87. 关于免除义务教育阶段学生教科书费的建议

88. 关于国家财政性教育经费投入尽快达到 GDP 的 4%的建议

89. 关于建立教育公平委员会的建议

90. 关于建立教育政策咨询委员会的建议

91. 关于制定“教育督导法”的议案

92. 关于制定“学位法”的议案

93. 关于在“就业促进法”中加入体现对乙肝病原携带者平等就业权保护内容的建议

94. 关于制定“反就业与职业歧视法”的议案

95. 关于将虚拟财物纳入“物权法”的建议

96. 关于制定“电子货币管理办法”的建议

97. 关于制定“产品包装法”，控制商品过度包装的议案

98. 关于振兴中部教育、促进中部崛起的若干建议

99. 关于加强对网络货币的监管的建议

100. 关于改进交通部门退票费规定，保护消费者合法权益的建议

101. 关于控制贺卡豪华制作的建议

2008 年

102. 关于修改《中华人民共和国全国人民代表大会和地方各级人民代表大会选举法》的议案

103. 关于修改《中华人民共和国全国人民代表大会和地方各级人民代表大会代表法》的议案

104. 关于设立北京奥运志愿者纪念碑，在全社会提倡和发扬志愿精神的

建议

105. 关于将财政性教育经费投入纳入地方政府考核指标的建议

106. 关于国家抓紧筹备辛亥革命 100 周年纪念活动的建议

107. 关于合并“西部办”“东北办”与“中部办”，设立国务院区域发展协调委员会的建议

108. 关于修改《中华人民共和国宪法》的议案

109. 关于修订《中华人民共和国教师法》的议案

110. 关于实行国家统一教师资格考试的建议

111. 关于建立国家教育公务员制度的建议

112. 关于将师范生免费制度推广到全国所有师范院校的建议

113. 关于尽快免除城市义务教育阶段学生教科书费，全面、彻底实施免费义务教育的建议

114. 关于保障进城务工人员子女高中阶段教育权利的建议

115. 关于改革高等教育评估制度的建议

2009 年

116. 关于尽快制定“中华人民共和国海岛保护法”的议案

117. 关于制定“中华人民共和国反就业歧视法”的议案

118. 关于修改《中华人民共和国社会救助法（征求意见稿）》的议案

119. 关于修改《中华人民共和国社会保险法（草案）》的议案

120. 关于修改《中华人民共和国预算法》的议案

121. 关于修改《中华人民共和国立法法》的议案

122. 关于制定“中华人民共和国慈善事业法”的议案

123. 关于制定“志愿服务条例”的议案

124. 关于制定“中华人民共和国图书馆法”的议案

125. 关于修改《中华人民共和国职业教育法》的议案

126. 关于严格管制稀土生产和出口的建议

127. 关于限制国企高管不合理高薪的建议

128. 关于加快推进我国“三网融合”进程的建议

129. 关于在香烟盒上强制标明醒目的健康警示语和图片、完善控烟法规的建议

130. 关于预防“网游代练”就业困局的建议

131. 关于加强中西部地区各级国家综合档案馆规范化建设的建议

132. 关于实施农村中等职业教育免费的建议

133. 关于教育改革应确立正确的价值取向，进一步明确教育改革的愿景的建议

134. 关于根据区域教育发展实际，探索自主创新发展模式的建议

135. 关于建立国家教育政策咨询委员会，促进教育决策科学化、民主化的建议

136. 关于慎重对待高中文理分科，探索合理的考试评价制度的建议

137. 关于建立基础教育学校标准体系，确保基础教育均衡发展的建议

138. 关于合理保障流动人口子女在城市接受教育权利的建议

139. 关于创新教师教育与管理体制，优化师资队伍结构的建议

140. 关于加大国家财政对教育投入，尽早实现4%的目标的建议

141. 关于加快教育立法进程，真正实现以法治教的建议

2010 年

142. 关于加强教师队伍建设的十条政策建议

143. 关于深化高考制度改革的建议

144. 关于尽快制定进城务工人员子女高中入学与高考具体办法的建议

145. 关于实行“国民收入递增计划”，实现藏富于民、国强民富的建议

146. 关于南水北调中线工程水资源保护的有关建议

147. 关于在香烟盒上强制标明醒目的健康警示语和图片、完善控烟法规的再建议

148. 关于制定“中华人民共和国慈善事业法”的议案

149. 关于制定“旅游法”的议案

150. 关于制定“志愿服务条例”的议案

151. 关于制定“低碳经济促进法”的议案

152. 关于修改《中华人民共和国立法法》的议案

153. 关于修改《中华人民共和国职业教育法》的议案

154. 关于制定“反就业歧视法”的议案

2011 年

155. 关于将大别山、武陵山经济社会试验区纳入国家战略的建议

156. 关于将武西高铁建设纳入国家“十二五”交通规划，推动西部大开发战略实施的建议

157. 关于尽快设立专职儿童保护机构的建议

158. 关于落实未成年人保护法第五十五条，尽快实现未成年人司法保护机构专门化的建议

159. 关于尽快建立符合中国国情的监护干预机制的建议

160. 关于改善部分福利院残疾儿童生存状况的建议

161. 关于改善新生儿出生缺陷高发现状的建议

162. 关于修改刑法，制止虐待儿童的建议

163. 关于修改未成年人保护法，制止虐待儿童的建议

164. 关于制定“儿童伤害事故预防与制止案例”的议案

165. 关于通过司法解释解决未成年人保护法第五十三条可操作性问题的建议

166. 关于实施全国校车安全工程的建议

167. 关于建立“教育特区”，以区域改革为重要途径带动整个教改全局的建议

168. 关于设立国家级教师最高奖“陶行知奖”，激励教师终身从教，造就一流教育家的建议

169. 关于制定“产品包装法”，控制商品过度包装的议案

170. 关于制定志愿者服务条例的议案

171. 关于制定“慈善事业法”的议案

172. 关于制定“旅游法”的议案

173. 关于制定“反垃圾信息法”的议案

174. 关于全面履行“烟草控制框架条约”的建议

2012 年

175. 关于将湖北江汉平原“三农”建设综改试验区上升为国家发展战略的建议

176. 关于提请国家统计局发布与收入分配有关指标数据的建议

177. 关于全面履行“烟草控制框架条约”、在公共场所全面禁烟的建议

178. 关于南水北调中线工程水资源保护的有关建议

179. 关于将事实无人抚养儿童纳入儿童基本生活保障体系的建议

180. 关于将艾滋病致孤儿童纳入儿童基本生活保障体系的建议

181. 关于将自闭症儿童纳入儿童基本生活保障体系的建议

182. 关于建立教育投入长效机制，进一步加大教育投入的建议

183. 关于尽快制定进城务工人员随迁子女接受义务教育后在当地参加升学考试办法的建议

184. 关于将高考时间固定在每年 6 月第一个双休日的建议

185. 关于建立国家教师荣誉制度的建议

186. 关于制定“文化产业促进法”的议案

187. 关于制定“公共图书馆法”的议案

188. 关于制定“慈善事业法”的议案

189. 关于制定“旅游法”的议案

190. 关于制定“志愿服务条例”的议案

191. 关于制定“预防与惩处垃圾信息行为条例”，加大监管力度，有效治理垃圾信息的议案

192. 关于制定“儿童福利条例”的议案

193. 关于修改《民办非企业登记管理暂行条例》、完善社会组织登记管理制度的议案

194. 关于修改完善“校车安全条例草案”的议案

195. 关于制定“教育投入法”的议案

196. 关于制定“学校法”的议案

197. 关于制定“学前教育法”的议案

198. 关于修改高等教育法的议案

199. 关于修改职业教育法的议案

200. 关于制定“教育督导条例”的议案

201. 关于制定“学位条例”的议案

202. 关于加快构建长江中游城市集群的建议

2013 年

203. 关于制定“儿童福利法”的议案

204. 关于加快推进国家教师荣誉制度建设的建议

205. 关于第三次工业革命及中国教育应对之策的建议

206. 关于中央进一步支持鄂湘赣皖发展，加快建设长江中游城市集群的建议

207. 关于修改职业教育法的议案

208. 关于将重阳节纳入我国法定节假日的建议

209. 关于在国家博物馆悬挂横匾，继承和弘扬中国文化优良传统，引领

风尚，以利中华民族伟大复兴的建议

210. 关于制定“博物馆法”的议案

211. 关于制定“国家自主创新促进条例”的议案

212. 关于制定“清洁空气法”的议案

213. 关于在全国范围内开展大气污染防治法执法检查的建议

2014 年

214. 关于将汉江生态经济带开放开发上升为国家发展战略的建议

215. 关于大力促进信息技术与教育深度融合，深化教育综合改革的建议

216. 关于建立转基因食品强制性标识制度的建议

217. 关于将事实无人抚养儿童纳入孤儿基本生活保障制度的建议

218. 关于修改《中华人民共和国大气污染防治法》的议案

219. 关于制定“公民救助行为保护条例”（或“救助人权益保护条例”）的议案

220. 关于加快制定“公共场所禁烟条例”的议案

221. 关于制定“儿童福利条例”的议案

222. 关于修改《中华人民共和国野生动物保护法》的议案

223. 关于修改职业教育法的议案

2015 年

224. 关于制定并推广各类新礼仪的建议

225. 关于设计和推广新“国服”的建议

226. 关于规范释奠礼的建议

227. 关于搭乘工业 4.0 快车，实现我国“制造强国”梦的建议

228. 关于加强全国文庙（孔庙）保护和重建，充分发挥其公共文化服务作用的建议

229. 关于建立国家先贤祠的建议

230. 关于完善、落实电信普遍服务补偿机制，加快实现学校宽带网络全覆盖的建议

231. 关于我国高等职业教育（专科）设立“工士”学位制度的建议

232. 关于以信息化促进偏远地区薄弱学校教育均衡发展的建议

233. 关于在首都建立收藏和展示世界文明展品的世界级博物馆的建议

234. 关于将教师节改期到孔子诞辰日 9 月 28 日的建议

235. 关于尽快建立国家教育博物馆，填补我国博物馆门类空白的建议

236. 关于将幕阜山区扶贫攻坚纳入国家级扶持战略的建议

237. 关于尽快制定“公共文化服务保障法”的议案

238. 关于尽快制定“社会组织法”的议案

239. 关于尽快修改民办教育促进法及其相关法律的议案

2016 年

240. 关于对国家教育事业发展“十三五”规划的建议

241. 关于逐步实行高中阶段教育免费，适时延长义务教育年限的建议

242. 关于实行义务教育学生“免费午餐计划”，全面提高学生身体素质的建议

243. 关于实施“0～6 岁启明星免费阅读行动”，促进教育出版精准扶贫的建议

244. 关于打好政策“组合拳”，推进教育精准扶贫的建议

245. 关于推动高等教育分类发展，引导高校在不同层次、不同领域办出特色，培养创新人才，争创一流的建议

246. 关于“十三五”时期进一步加快教育法治建设的建议

247. 关于建立长江经济带国家教育综合改革试验区和京津冀教育一体化改革试验区的建议

248. 关于建立由总量保障到标准保障的教育投入稳定增长体制的建议

249. 关于大力推进智慧教育，全面提升教育信息化应用水平的建议

250. 关于加大全社会教育资源统筹力度，加快推进学习型社会建设的建议

251. 关于将炎黄祭祀确定为国家祭祀的建议

252. 关于实施全国文庙（孔庙）抢救工程，重建中华民族的先贤祠堂和精神殿堂的建议

253. 关于走生态优先绿色发展之路，加快推进长江经济带生态保护与发展的建议

254. 关于实施长江水环境保护国家战略的建议

255. 关于打破地域区块环境治理瓶颈，全国统一部署遏制秸秆焚烧的建议

256. 关于修订法律、升级管理手段，加大开车打（用）手机处罚力度的建议

257. 关于修改《中华人民共和国残疾人保障法》，落实残疾人免费乘车政策的议案

258. 关于对《中华人民共和国慈善法（草案）》二审稿的修改建议

259. 关于对《中华人民共和国野生动物保护法（修订草案）》的修改建议

260. 关于进一步规范宪法宣誓仪式有关内容的建议

261. 关于进一步改进地方立法权有关工作的建议

2017 年

262. 关于加快教育制度创新，全面提升教育治理水平的建议

263. 关于建立独立的教育公务员制度的建议

264. 关于制定“学校安全条例”的议案

265. 关于加强互联网教育立法的议案

266. 关于构建“中华民族精神标识”的建议

267. 关于将元宵节纳入国家法定节假日的建议

268. 关于实施文庙等“儒家文化遗产保护利用工程”的建议

269. 关于设计和推广新“国服”的再建议

270. 关于将炎黄祭祀上升为国家祭祀的再建议

271. 关于在北京兴建“炎黄宗庙”，为炎黄子孙祭祀人文始祖创造条件的建议

272. 关于启动“黄帝祭年”与“公元纪年”并用的建议

273. 关于将炎黄祭祀申遗纳入世界非物质文化遗产预备名录的建议

274. 关于加快推进万里茶道申报世界文化遗产工作的建议

275. 关于建设石家河、炎帝国家文化公园的建议

276. 关于加强湖北国家级大遗址保护及国家考古遗址公园建设的建议

277. 关于加强随州曾文化大遗址保护利用的建议

278. 关于加强大遗址荆州片区保护与利用的建议

279. 关于强化污染防治措施，综合治理雾霾的建议

280. 关于完善治理机制，全国统一开展秸秆焚烧综合治理行动的建议

281. 关于制定“湿地保护法”的议案

282. 关于制定“长江保护法”的议案

283. 关于修改法律，进一步加大对开车打（用）手机处罚力度的再建议

284. 关于“十三五”期间逐步实施全民免费体检的建议

285. 关于促进包子制作产业化、标准化、品牌化、国际化的建议

286. 关于国家应明确宣布全中国人口为 14 亿人的建议

2018 年

287. 关于推动教育高质量发展、建设教育强国的建议

288. 关于教师特殊法律地位确立之后配套建立特殊公务员（教育公务员）制度的建议

289. 关于进一步明确中央财政在义务教育方面财权事权与支出责任的建议

290. 关于落实基层中小学教师津贴的建议

291. 关于解决小学生课后托管问题的建议

292. 关于制定“中华人民共和国学前教育法”的议案

293. 关于修改《中华人民共和国职业教育法》的议案

294. 关于修改《中华人民共和国学位条例》的议案

295. 关于建立中国教育博物馆的再建议

296. 关于设立国家领土主权展览馆的建议

297. 关于建立世界文明博物馆的建议

298. 关于将元宵节纳入国家法定节假日的再建议

299. 关于严厉打击恶搞传统经典文化非法行为的建议

300. 关于我国集中供暖沿长江重新划定供暖分界线的建议

301. 关于高度重视长江水环境安全，加强长江水环境保护的建议

302. 关于国家应实施全面控烟战略，制定“公共场所禁烟法”，保护人民群众身体健康的建议

303. 关于进一步加强精神重残弱势群体保护的建议

304. 关于尽快制定“湿地保护法”的议案

305. 关于尽快制定“长江保护法”的议案

306. 关于妥善解决中小学教师队伍性别结构失衡问题的建议

307. 关于落实基层中小学教师津贴、养老保险金、医疗保险金、住房公积金的建议

2019 年

308. 关于修改教育法的议案

309. 关于加快制定“中华人民共和国学前教育法”的议案

310. 关于加快修改《中华人民共和国职业教育法》的议案
311. 关于加快修改《中华人民共和国教师法》的议案
312. 关于加快修改学位条例的议案
313. 关于加快制定“中华人民共和国家庭教育法”的议案
314. 关于加快修改未成年人保护法的议案
315. 关于加快制定“长江保护法”的议案
316. 关于加快修改《中华人民共和国统计法》的议案
317. 关于将“中三角”区域一体化发展上升为国家战略的建议
318. 关于深化教育领域“放管服”改革，推进教育治理现代化的建议
319. 关于加快制定“国家教育考试规定”的建议
320. 关于全面实施残疾学生 15 年免费教育的建议
321. 关于完善国家儿童营养战略、覆盖 3 ～ 5 岁儿童成长关键阶段的建议
322. 关于高质量推进全国普惠性幼儿园建设和管理的建议
323. 关于精准施策，持续发力，坚决打好教育脱贫攻坚战的建议
324. 关于抓住“一带一路”重要契机，促进中国出版走出去的建议
325. 关于制定医疗机构中药饮片选用标准的建议
326. 关于国家有关部门应尽快启动南方供暖问题研究与实施的建议
327. 关于国家统计局应适时发布我国人口数量为 14 亿人的建议

2020 年

328. 关于修改野生动物保护法的议案
329. 关于修改传染病防治法的议案
330. 关于修改完善生物安全法的议案
331. 关于加快修改突发事件应对法的议案
332. 关于制定“城乡社区治理促进法”的议案
333. 关于修改刑法的议案
334. 关于制定“学前教育法”的议案
335. 关于制定“家庭教育法”的议案
336. 关于完善我国公共卫生应急管理体系建设的建议
337. 关于在湖北省建立国家公共卫生应急物资和生活必需品应急储备基地的建议
338. 关于国家应急管理部应强化民众应急管理意识，制定紧急状态家庭应对指南的建议

339. 关于支持武汉建立国家生物安全大科学研究中心的建议

340. 关于支持武汉建立国家生物安全技术创新示范区的建议

341. 关于支持武汉建设新时代“英雄城”的建议

342. 关于大力弘扬抗疫志愿精神，将志愿精神在疫后进一步发扬光大的建议

343. 关于将“长江中游城市群”一体化上升为国家发展战略的建议

344. 关于长江流域新兴环境污染物的监管和防治的建议

345. 关于合力推进新冠肺炎Ⅲ期临床试验，加速新冠肺炎疫苗研发攻坚的建议

346. 关于加快发展南方百城供暖市场的建议

347. 关于通过消费券工时补贴和退税“组合拳”保民生稳经济的建议

348. 关于科学编制国家教育事业发展“十四五”规划的建议

349. 关于加大中西部集中连片特困地区教育精准扶贫力度的建议

350. 关于尽快全面实施残疾学生 15 年免费教育的再建议

351. 关于加大疫后职业教育服务县域经济政策实施力度的建议

352. 关于加快发展现代职业教育的建议

353. 关于出台政策支持湖北省疫后重振，大力培养高层次应用型人才的建议

354. 关于疫情后统筹推进教育信息化工作落实落细的建议

355. 关于今年国家高校招生政策向湖北考生适度倾斜的建议

356. 关于烟草废弃物高效循环利用的建议

2021 年

357. 关于编纂“中华人民共和国教育法典”的议案

358. 关于制定“中华人民共和国终身学习促进法”的议案

359. 关于加快制定“中华人民共和国学前教育法”的议案

360. 关于加快修改《中华人民共和国教师法》的议案

361. 关于将长江中游城市群一体化发展上升为国家发展战略，打造中国经济增长第四极的建议

362. 关于将湖北定位为“长江经济带核心区”并纳入国家“十四五”规划纲要的建议

363. 关于支持武汉建设东湖综合性国家科学中心的建议

364. 关于支持湖北打造民航客货“双枢纽”体系的建议

365. 关于将江汉平原作为国家粮食安全产业带第一批建设地带的建议

366. 关于尽快化解当前高标准农田建设资金结构性矛盾的建议

367. 关于做大做强长江流域油菜产业，保障我国食用油供给安全的建议

368. 关于“十四五”期间加大对中西部偏远地区和农村地区天然气管网建设支持力度的建议

369. 关于“十四五”时期推进南方城市清洁低碳供暖的建议

370. 关于进一步推进长江岸线及湿地保护利用与生态修复的建议

371. 关于推动长江岸线郊野公园体系规划建设，高质量构建长江生态屏障的建议

372. 关于加快长江航道疏浚土综合利用，打造长江黄金水道的建议

373. 关于创建长江中游城市群生态文化旅游协作区的建议

374. 关于创建长江中游城市群红色文化旅游协作区的建议

375. 关于完善长江沿岸旅游基础设施、发展游船业，加快打造长江国际黄金旅游带的建议

376. 关于加强长江文物和文化遗产保护利用的建议

377. 关于将淮河桐柏山岩画群申报世界文化景观遗产的建议

378. 关于尽快制定国家氢能发展战略，促进我国氢能产业全面崛起的建议

379. 关于加快集成电路前沿技术领域顶层设计，布局非对称竞争关键技术的建议

380. 关于规范发展长租公寓市场，促进我国住房租赁行业平稳健康发展的建议

381. 关于尽快完善我国生育支持政策体系，积极应对人口老龄化问题的建议

382. 关于完善我国出生缺陷预防体系的建议

383. 关于加强我国抗生素耐药基因环境污染治理的建议

384. 关于加快建设高质量教育体系，为建成教育强国提供有力保障的建议

385. 关于完善教育制度顶层设计，建立教育法庭制度的建议

386. 关于优化教育生态评价，推动建立地方政府教育问责机制的建议

387. 关于加快推进通用冠状病毒疫苗联合研发，助力中国疫苗“走出去”的建议

388. 关于大力推进教育新型基础设施建设的建议

2022 年

389. 关于加快修订《中华人民共和国教师法》的议案

390. 关于加快修订《中华人民共和国学位条例》的议案

391. 关于加快修订《中华人民共和国国家通用语言文字法》的议案

392. 关于加快修订《中华人民共和国文物保护法》的议案

393. 关于加快制定“突发公共卫生事件应对法”的议案

394. 关于修改《中华人民共和国国籍法》的议案

395. 关于支持建设武汉国家科技创新中心和湖北东湖综合性国家科学中心的建议

396. 关于支持在湖北布局建设全国一体化算力网络国家枢纽节点的建议

397. 关于支持湖北创建国家实验室的建议

398. 关于支持建设长江国家文化公园湖北先行区的建议

399. 关于加快推进长江中游城市群协同发展的建议

400. 关于加强生态用水保障，科学推进长江十年禁渔，促进长江流域生态修复的建议

401. 关于构建多元化湿地保护修复生态补偿机制的建议

402. 关于支持湖北建设原料药及小品种药（短缺药）国家重要生产基地的建议

403. 关于建立中华先贤祠，弘扬中华优秀传统文化的建议

404. 关于设计和推广新华服的建议

405. 关于完善公办幼儿园教师编制管理的建议

406. 关于加强县域普通高中建设的建议

407. 关于进一步推进“双减”政策落地，构建良好教育新生态的建议

408. 关于落实“双减”政策持续深入开展隐形变异培训问题治理的建议

409. 关于加强对非学科类培训机构管理的建议

410. 关于“双减”背景下合理减轻教师负担，为教师提供有效激励与保障的建议

411. 关于加快制定“校外教育培训管理条例”的议案

412. 关于支持长江中游城市群教育协同发展的建议

413. 关于深化新时代学制改革的建议

414. 关于加强燃煤电厂三氧化硫控制，实现煤电低碳清洁化的建议

415. 关于推进氢能产业统一大市场协同发展的建议

416. 关于加大对利用 App 诈骗犯罪治理力度的建议

417. 关于建立飞行员预备役制度的建议

附录 2　一个务实理想主义者的奋斗之路

——记第十至十三届全国人大代表周洪宇①

二十年如一日，他怀着让中国教育变得更美好的信念，为推动义务教育免费而积极呼吁，促使其变为现实。他就是华中师范大学教育学院的周洪宇教授，人们亲切地称之为“周免费”。作为一位集知名学者、政府官员、民主党派主委等多重角色于一身的知识分子，他还有一个响亮的头衔——第十届、十一届、十二届、十三届连任 4 届的全国人大代表。周洪宇一直致力于推动中国义务教育免费政策的出台与实施，为加速中国教育改革与发展进程，促进国家教育公平与提升教育质量广开言路、广纳群言、积极建言，做到言之有法、言之有度。

“当一个务实的理想主义者”，是周洪宇在 2018 年十三届全国人大一次会议期间接受《中国之声》记者专访时对自己的定位。曾有媒体记者问周洪宇，代表是不是每年开会前都要集中忙一两个月，周洪宇轻松自在地回答，全国人大代表履职从当选之日起就是起点。“如果有心做好人大代表的话，它和每天的工作、生活紧密相连，每天想的、干的，都是在履行代表的职务。只有这样，代表工作才能做好、才能到位。”

高考改革之火　点亮献身教育的前进之路

“善学者尽其理，善行者究其难。”改革开放的起点通常被认为是 1978 年 12 月，在周洪宇看来，这个时间起点还要更早一点。“1978 年党的十一届三中全会，在邓小平同志的主持下，我们确定了新的以经济建设为中心的发展思路。但在此之前，邓小平在恢复中央工作后实际上就已经在教育方面开始了大胆的改革。因此可以说 1977 年 12 月恢复高考制度，是改革开放的第一朵‘报春花’，改革开放的第一步，可以说是从这里迈开的。”高考的恢复改变了很多人一生的命运，周洪宇便是恢复高考后这最早一批“幸运儿”之一。沐浴改革开放春风的周洪宇，既是教育的受惠者、见证者，也是后来积极参与改革中国教育的推动者。

世界上最重要的事，不在于现在身在何处，而在于下一步朝什么方向走。

---

① 《中国文化人物》2022 年 5 月 5 日。作者陈庆立，现任全国人大常委会办公厅联络局副局长。

1976 年，高中毕业的周洪宇下放到农村插队。1977 年 10 月，周洪宇在大队广播里听到了中央决定当年开始恢复高考的消息。就这样，周洪宇干完农活之余，夜以继日地加紧复习备考。上天总是眷顾有准备之人，高考结果出来后，全大队 30 多个下放的知识青年里，只有 2 人考取了大学，其中就有周洪宇。

成功的法则极为简单，但简单并不代表容易。后来谈及高考对他的影响时，周洪宇说："对于我来说，考取大学有更深的意义。除了个人努力得到回报之外，更重要的是，时代变了，像我这样家庭出身的人，若不是高考废除了'文革'时的'成分论''出身论'，也许我永远'广阔天地炼红心'。是高考让我重获新生，所以我感恩国家感恩党，内心深处形成一种强烈的报国意识，对'国家兴亡，匹夫有责'有了真正的情感认同，开始有了责任感。"当一个小小的心念变成行为时，便成了习惯；从而形成性格，而性格就决定了一生的追求。

行动是走向成功的阶梯，行动越多，登得越高。随着对中国教育现实的了解越来越多，理解也越来越深刻。在这个过程中，周洪宇萌发了新的思路——把理论知识、学术研究成果和现实的教育改革需要结合起来，找到教育改革的突破点、结合点和平衡点，逐渐探索并做到了"工作研究化，研究理论化，理论实践化"。

从"旧三免"到"新四免" 赶路者变擎灯人

在生命的旅途中，每桩伟业都由信心开始，信念坚定是成功的基石。因为教育改变了自己的人生，无论身份和职务如何转变，周洪宇对教育的热爱从知行合一到始终如一，教育研究一直在拓展深化。2003 年 2 月，周洪宇作为新当选的全国人大代表随湖北省全国人大代表团到孝感市考察。他来到一所农村小学，发现有的课桌只有 3 条腿，另一条腿是用砖头垒起来的；而在另一所小学，老师只能用粉笔头给学生上课。农村教育的困境让他感触颇深、记忆深刻，心绪久久难以平静。他想起自己之前插队过的农村，虽然改革开放后农村教育发展取得了进步，但也有很多问题还未解决。相比办学条件的艰苦，更让周洪宇揪心的是，不少农村孩子仍然因为交不起学费、杂费而失学辍学。

"人"的结构就是相互支撑，"众"人的事业需要每个人的参与。结合对教育政策的研究以及国外考察的经历，周洪宇对义务教育开始有了明确的认识："教育带有很强的公益性、公共性，不能完全让受教育者自己来承担费用，义务教育应该是政府的基本责任。”自此，他对在全国推行义务教育全免费作出了不懈努力。

做对的事情，比把事情做对更重要。2003 年 3 月 4 日，周洪宇的《完全免费制应自农村始》一文在《中国教育报》上发表，明确提出农村义务教育属于公共产品，应当由政府承担。公民有义务把学龄子女送到学校去接受教育，政府则有义务担负义务教育的全部费用。这引起诸多与会代表的关注，并得到了他们的大力支持，许多人鼓励他积极向上面反映情况，推动农村尽快实行九年义务教育完全免费制。周洪宇提出了《关于实行农村九年义务教育完全免费制的建议》。周洪宇认为，义务教育属于公共产品，应由政府提供费用。从当年国家的实际情况出发，义务教育要实行免费，必须先从农村地区开始，并且最先还得从 592 个国家级贫困县开始试行，然后逐步过渡到整个农村然后再到城市。免费项目应是先免学杂费，然后再免教科书费。

成功就是简单的事情不断重复做。让周洪宇感到欣慰的是，2007 年，农村义务教育完全免费，国务院决定免除城市义务教育学杂费，这就意味着我国朝着“义务教育全免费”又迈进一大步。“义务教育全免费”，这正是周洪宇 5 年来最大的期盼和愿望。

生命之灯因热情而点燃，生命之舟因驰而不息而前进。从 2005 年全部免除农村义务教育阶段学生学杂费，再到 2007 年全国农村义务教育阶段教科书免费，直至 2008 年秋季学期开始，全国范围内全部免除城市义务教育阶段学生学杂费。至此，农村九年义务教育实现全免费，义务教育落地见效、实至名归。2007 年 9 月，国务院宣布对涉农专业中职学生实施免费；2009 年，开始对农村中职学生免费；2012 年，中职教育免学费范围扩大到所有农村（含县、乡两级）学生、城市涉农专业学生和家庭经济困难学生。2017 年，全国实现义务教育阶段教科书彻底免费。这三项免费堪称“十一五”“十二五”期间的三大惠民工程，深得民心，体现了党执政为民、亲民务实的执政理念。

2003 年 3 月十届全国人大一次会议期间，周洪宇向时任国务院副总理温家宝面呈《关于实行农村九年义务教育完全免费制的建议》，建议对九年义务教育实行学费、杂费、教科书免费，并补助困难学生生活费（“三免一补”）。2007 年 3 月，周洪宇在十届全国人大五次会议上率先提出，对中职阶段涉农专业学生实施免费，并呼吁也像义务教育免费一样分三步走，先对涉农专业中职学生实施免费，再扩大到读中职的农村学生，最后扩大到城市读中职的学生。2016 年十二届全国人大四次会议期间，周洪宇又向时任国务院副总理刘延东提出《关于实行学前幼儿基本阅读免费、义务教育阶段学生午餐免费和逐步实行高中阶段学生学杂费免费的建议》（又称“新三免”）。2019 年 3 月，周洪宇以全国人大代表、湖北省人大常委会副主任、华中师范大学教授、长江教育研究院院长的身份，又新提出一项《关于全面实施残疾学生 15 年免费教育的建议》。上述四项教育免费政策合称为“新四免”。他希望“十三五”期间，在国家已经实行的中职免费、义务教育学生“免费营养午餐”等惠民措施的基础上，结合教育精准扶贫，将好事进一步办好、办实、办细，逐步实行“新四免”。

第一免：实施“0 ～ 6 岁启明星免费阅读行动”。周洪宇去湖北恩施调研时，有学校教师和学生家长反映：“我们也想重视娃娃的阅读，但说实话，一是没有太多的好书供娃娃看，二是有些书太贵，学校也买不起。如果国家财政能提供支持，学校和学生就放心了。”这对周洪宇的触动很大。周洪宇前前后后做了一些调研，勾勒出开展“免费阅读行动”的蓝图：向全国 0 ～ 6 岁城乡儿童分步免费提供阅读包。采取不同方式发放阅读包，同时，做好年度总结与绩效评估。健全实施“启明星免费阅读行动”的配套措施，由政府主导研制分级阅读标准，搭建网络平台，组建网络阅读指导教师队伍，使城乡孩子线上线下牵手一起阅读。

第二免：实行义务教育学生“免费午餐计划”。在恩施调研时，有教育部门负责人向周洪宇反映，有些地方还是重视不够、投入不够，希望以后中央财政多投入一些经费。周洪宇认为，根据国家财政经费投入的比例进行测算，是可以做到的。“我们完全可以把目前实施的‘营养改善计划’提升为‘免费午餐计划’，根据区域特点，制定适合不同区域口味但大体统一、营养丰富的标准餐。同时，要加快‘免费午餐计划’的立法和相关制度建设，并加强实施情况的有效监督和管理。”周洪宇说。

第三免：逐步实行高中阶段教育免费。关于逐步实行高中阶段教育免费，周洪宇认为，“现在谈普及高中教育，一个重要的举措可能是免费政策。2009 年，中职教育开始实行免费，现在覆盖率已经达到 90%。我们也可以分地区、按比例、分步骤、按类型，首先在集中连片贫困地区实施免费高中阶段教育，然后在农村地区实施免费高中阶段教育，最后在城市分级启动高中阶段免费教育。”

第四免：全面实施残疾学生 15 年免费教育。当前残疾儿童接受教育的现状依然十分严峻。残疾儿童少年义务教育在中西部农村地区特别是边远贫困地区普及水平仍然偏低，非义务教育阶段特殊教育发展整体相对滞后，特殊教育条件保障机制还不够完善，因家庭经济负担较重而导致的残疾儿童入学存在困难或接受教育意愿不高的现象仍然大量存在。“使每一名残疾人享受无差别的教育权利，进一步推动教育公平均衡化发展”，周洪宇建议在“十四五”期间，全国范围内全面实施残疾学生15年免费教育，将特殊教育免费涵盖至学前教育到高中教育阶段。

精诚所至，金石为开。如今“旧三免”已经成为中国教育的现实，而“新四免”也已经“在路上”。此前周洪宇还曾提出完善高校学生助学贷款制度等议案、建议。他希望通过制度的完善让更多人享受更好、更公平的教育。

星光不负赶路人 为教育撑起那片天

诗人作家乔羽的座右铭是：“不为时尚所惑，不为积习所蔽，不为浮名所累。”在十三届全国人大二次、三次会议上，周洪宇连续提出《关于加快制定“中华人民共和国家庭教育法”的议案》。如今，家庭教育促进法已于2022年1月1日起施行。

随着我国经济的发展和社会转型，传统的家庭结构、生活方式、功能等也随之发生变化。但是，无论时代和社会如何发展变化，家庭的社会功能不可替代，家庭教育的作用不可替代。当前，家庭教育实践中不断出现新情况、新问题，直接影响着孩子的健康成长，甚至侵害了一些孩子的合法权益，引发社会广泛关注。

高峰对攀登它而不是仰望它的人来说，才有真正的意义。在全国人大常委会关于教育法草案一审会议上，周洪宇提出，在明确父母或者其他监护人责任的同时，要明确政府、学校等相关主体的责任；应当对农村地区的家庭教育给予更多的支持与投入，对于留守流动儿童、残疾儿童等家庭教育问题，应有专门的条款对其给予关照；要为家庭提供系统专业科学的指导和全面充分多元的保障，用法律手段规范家长和教育服务机构的行为。

一些发达国家和地区的大学里都开设家庭教育学科专业，而我国目前没有一所师范大学开设家庭教育专业来培养人才。周洪宇认为，没有高校开设专门的家庭教育专业及课程，是当前国内家庭教育处在低水平阶段恶性循环的一个重要原因。“没有专业，没有专门人才，就谈不上专业化、科学化、规范化。”因此，周洪宇建议把学校这一部分单独拿出来作为一章单列，除了中小学、幼儿园这部分要充实以外，包括家庭教育课程的设置，中小学也要开设，同时高等教育，尤其是师范大学、职业技术学院都应该开设相应的家庭教育专业，培养专门的人才。此外，周洪宇还建议明确家庭教育的管理体制与机构；鼓励高校设置家庭教育课程，有条件的高校开设家庭教育专业，培养师资；构建立体化的教育体系，构建起家庭教育社会支持网络系统；加强家庭教育事业的财政投入，家庭教育经费应列入各级政府的财政预算；设立家庭教育日或家庭教育宣传周。

任何业绩的质变都来自于量变的积累，平凡的脚步也可以走完伟大的行程。诚心诚意，“诚”字的另一半就是成功。周洪宇认为，在新时代下教育的创新发展至关重要，未来的中国教育将朝着更高质量、更加公平、更有特色、更可持续发展的方向奋力前行，这就需要社会各界共同的关注和努力。周洪宇提出，“更要用开放积极的心态去迎接时代的机遇与挑战，用法治力量守望未成年人幸福快乐健康成长，静待祖国的未来之花竞相开放”。

出门走好路，出口说好话，出手做好事。自 2003 年当选全国人大代表后，周洪宇用“长跑”形容代表履职历程，如今已经是他履职“长跑”的第 20 个年头。人生近三分之一的时光里，周洪宇一直沿用严谨治学的态度，研究如何当好代表。2008 年，第一届任期结束后，他就出版了两本专著：《怎样做人大代表》和《怎样写人大议案》，成为许多新当选代表的“教科书”。

作为已经履职 20 年的“资深”人大代表，周洪宇共提交议案、建议 400 多件，平均每年超过 20 件。在谈及履职体会时他说：“要想成为一个优秀的、高水平的、尽职的人大代表，要有人民的立场、建设的态度、专业的精神，以及执着的勇气。就算自己的建议没有被采纳，也不能泄气。认为正确的建议，就要反复提。”“全国城乡中小学免除学杂费”“义务教育阶段教科书免费”“建立全国安全校车工程”“建立国家教师荣誉制度”“将公立中小学教师确立为国家公职人员”……他的很多议案、建议都已逐步变成中国的现实。

如同磁铁吸引四周的铁粉，热情也能吸引周围的人，改变周围的环境。除了心系教育，长江保护法的正式实施也离不开周洪宇和多位全国人大代表的持续呼吁和推动。2017 年、2018 年、2019 年他连续 3 年分别与 30 余名代表联名提出关于尽快制定“长江保护法”的议案，建议国家加大推进长江保护法的立法进程，将长江保护法列入全国人大常委会立法计划中的优先项目。长江保护法是我国第一部流域保护法，开创了我国依法开展流域治理的先河，也为其他重要流域保护和发展提供了有益借鉴。

“云霞出海曙，梅柳渡江春。”长江作为中华民族的母亲河，不仅自然风景优美，而且是中华民族的经济大动脉。周洪宇坚信，长江保护法的颁布实施将为长江经济带高质量发展保驾护航，长江的生态环境一定会越来越好。

信念以提升热忱，毅力以磨平高山。行走在这条人大代表的履职路上，周洪宇始终有着如磐的信念和不变的初心。他始终认为，人大代表需要有激情，有勇气，有理性，执着且充满智慧。热情是对一名人大代表最基本的要求；勇气是要敢讲真话，做“哑巴”代表、“挂名”代表就失去了做代表的意义；执着是对一个问题持续不断地关心和推进；理性是对中国的问题既要从宏观上去把握，又要从微观上去推进；智慧是提出建议和意见要有思路、有原则、有策略、有方法，这样才能真正有利于解决问题。

“无论从哪个角度看，今天中国在世界上所占有的位置、所具有的分量，已经远远超过历史上任何时期。我们赶上了一个伟大时代，这个时代给无数‘想干事、会干事、能干事’的人提供了施展才华的空间和机会。”周洪宇如是说。作为这个时代的受益者、亲历者、参与者，他正以推动者、建设者、奋斗者的姿态，斗志昂扬地阔步向前。

附录3 二十年履职“长跑”研究如何做好人大代表[①]

2018年，《中国之声》从当时近3000位第十三届全国人大代表中选取了10位，以他们的任期——“五年”为一个时间单位，推出了全国“两会”特别节目《代表》，跟踪、记录10位代表五年履职的变化和思考。

2022年是《代表》推出的第五年，也是本届全国人大代表任期的最后一年，五年履职即将画上句号，他们为我们带来了什么？他们自己又有哪些收获和体悟？连任四届的“老代表”周洪宇交出了自己的答卷。

履职“长跑”二十年 他有自己的十字箴言

周洪宇是华中师范大学教育学院教授、博士生导师，同时担任着第十三届全国人大常委会委员。他形容自己，是“人大的岗位，代表的职责，学者的本色”。

他清楚地记得自己在“两会”上提出的第一个建议，是关于实施农村义务教育。当时并不被大家看好，被评价“没有现实性”，直到两年后相关文件出台，大家才纷纷肯定他当时提出的建议是正确的。

周洪宇2003年首次当选全国人大代表，他用“长跑”形容当人大代表，2022年已经是他履职“长跑”的第二十年。64年的人生岁月，近三分之一的时光，周洪宇一直用严谨治学的态度研究如何当好代表。2008年，第一届任期结束后，周洪宇出版了两本书：《怎样做人大代表》和《怎样写人大议案》，成为许多新当选代表的“教科书”。

如今，第四届任期即将结束，周洪宇对人大代表的职责又有了更深刻的认识，他在十五年前出版的两本书的基础上，全面、系统地梳理总结这二十年全国人大代表履职的经验和体会，重新撰写了一套丛书，为今后新代表履职提供参考。

从“怎样做”到“如何做好”，这位连任四届的老代表心中有着自己的“十字经”：激情、勇气、执着、理性、智慧。他结合自己的本职工作，在工作调研中了解基层民情，以“民众的立场，建设的态度，专业的视野”记录、分析迫在眉睫和泽被后世的问题。履职二十年，他前后共提交议案、建议400

① 参见央广网2022年3月4日。

多件，七成被采纳。

这趟“长跑”从没有让周洪宇失去新鲜感，因为他喜欢以动态发展的眼光，听民众所呼，想民众所想，提民众所愿，这种使命感是他动力的源泉。哪怕不是每一次的议案和建议都会被立即采纳，但周洪宇有股韧劲，不断完善后反复地提，《中华人民共和国长江保护法》的出台就是他执着的结果之一。

今年关注重点仍是老本行　教育话题占议案半壁江山

往年的议案和建议中，教育是周洪宇最关心的领域，2022 年备受关注的《中华人民共和国家庭教育促进法》的落地，就离不开周洪宇在 2019 年和 2020 年的持续推动。

2022 年，周洪宇的目光依旧放在自己的老本行上，他带来的 6 件议案中，教育就占有三席。

热门话题“双减”政策是周洪宇 2022 年的一个关注重点。周洪宇指出，“双减”政策落地之后，如何构建一个良好的教育生态，这不只是教育部门的事，也涉及文旅部、科技部等多部门的合作。他举例说，政策实施后，必须加强对非学科类培训机构的管理，这就需要多部门协作，明确准入门槛，出台相关文件，让之后的规范和惩罚有据可依。

他还提出关于加快修订《中华人民共和国学位条例》的议案，认为当下的学位制度不够完善，对学术学位和专业学位的差异化发展没有明确的规范；同时，他也注意到了高职、高专学生的学历窘境，提出本科、硕士、博士的三级学位已不能满足当下的人才培养格局，建议为高职、高专学生设立“副学士学位”，提高学生的学习积极性和就业认可度。

周洪宇也很看重《中华人民共和国教师法》的更新，认为现行的法律出台较早，不能完全适应当下的社会发展状况，教师的任职资格、教师地位等要素都应该在法律上得到进一步明确。

如何建言？他说：“不要天天去揣摩谁的想法，你不是靠揣摩谁的意图去履职。”

为谁代言？他说：“尽量寻找结合点，既有助于国家发展，又对地方有利。”

他认为，真正的知识分子，“既要有批判性又要有建设性”，“不能仅仅认为只有批判性就是知识分子”，“这实际上是对知识分子的一个曲解”。

“务实的理想主义者”，是周洪宇从政的标准。

参考文献

1. 陈斯喜、李伯钧：《人大代表履职问答及指南》，中国民主法制出版社，2019 年。

2. 全国人大常委会办公厅编：《人大代表履职学习读本》，中国民主法制出版社，2008 年。

3. 陈荧、巫欣春：《人大代表履职教程》，中国民主法制出版社，2016 年。

4. 杨孟才：《怎样当人大代表》，民主与建设出版社，2011 年。

5. 杨新农、高喜同：《人大代表履职基础知识》，新华出版社，2012 年。

6. 李伯钧：《人大代表依法履职实用手册》，中国民主法制出版社，2016 年。

7. 李树春：《人民代表大会制度知识读本》，中国民主法制出版社，2012 年。